本书由中共保定市委党校（保定市行政学院）资

社会治理创新法治化探析

王　宏　李潇雨　薛　冰　著

中国原子能出版社

图书在版编目（CIP）数据

社会治理创新法治化探析 / 王宏，李潇雨，薛冰著
. -- 北京 ：中国原子能出版社，2022.11
ISBN 978-7-5221-2544-2

Ⅰ．①社… Ⅱ．①王… ②李… ③薛… Ⅲ．①社会主
义法治－建设－研究－中国 Ⅳ．① D920.0

中国版本图书馆 CIP 数据核字（2022）第 236998 号

社会治理创新法治化探析

出版发行	中国原子能出版社（北京市海淀区阜成路 43 号　100048）
责任编辑	马世玉　杨晓宇
责任印制	赵　明
印　　刷	北京天恒嘉业印刷有限公司
经　　销	全国新华书店
开　　本	787 mm×1092 mm　　　1/16
印　　张	12.25
字　　数	233 千字
版　　次	2022 年 11 月第 1 版　　　2022 年 11 月第 1 次印刷
书　　号	ISBN 978-7-5221-2544-2　　**定　价** 72.00 元

作者简介

王　宏　1975 年出生，女，汉族，河北保定人，中共保定市委党校法学教研室主任，河北大学法学硕士，副教授。研究方向为宪法、行政法和党内法规。主持参与省级、市级课题 20 余项，在国家级、省级刊物发表论文 40 多篇。

李潇雨　1975 年出生，女，满族，北京人，中国人民大学马克思主义学院博士，华北电力大学马克思主义学院讲师。研究方向为马克思主义基本原理。出版合著 1 部，在国家级、省级刊物发表论文多篇。

薛　冰　1985 年出生，女，汉族，河北保定人，河北大学学士，保定市科技局科学技术信息研究所所长。研究方向为行政管理。参与省级课题 1 项，在省级刊物发表论文 3 篇。

前　　言

新时代社会治理具有浓厚的政治属性、强烈的时代特征、鲜明的政策导向。社会治理创新离不开法治的支撑，法治是社会治理创新的运作基石、内在驱动与价值取向。新时代的社会治理创新面临新的社会矛盾与问题，文化、制度以及发展等因素都在一定程度上给社会治理工作带来影响。当前从法治化视角来探究社会治理创新的路径，对培育公民法治意识、转变社会治理理念和健全社会治理法治化运行机制具有重要意义。

全书共六章。第一章为绪论，主要阐述了社会治理的科学内涵、社会治理的基本内容、社会治理的根本目标、社会治理创新的提出、社会治理的新时代意蕴、社会治理法治化的概念界定与必要性；第二章为社会治理创新的发展历程，主要阐述了社会治理理念的变迁和社会治理创新的历史演进；第三章为社会治理创新法治化现状，主要阐述了社会治理创新法治化的动因、社会治理创新法治化取得的成就、社会治理创新法治化的现存问题；第四章为社会治理创新法治化的理论支撑与实现原则，主要阐述了社会治理创新法治化的理论支撑、社会治理创新法治化的基本原则；第五章为社会治理创新法治化的重点问题，主要阐述了国家公权力转型与社会治理、地方立法权扩容与社会治理、公民社会权保障与社会治理、社会组织参与社会治理；第六章为社会治理创新法治化的实现路径，主要阐述了社会治理创新法治化的对策和社会治理创新法治化的路径。

笔者在撰写本书的过程中，借鉴了国内外很多相关的研究成果以及著作、论文等，在此对相关学者、专家表示诚挚的感谢。

由于笔者水平有限，书中有一些内容还有待进一步深入研究和论证，在此恳切地希望各位同行专家和读者朋友予以斧正。

目　　录

第一章　绪论

不断完善社会治理，是新时代中国特色社会主义社会建设的重要内容。因此，必须准确把握社会治理的科学内涵、基本内容以及根本目标等，在行动理念上实现从治理到服务的转变，明确一切社会治理工作都是为群众谋利益的工作，推动政府治理与社会自我调节、居民自治良性互动，从管控规制转向法治保障，始终坚持人民至上的根本原则，最终构建共建共治共享的新时代社会治理新格局。本章分为社会治理的科学内涵、社会治理的基本内容、社会治理的根本目标、社会治理创新的提出、社会治理的新时代意蕴、社会治理法治化的概念界定与必要性六节。主要包括社会治理相关概念、社会治理的科学内涵、社会治理的主要特征、发展社会事业改善人民生活、协调社会利益促进共同富裕、不断增进人民福祉、社会治理创新的时代背景等内容。

第一节　社会治理的科学内涵

一、社会治理相关概念

2013 年 11 月，党的十八届三中全会正式提出社会治理的概念，标志着我国社会管理理论与实践的发展与创新达到了一个新的高度。从社会管理到社会治理，是我们党在长期的社会治理过程中不断总结实践经验、不断反思治理教训、不断深化规律认识的必然结果，也是新时期实现社会治理理念创新、社会治理结构优化、社会治理方式升级、社会治理主体多元、社会治理能力提升的必然要求，更是推进国家治理体系和治理能力现代化（即实现国家治理现代化）的重要环节。

（一）治理

"治理"的本意是整治调理的意思，这是一个内容丰富、包容性强的概念。治理概念在学术界的研究应用很广泛，涉及政治学、社会学、管理学、经济学等多种学科范畴，对旧式统治风格而言是一种前景光明的现代化。国内外许多学者和机构都对治理的概念做出了界定。西方学者对治理理论的研究相对比较成熟且经典。例如，詹姆斯·N·罗西瑙认为，"治理是正式组织或非正式组织基于共同目标开展的活动"。弗朗索瓦·格扎维尔·梅里安强调："国家和私营利益集团要在平等协商的基础上进行合作治理。"相对于这些学者，联合国全球治理委员会的定义比较典型。联合国全球治理委员会认为，治理是各种公共的或私人的个人和机构管理其共同事务的诸多方式的总和。其中，正式制度和非正式制度都是治理的重要手段。在国内，俞可平教授对治理作出的定义比较有代表性，他认为："治理是指官方的或民间的公共管理组织在一个既定的范围内运用公共权威维持秩序，满足公众的需要。"

综合以上学者的观点，治理是公共机构、社会组织、公民个人等多元主体通过协商合作的方式对公共事务进行整治调理，最终实现公共利益最大化的持续互动过程。在这一过程中，主体是公共机构、社会组织、公民个人；方式是协商合作；客体是公共事务；手段是整治调理；目的是实现公共利益最大化。治理具有以下四个方面的特征：第一，自我调节的协作方式。治理不同于统治，统治主要是以国家的强制力进行统领和管辖，而治理更多的是强调国家、社会组织、公民个人之间通过谈判的方式进行相互协商。第二，多样化的行动者。不同于统治的单一主体，治理活动包括政府部门、私营部门、第三部门以及广大社会公众。第三，互动过程。治理是多元主体基于共识形成协作性的合作伙伴关系。第四，国家主导。国家在治理活动中仍然扮演主导者的角色，主要是在制度设计和宏观战略制定上发挥主导作用。

（二）社会治理与创新

2013 年 11 月，党的十八届三中全会第一次把"社会治理"写入了党的中央文件，并把"创新社会治理体制"作为党的奋斗目标之一。从社会管理到社会治理，不仅仅是一字之差，更多的是体现我们党治理理念的创新。传统的社会管理主要是指政府单一主体对社会公共事务进行管理和控制，这里主要强调政府职能的履行；新时期的社会治理则强调在政府主导的基础上充分调动和吸纳社会组织、社会公众等多元主体共同参与，不仅仅是政府对社会事务的治理，还要有社会自治，这与倡导构建共建共治共享的社会治理新格局一脉相承。

从社会管理到社会治理，在理论上有以下四点转变。

第一，思维观念的转变。社会管理停留在控制和管理的思维层面，它的实施者是执行国家意志的政府机构，所依靠的权力是国家强制力；社会治理则转变到协同共治的思维层面上，重点在于社会本身对社会事务的整治，政府将更多的自治权下放到基层，倡导社会组织、企业团体、公民个人等对社会事务进行共同治理。

第二，治理主体的转变。社会治理的主体不再是单一主体而是多元主体，是包括党、政府、社会组织、公民个人等多方面的治理主体。在这一过程中，党发挥着领导核心的作用，政府发挥着宏观调控的作用。

第三，制度供给的转变。治理主体的多元化为制度供给的多元化提供了重要来源，制度供给的多元化有利于实现良好的治理效果。在社会治理的过程中，制度方面有了更多的选择，协同共治就是其重要的制度支撑之一。

第四，治理目标的转变。在社会管理下，政府实现对社会的有效管理被视为良好的治理，实质上是追求一种政府良政的结果；在社会治理下，"政府本位"让位于"社会本位"，良好的治理是一种社会自治化、主体多元化、公共利益最大化的状态。

概言之，社会治理是指在中国共产党的领导下，由政府主导和负责，并吸纳社会公众、社会组织、社会团体等多方面社会行为主体共同参与，对社会公共事务进行协商治理和依法治理，从而维护公民合法权益、化解社会矛盾冲突、保持社会稳定和谐、推动社会有序发展的活动。在社会治理活动中，需要处理好四对关系：党群关系、政府和社会的关系、政府和公民的关系、政府管治和公民自治的关系。第一，历史唯物主义提出人民群众是历史的创造者，要坚持群众史观和走群众路线。执政党密切联系人民群众是社会治理的重要基础，是获得人民群众支持和响应的重要基础。第二，政府与社会之间的关系应该是一种合作关系，政府要适度向社会放权，鼓励社会自治，与社会进行合作治理。第三，政府与公民之间的关系应该是一种信任关系，政府要获得民众的信任，就要真正做到权为民所用、利为民所谋、情为民所系。只有保持良好的信任互动关系，才能减少社会治理的阻力与成本，从而提升社会治理的效率与效益。第四，政府管治与公民自治应该进行合理的配置。社会管理和社会自治是社会治理的两种基本形式，是一体之两翼。仅靠政府管治容易失去群众基础，仅靠公民自治容易失去权力约束。

因此，转变政府职能和扩大社会自治空间是社会治理创新的重要内容。

社会治理创新简单地说就是对社会治理进行创新，如何创新是一个重要问题。要对"社会治理创新"的概念进行界定，除了对社会治理的概念有所了解，还要理解什么是创新。那么，何谓"创新"？创新是将新的观念和方法诉诸实践，创造出与现存事物不同的新东西，从而改善现状。因此，社会治理创新就是指社会治理主体（包括党、政府、社会组织、公民个人等）通过将新的治理理念、治理手段、治理方式、治理机制等运用到对社会公共事务的治理过程中，从而改善社会治理的效果、提升社会治理的效能、促进社会善治的实现。社会治理创新是对新时代社会主要矛盾转化、人工智能技术快速发展、社会问题日益复杂、社会风险加大、社会治理效果不佳的有效回应。在人工智能时代进行社会治理创新，不是治理手段的单一创新，而是包括治理理念、主体、方式、内容、制度等多方面的创新。总之，社会治理创新是一项长期的任务，只有不断加强社会治理创新才能稳步推进社会治理现代化。

（三）数字治理

随着新一代科技革命的迅猛发展，数字信息技术的社会治理价值不断凸显，数字治理成为社会治理现代化的重要组成部分。数字治理是一种先进数字技术与现代治理理念深度融合的治理模式。它主要是指政府部门、科技巨头、专家学者、社会组织、普通公众等多元治理主体运用现代信息技术来处理公共事务和解决公共问题的持续互动过程。其中，数字治理能力是数字治理的重要部分。技术能力、规范能力和组织能力三者共同构成了数字治理能力。首先，技术能力是前提和基础。进入数字化时代，数字技术成为数字治理的重要工具。治理主体必须具备技术能力，善于运用数字技术，不断提升治理效能。其次，规范能力要求治理主体处理好"自由"与"秩序"的关系。一方面，要管控数字社会中的公民行为，保障数字社会秩序；另一方面，要加强数字治理中的对话协商，鼓励公民积极参与。最后，组织能力要求协调好不同治理主体的利益关系，增强组织内部的凝聚力，打造灵活高效和管理科学的组织形态。概言之，数字治理能力的高低影响数字治理效果的好坏。将数字技术与社会治理完美结合是数字治理的主要内容，利用数字技术来改善治理效果和提升治理效能是数字治理的核心目标，平衡好技术的工具理性与治理的价值理性是数字治理的最高境界。

随着人类社会的不断发展，社会治理模式也不断更新。从互联网时代到人工智能时代，数字化技术日新月异，社会治理范式与时俱进。进入人工智能时代，人工智能技术持续为数字治理赋能，助推数字治理升级。数字治理是人工智能时代数字治理的升级版，其技术支撑主要是人工智能，兼具"数字化"和"智能化"的特点。数字治理是一种人工智能与数字治理深度融合而成的新的治理模式，这种治理模式呈现出"鲁棒性"和自适应性的特点。在数字治理模式下，海量数据不仅得到自动整合，而且得到智能分析。智能系统和智能机器辅助人工完成治理任务，提高治理效率。总而言之，人工智能基于计算智能、感知智能、认知智能三大能力，不断推进数字治理现代化。

（四）国家治理、政府治理与社会治理

国家治理、政府治理、社会治理是"中国式治理"的三条路径，三者之间既有共通之处，又有各自特点。政府治理实际上就是政府履行自身职能的过程。政府治理可以分成两个方面来理解：第一，政府对自身的治理。即政府通过改革行政组织、优化行政流程、健全行政体系、加强作风建设等从而更好地履行职能和获得人民的认可。第二，政府对公共事务的治理。既包括政府作为"有形的手"对市场失灵的有效补充，又包括政府负责社会公共事务的治理。社会治理是指党、政府、社会组织、公民个人等主体共同对社会公共事务的依法治理。国家治理则是指在中国特色社会主义的伟大旗帜下，中国共产党领导人民科学、民主、依法和有效地治国理政。

一方面，国家治理、政府治理、社会治理相互联系。从总体上看，国家治理是总治理，政府治理和社会治理作为治理分支隶属于国家治理。政府治理实质上是对国家治理意志的贯彻执行，社会治理体现国家治理的状况水平，政府治理是社会治理的重要内容之一。总之，无论是国家治理、政府治理还是社会治理，三者都在中国共产党的领导下开展治理活动，以实现人民群众的根本利益为出发点，致力于推进国家治理体系和治理能力的现代化。可见，国家治理、政府治理、社会治理是相互融合的，三者共同构成了"中国式治理"的重要组成部分。

另一方面，国家治理、政府治理、社会治理相互区别。第一，治理主体层面。国家治理以国家权力的所有者——人民为治理主体，执政党领导，参政党、社会组织、社会公众等通过民主协商的方式共同参与治理活动；政府治理则以政府机构和相关部门为治理主体；社会治理的主体是多元的，在社会治理中，主体包括党委部门、政府机构、社会组织和公众个人等。但随着民主政治的发展，三者的治理主体都朝着多元化的方向发展。第二，治理内容层面。国家治理主要涉及政治、经济、文化、社会、生态、外交等宏观层面公共事务的治理；政府治理

主要涉及行政事务的处理和公共服务的供给；社会治理主要涉及医疗、教育、金融、公共安全、养老、社会保障等微观层面社会公共事务的治理。第三，治理目标层面。国家治理重在推进国家治理体系和治理能力现代化；政府治理重在加强宏观调控和完善公共服务；社会治理重在维护社会的和谐稳定和推动社会的有序发展。

总而言之，社会治理是国家治理的重要内容，社会治理创新是人类社会进入人工智能时代的必然要求，社会治理智能化创新有助于推进社会治理现代化进程。我们既要抓住人工智能技术发展所带来的治理机遇，同时又要注意防范和化解人工智能融入社会治理所产生的治理风险。

二、社会治理的提出脉络

从新中国成立到改革开放前期，我国的社会治理模式较为单一，社会治理都是依靠政府来实现的。改革开放后，伴随着经济的发展和人民素质的提升，社会治理也有了全新的要求。这一阶段治理的主体仍是政府，社会各个组织仅仅是附属。

2002年党的十六大提出了全面建设小康社会的阶段性奋斗目标，标志着中国经济社会发展进入了新的历史时期。

2004年9月，党的十六届四中全会首次正式提出"社会管理创新"，会议强调"加强社会建设和管理，推进社会管理体制创新。深入研究社会管理规律，完善社会管理体系和政策法规，整合社会管理资源，建立健全党委领导、政府负责、社会协同、公众参与的社会管理格局"。

2012年11月，党的十八大报告指出了社会体制改革的"四个加快"：加快形成党委领导、政府负责、社会协同、公众参与、法治保障的社会管理体制；加快形成政府主导、覆盖城乡、可持续的基本公共服务体系；加快形成政社分开、权责明确、依法自治的现代社会组织体制；加快形成源头治理、动态管理、应急处置相结合的社会管理机制。

2013年11月，党的十八届三中全会通过了《中共中央关于全面深化改革若干重大问题的决定》，"社会治理"概念被首次提出，会议强调："全面深化改革的总目标是完善和发展中国特色社会主义制度，推进国家治理体系和治理能力现代化"和"创新社会治理，必须着眼于维护最广大人民根本利益，最大限度增加和谐因素，增强社会发展活力，提高社会治理水平"。并从"改进社会治理方式""激发社会组织活力""创新有效预防和化解社会矛盾体制""健全公共安全体系"四个方面提出了原则性的改革要求。

2015 年 11 月召开的党的十八届五中全会提出要加强和创新社会治理。不断对当下的社会治理体制进行细化，真正做到全民共建共享社会治理格局。

2017 年 10 月，党的十九大报告提出，"打造共建共治共享的社会治理格局"。报告中将"十三五"时期的"共建共享"扩展成了"共建共享共治"，这就在一定程度上说明了"治理"这一核心的重要性。此外，报告中还提到了社会治理的"四化"，更是进一步丰富了社会治理的理论基础，同时也为社会治理发展提供了方向。

2019 年 10 月，党的十九届四中全会提出，"坚持和完善共建共治共享的社会治理制度，保持社会稳定、维护国家安全。"在社会治理体系中增加了"民主协商""科技支撑"等内容，这同样对社会治理发展有促进作用，并且要求建设一个能够人人享有的社会治理共同体，这使得社会治理的理论基础更加坚实。

2020 年 10 月，党的十九届五中全会审议通过的《中共中央关于制定国民经济和社会发展第十四个五年规划和二〇三五年远景目标的建议》中提出，加强和创新社会治理，要完善社会治理体系、基层民主协商制度，健全党组织领导的自治、法治、德治相结合的城乡基层治理体系。

在近十几年来，党中央在社会治理的问题上投入了巨大的精力，相关的理论研究也更加深入。随之而来的是治理思路和措施的丰富，这些都是科学社会治理的基础，由此才能更好地促进我国社会治理现代化的发展。

三、社会治理的科学内涵

社会治理是人类社会不断向前发展的基本环节，是维护社会发展、推动社会进步的必要措施。在中国这样人口众多、地域广大的发展中国家，社会治理显得尤为重要。习近平总书记明确指出："要继续加强和创新社会治理。"

党的十九大以来，我国从理论和实践上不断丰富新时代社会治理的科学内涵，明确了构建共建共治共享的新时代社会治理格局。这既是我国社会发展理念的巨大变革，也是中国特色社会主义现代化社会治理的伟大创造。

（一）社会治理的共建内涵

社会治理的科学内涵，首要的就是其中蕴含的共建内涵，即全社会共同参与新时代社会治理。这是立足于当代中国国情和发展实际的新创造，利用多元主体的社会力量，共同致力于新时代社会治理，既能发挥广大人民群众的首创精神，使得亿万人民群众有更多的参与感、获得感，也可以减轻政府的行政压力，提高政府的工作效率。

在我国社会发展的现阶段，社会共建包括两个方面内容：一是在广泛参与社会事业建设方面，政府发挥主导作用，不断与社会力量加强合作。政府密切联系社会上的各种力量，充分发挥各种社会主体力量在新时代社会治理中的主动作用，不断为社会力量广泛参与到教育、医疗、养老等领域提供便利。这种模式关键在于充分发挥社会上各种力量的积极因素，利用市场配置资源的决定作用来为新时代社会治理注入新的动力。值得注意的是，必须始终坚持政府在其中的主导作用，发挥政府在资源配置中的宏观调控和兜底作用。二是在良好的社会秩序建设方面，社会长期稳定是广大人民群众安居乐业的基本保证，没有稳定的社会环境，新时代社会治理根本无从谈起。在保障社会稳定团结的工作中，法治起到决定性作用。法治是社会稳定的基石，是新时代社会治理的核心所在。不断完善我国的法治体系，最关键的就是发动人民群众参与到法治体系中来，形成本为民所立、人民参与、人民维护的新时代法治新格局。要在法治建设的过程中，广泛听取民意，确保人民群众真实参与进来，形成全社会共同建设法治社会、维护法治社会的崭新局面。

（二）社会治理的共治内涵

社会治理的共治内涵是当代中国社会治理的关键所在。改革开放四十多年来，我国的物质生活和精神生活都取得了历史性的伟大飞跃，广大人民群众参与社会治理的愿望和能力也在不断加强。这既是我国经济社会发展的历史必然，也是我国社会治理本质的价值遵循。在物质生活还不充裕的过往时代，人民群众参与社会治理的积极性并不十分高涨，但随着我国改革开放的不断推进，物质财富的迅速积累，人民生活水平的不断提高，人民群众不仅仅开始要求物质的充裕，更多地要求社会公平正义、安定和谐的实现。这既是广大人民群众在温饱之后的朴素追求，也是中国共产党百年奋斗的价值追求。在新的历史阶段，党和政府要不断满足广大人民群众参与社会治理的愿望，为人民参与社会治理提供切实的便利。

首先，充分发动广大人民群众的自治精神。广大人民群众是新时代社会治理的主体，党和政府在不断完善社会治理的同时，要充分发挥人民群众的积极性，鼓励自我治理。党和政府要为人民群众的自我参与、自我治理提供切实的便利，不断探索适合当前社会发展实际和符合人民群众愿望的新型参与模式。

其次，充分发挥广大人民群众在基层治理中的积极作用。基层治理是新时代社会治理的基本单元，也是分布最广、难度最大的治理环节。基层治理要注重发挥人民群众党员的模范带头作用，以党员带动广大人民群众参与治理环节、享受治理成果。在广大农村的社会治理上，不仅要追求物质条件的不断提高，还要始终关注农民的精神面貌，要不断完善农村的医疗、教育、养老体系，丰富广大农民的精神生活，建设新时代生态宜居、生活多彩的新型农村。

（三）社会治理的共享内涵

社会治理的共享内涵，是贯穿治理全过程的根本价值追求。社会治理的一切内容、一切成就，归根结底还是由广大人民群众共享。只有社会治理的成果由广大人民群众共享了，才能实现社会发展的长治久安。只有始终坚持人民至上的根本立场，坚持为人民谋利益的根本原则，才能探索出一条适合中国国情的社会治理之路。

中国是世界上最大的发展中国家，人口众多、地域广大，发展水平不平衡不充分是我国的基本国情。在社会治理的所有环节中，首要的就是满足人民群众的物质文化需求，实现广大人民群众殷实富裕的小康生活。经过改革开放四十多年的不懈努力，我国实现了惠及全体人民的全面小康，并大踏步地向着共同富裕的宏伟目标前进。这充分体现了社会治理始终坚持人民至上，坚持治理成果由全体人民共享。

中国共产党团结带领人民取得经济快速增长和社会长期稳定的两大奇迹，这是人民群众的殷殷期盼，也是中国共产党成立之初的庄严承诺。实践证明，中国共产党领导建设的新中国，不仅在经济建设上取得了举世瞩目的辉煌成就，还在收入分配和社会治理上取得了重大成就。注重把我国经济社会发展的成果由全体人民群众共享，是中国共产党治国理政的重要原则，也是中国共产党坚守初心使命的生动体现。社会治理的出发点和落脚点，就是做好发展成果的全民共享，让全体人民在新时代的社会治理中拥有更多参与感、获得感、幸福感。

四、社会治理的主要特征

（一）多元化、广泛性的治理主体

社会治理和社会管理之间最为明显的区别就是主体的不同。社会治理主体十分多元化，这些主体包括政府、社会组织、社区等。这些主体通过合作的方式来对社会的各种事务进行规范和管理，以此来谋求公共利益的最大化。它们在社会公共事务治理中有着各自不同的职责分工，运用各自职能互相协调合作，从而构建属于社会治理的立体式融合系统。

也正是如此，在社会治理的过程中，我们始终重视的是其合法权利的广泛来源，除去传统的管理主体之外，各个组织都可能成为治理合法权利的来源。只有治理主体多元化发展后，才能够避免单一的主体对社会的规范化管理进行垄断。

（二）治理行为的扁平化

传统的社会管理模式之中，始终有一个主体处于绝对的领导地位。伴随着社会的发展，现代化的社会治理方式抛弃了这种管理模式，社会治理更加重视的是多个主体之间通过合作的方式来实现治理的扁平化。基层是社会治理的关键所在，以社区为例，由于社区是一个非科层化的生活空间，在进行管理时人们十分排斥强制管理，而这也使得社区治理更加需要扁平化的管理方式。同时扁平化管理这一特征也与时代发展的潮流相符合，过去的单一管理模式也终将被多元化的扁平治理模式取代。

（三）民主诉求的价值理念

社会治理实则是一种以行动的方式来表现人民对于民主的诉求。为了更好地满足这一需求，传统的社会管理模式往往不能够做到，而新的多元化治理模式的推进能更好地让各个群体参与到社会治理之中，同政府之间进行协商后达成共识，以此来谋求满足整体利益的公共决策。

（四）非权力单一化的治理动力

以规范制度引导多主体主动参与，充分发挥其多元合力作用，这才是社会治理所推崇的权力平行化和制度规范化。和传统的社会管理模式不同，现代化背景下的社会治理动力来源过于多样化，社会治理的各个主体之间也可以通过多种方式来实现对于社会事务的治理。伴随着政府权力的集中，公民会在整个社会治理中起到更为重要的作用，各个社会组织会承担起更多的社会责任，市场的作用越来越明显，随之而来的就是各个企业会为社会治理的发展提供更多技术和管理模式上的创新，社会治理会走向多元化的发展方向。

第二节 社会治理的基本内容

一、发展社会事业，改善人民生活

民生是关系人民群众饮食起居、安危冷暖、教育就业以及生老病死等基本生存和发展条件的问题。党的十九大以来，我国坚持在发展中保障和改善民生，从人民群众的日常生活入手，发展各项社会事业，改善人民的生活水平。

（一）推进教育现代化建设

百年大计，教育为本。我国始终把教育放在首位，稳步加大教育投入，完善公共教育服务制度，促进教育均等化。高度重视发展职业技术教育，创新职业教育模式，促进产业和教育相结合、学校与企业相合作，探索具有中国特色的学徒制度。完善教育体系，增加普惠性学前教育资源，积极推进中小学素质教育，提高高等教育质量，优化高等教育结构，促进学生的全面发展。积极推进教师队伍建设，制定教育人才激励政策，提高教师待遇，吸引更多优秀的人才加入教育行业，全方位地提升教育水平。

（二）坚持就业优先战略

就业对保障人民生活、促进社会稳定具有重要意义。党的十九大以来，我国坚持就业优先，不断增加公共就业服务项目，加强职业技能培训，以此来提高劳动者自身的能力和素质，保障和促进重点群体就业。通过实施积极的就业政策，改善创业和就业环境，多渠道创造就业岗位，扩大就业规模。通过完善劳动关系协调机制，规范社会企业，保障劳动者待遇和权益，缓和劳资矛盾，提高人们的就业质量。通过加强社会舆论引导，制止和纠正职业歧视，在全社会形成劳动光荣、崇尚技能的社会氛围，促进劳动者平等发展、体面就业。

（三）实施健康中国战略

身心健康是实现人全面发展的自然条件和物质基础，人民群众的健康是社会发展的必要条件。健康中国战略的实施，把人民群众的身体健康纳入国家整体发展战略并统筹推进。党的十九大以来，我国通过进一步推进医药卫生体制改革，积极探索建立具有中国特色的医疗服务、医疗保障、医疗救助、药品供应制度体系，努力解决群众看病难、看病贵的问题。坚持中医西医并重，继承和发展中医药事业。巩固当前疫情防控成果，总结疫情防控经验，完善重大传染病防控制度。加强基层医疗卫生体系建设，壮大基层医师队伍，促进医疗卫生资源下沉到基层，为人民提供各种全面的、涵盖整个生命周期的健康服务。积极开展爱国卫生运动，整治城乡卫生环境、加强污染治理、大力度实施垃圾分类、改造公共厕所。从个人习惯、思想观念、完善基础设施等多个方面引导群众健康生活。

（四）健全养老服务体系

中国人口老龄化程度不断加深，到 2021 年底，我国 60 岁及以上老年人口约2.6 亿。"十四五"时期，我国进入中度老龄化社会。养老是我国新时代社会建设必须面对和接受的问题。我国始终积极应对老龄化问题。不断营造孝老、敬老的社会环境，健全养老政策体系，支持和引导家庭和社会适应和应对老龄化。健全统筹城乡、可持续的基本养老保险制度，推进医养结合。坚持全面放开老年人服务市场，减少制度性准入限制，引导社会资本积极参与发展老年服务业，构建家庭、社区、机构相协调的老年人服务体系，拓展老年人服务新模式，培育养老新业态，促进老龄事业和产业协调发展，将普惠养老服务与互助性养老服务相结合，协助家庭养老，多措并举完善养老服务。

（五）推进保障性住房体系建设

随着经济社会的不断发展，我国民众对于住房的需求发生了改变。一方面，人们对住房质量和环境提出了更高的要求。另一方面，大城市里有一些群众只能租房。部分偏远城镇却房产过剩，无人居住。针对这个问题，党的十九大以来，我国一方面加快建立多主体供给、多渠道保障、租购并举的住房制度，加快完善以公共租赁住房、保障性租赁住房和共有产权住房为主体的住房保障体系。以发展保障性租赁住房为重点，增加保障性住房的供给。完善相关的法律法规，规范房屋租赁市场良性发展。另一方面，积极推进城市旧城区和农村危房改造，改善老旧小区的基础设施，力求解决困难群众的住房问题。实施房地产长效机制建设，控制房价。加快打造由商品房、公租房、共有产权房、保障性公寓、出租房等相结合的新住房格局，努力促进全体人民住有所居。

这些都是保障人民基本生活和生存状态、基本发展权利的社会事业，是民生建设的重要内容。

二、协调社会利益，促进共同富裕

我国十分注重协调和整合社会利益关系，注重发展成果的共享和社会的公平正义。

（一）实施脱贫攻坚工程

"小康不小康，关键看老乡。"实现共同富裕最难攻克的任务是建设农村，特别是贫困的农村。自党的十九大以来，习近平亲自部署，指导了全国的脱贫攻坚工作，明确了脱贫的奋斗目标。加大组织力度，确立了中央统筹规划、省全面负责、市县全面落实的工作机制。坚持大扶贫格局，动员全党、全国、全社会力量。加大扶贫投入支持力度，加大各方帮扶力度，把扶贫与扶志、扶智相结合，通过特色产业扶持、人口转移就业、易地搬迁、加强教育支付、开展医疗救助、社会保障兜底等措施确保脱贫。坚决打赢脱贫攻坚战，有利于提高低收入群体收入，促使社会资源向基层下沉，是促进城乡之间、区域之间协调发展，促进社会公平正义和共同富裕的重大战略举措。

（二）完善社会保障体系

我国大部分民众的生活水平有了显著提高，但还有处于生存和发展困境的群体，在物质和精神上都需要我们的帮扶。我国坚持守住民生底线，从最迫切最突出的民生问题着手，强调要建成覆盖全体人民的、可持续的、多层次的社会保障体系。政府兜底提供基本保障，通过市场化满足多层次需求，协调不同社会阶层、不同群体的社会保障需求。不断完善帮扶特殊和弱势群体的社会救助、优待及安置制度。发展残疾人事业，加强残疾人康复服务。做好退役军人服务保障工作。统筹城乡社会保障体系，缩小城乡福利差距。社会救助体系分层、分级、分类，不断提高救助对象认定的准确性，确保精准救助。不断规范和完善救助保障管理制度，力求应保尽保。

（三）改革收入分配制度

我国从国情出发，制定了以按劳分配为主体，多种分配方式并存的分配制度，一定程度上保证了公平和效率的统一。但是，由于种种原因，我国的收入分配还存在一些问题。我国不断深入改革收入分配制度，不断完善促进收入分配公平的体制机制，确保民众的收入同社会劳动生产率及经济增长同步提高。调整收入分配政策，扩大知识价值分配比重，促进智力劳动回报合理。不断调整收入分配格局，规范收入分配秩序，处理政府、企业和居民的分配关系，增加城乡居民收入。

（四）促进基本公共服务均等化

公平正义是社会主义社会的本质要求。我国高度重视社会基本公共服务，强调丰富有效供给和服务均等化。一方面，通过优化政府提供公共服务的方式，丰富和增加社会公共服务的类别和数量。另一方面，通过加强基层公共服务体系建设，推动城乡基本公共服务一体化、均等化。完善城乡基层组织的公共服务设施，提升基层公共服务机构的服务能力。完善促进基本公共服务均等化的公共财政体系，加大对公共服务的支持力度。提高农村基本公共服务的标准和水平，实现从无到有、从有到好的转变。有序推进农村转移人口公平享受当地的基本公共服务，促进城镇基本公共服务覆盖全部常住人口。

三、创新社会治理，激发社会活力

（一）创新社会治理体制

党的十八大以来，社会治理理念不断创新，到十九届四中全会明确了"党委领导、政府负责、民主协商、社会协同、公众参与、法治保障、科技支撑的社会治理体系"。党委领导，即坚持党在社会治理过程中的领导核心作用。政府负责，强调政府是社会治理的责任主体。民主协商，即发挥各民主党派在社会治理过程中的建言献策的作用。社会协同，强调的是社会治理过程中的社会力量或各类社会组织的参与和协同。公众参与，强调的是提高人民群众参与社会建设的意识和能力，拓宽群众参与社会建设的渠道，充分发挥人民群众的社会建设主体作用。法治保障，强调的是完善多元主体协同共治的法律法规及社会治理过程中的法治精神。科技支撑，强调的是在社会治理过程中要利用新一代信息技术，提升治理的智能化水平和精准度。通过创新社会治理体制，提高多元社会主体的社会参与度，最大限度地激发社会活力。

（二）创新社会治理方式

把专项治理和系统治理、综合治理、依法治理、源头治理结合起来。开展专项治理主要针对社会矛盾较为突出的个别领域或事务。党的十九大以来，我国开展了多项专项治理行动，例如，扫黑除恶专项治理、"净网2021"等。系统治理强调的是谁领导、谁主导以及不同社会治理主体之间的互动关系问题。综合治理强调的是治理过程、治理手段的统一协调和统筹规划。依法治理强调的是社会治理的法律依据和法律手段。源头治理强调的是对社会矛盾发生的源头进行防治，一方面要梳理矛盾的源头，防患于未然；另一方面要就地解决矛盾。五种治理方式相辅相成、相互配合，达到治理效果最优。

（三）提高社会治理现代化水平

党的十九大报告提出要提高社会治理社会化、法治化、智能化、专业化水平。社会治理的社会化强调的是多元社会主体的共同参与。社会治理的法治化强调的是要把法治思维融入社会治理的全过程，完善社会治理的法律法规。智能化强调的是运用信息技术为社会治理赋能，提高社会治理效能。专业化强调的是培育具有专业精神、专业能力的社会工作者。社会化、法治化、智能化和专业化，这四个方面脉脉相通、相辅相成，是实现社会治理现代化的必然条件，也是新时代我国加强社会治理的方向指南。

（四）重视基层治理

只有地基打得好，建筑才能更高更牢固。基层治理是国家治理的基石，是保障民生、维护社会稳定和国家安全的基础性工程。党的十九大以来，我国十分重视基层治理，强调要把社会治理、服务、资源和人才向基层下沉，提高治理的精准化和精细化。强调基层社会治理要在党组织的引领下，把自治、法治、德治"三治结合"，加强基层干部队伍的法治教育，提高基层的服务意识和服务能力。转变传统的管理思维方式，充分发挥社会、城乡、家庭组织的作用，提高基层治理的有效性，夯实国家治理的基础。

四、规范社会行为，维护社会安全

（一）健全社会矛盾综合治理机制

通过创新社会矛盾预防和化解机制、利益关系协调机制、风险评估机制、群众权益保障机制，改革信访工作制度，从多种途径入手，全方位防范和化解社会矛盾。大力发扬新时代的"枫桥经验"，加强调解机构之间的协作，最大限度地将矛盾化解在基层。通过加强社会心理服务体系建设，以基层单位为基点，设立心理健康服务场所，早发现、早疏导、早化解民众的不良情绪和心理危机。通过广泛宣传，普及个人心理健康知识，倡导健康的生活方式，预防心理问题的产生。同时规范和监管专业的心理服务机构，进行心理疏导和危机干预，为人民提供客观、系统、有效的社会心理服务。通过化解社会矛盾和人们的心理危机等方式理顺人们的情绪，培养人们良好的社会心态，预防极端思想和极端行为的出现。

（二）健全公共安全体系

公共安全是社会稳定的重要因素，是国家安全的重要基石，是人民能安心生活的坚强后盾。习近平总书记曾指出，维护公共安全，"要加快健全公共安全体系"，要求健全安全生产责任保障和监督制度，建立安全隐患调查和防控体系。在应急管理方面，要求构建统一、灵活、上下协作的应急管理体制，提高国家应急管理能力，提高预防、减轻、救助灾难的能力。加大食品药品安全监督和管理力度，改进监管体制，保障人民的身体健康。

（三）完善社会治安综合防控体系

十九大以来，我国十分重视社会治安防控体系建设，从纯粹的"立体化"到与"信息化"相结合，再到确定了新时代社会治安防控体系的整体方向。完善治安防控体系的基础是发动群众的力量，让专业的工作人员与普通群众建立一定的合作关系，化民力为警力。重点提升治安防控的现代化水平，建立问题联合治理、工作协调互动、平安联合共创的工作机制；提高抗击风险的能力。最终加强治安联防联控的整体性、协同性和精准性。

总而言之，新时代加强社会建设的内容主要包括发展各项社会事业，持续改善民生；协调社会利益关系，促进共同富裕；创新社会治理，激发社会活力；规范社会行为，维护社会安全；从制度、机制、政策等多个方面入手，确保人民安居乐业、社会安全与稳定。

第三节　社会治理的根本目标

一、不断增进人民福祉

1969 年，习近平同北京其他学校的学生作为下乡知青一同来到陕北延安，习近平被分派到延川县文安驿公社梁家河村，在这里待了七年。习近平担任村支书时，在村里带领村民办铁业社、办缝纫社、打井、建沼气池、修路、开展扫盲工作等，真正地了解了民生疾苦。正是知青岁月的磨炼，习近平萌发了不断为民办实事的决心，帮助基层群众解决生活问题，增进人民福祉。习近平同志强调新形势下，领导要做好信访工作，各个省市地区领导干部在从事信访工作时，要以人民的利益为重点，把人民的需求与安危放在第一位，不断提高社会治理水平。习近平同志通过在正定、福建、上海等地方从政中积累阅历，为民服务，逐渐形成更加成熟完善的社会治理体系思想，这为下一步开展社会治理工作打下了基础。人民福祉的增进关键在于为人民解决与社会生活息息相关的问题，补齐社会主义民生建设短板，为人民提供更优质的教育、工作、收入、社会保障、医疗服务、居住条件等，这意味着人民福祉的增加，也是党不断加强社会治理创新的目标。习近平同志在庆祝建党95周年会议上作重要讲话："要把人民放在心中最高位置，坚持全心全意为人民服务的根本宗旨。"这表明了习近平同志始终把人民群众的喜怒哀乐作为工作得失的依据，将为人民服务的理念贯穿落实到治国理政的工作中。在十九大报告中作重要讲话时，习近平总书记强调："带领人民创造美好生活，是我们党始终不渝的奋斗目标。"这意味着社会治理成果的享有者始终是人民，要让人民在深化改革的过程中感受到公平公正，把人民切身利益放在制高点，凝聚全国人民力量，为实现"第二个百年目标"持续奋斗。因此，增进人民福祉也是社会治理的目标要求。

二、促进社会公平正义

习近平总书记强调："要通过各种制度安排保障人民群众各方面权益，促进社会公平。"在促进经济蓬勃发展的同时，公平正义问题不可忽视，在解决百姓纠纷案件时，要秉持公平公正的原则，使人民在困难中有规可循、有法可依，感受到公平；要不断完善制度，惠民利民。社会治理现代化与社会公正，二者是相辅相成的，不仅促进了社会安定，也在社会深化改革的过程中持续发展，实现了相互促进、相互融合。习近平同志通过落实各项切实可行的社会治理措施，使人民群众在教育、就业、社会保障等方面时刻感受到公平正义就在身边。

（一）构建完备的教育体系

习近平总书记曾多次在讲话中强调教育的重要，他指出："教育是国之大计、党之大计。"这意味着要始终落实好党的教育方针政策，使教育的发展走在前列，树立以德育人的教育理念，真正使教育公平化。要不断缩小城乡义务教育的差距，使教育以多样化的形式开展，促进学生全面发展。

与此同时，随着网络的智能化，教师可以利用许多媒体资源进行网上授课，新的学习方式可以开拓学生的视野，从而更好地建设学习型社会。习近平同志指出必须贯彻"扶贫先扶智"的思想，使部分发展较落后地区的孩子能够享受同等的教育资源，为他们创造能够摆脱贫困的条件。

（二）健全更高质量的就业机制

党和国家向来十分注重就业问题，因为它关乎个人的生存与发展。《中共中央关于坚持和完善中国特色社会主义制度　推进国家治理体系和治理能力现代化若干重大问题的决定》中指出，对于创业者，通过政策扶持，降低创业成本，提供灵活多变的就业机会，以创业带动就业，提供更加公平公正的就业制度环境。进一步完善就业机制，多渠道灵活就业，促进高质量就业。

（三）构建公平公正的社会保障体系

伴随着我国新生代人口的增多，老龄化现象也越来越严重，对于待业者和工伤者，习近平总书记指出了要不断健全保险制度，尽快落实好社保卡的转移接续，对于跨区域看病就医的民众，要不断健全异地就医结算制度，更好地保障他们的权益，推动社会公平正义目标的实现，促进社会和谐。

三、推进国家治理现代化建设

十九大以来，我国不断从全面现代化的角度着手规划国家治理，强调要实现治理体系和治理能力的现代化。实现国家治理的现代化，既有利于完善中国特色社会主义制度，也有利于保障人民的幸福、社会的和谐、国家的长治久安。

社会治理作为社会建设的重要内容，是国家治理现代化建设的重要组成部分，以社会治理的进步推动国家治理能力和效能的提升是国家治理现代化的题中应有之义。新时代加强社会建设，通过协调治理主体关系、创新社会治理的手段、构建社会治理新格局等方式，完善社会治理体系，为国家治理现代化奠定社会基础。通过打造智能化、信息化的社会治理平台，进而以信息化助力国家治理现代化。通过构建人民内部矛盾的防范和化解机制，畅通人们的诉求表达渠道，保证人民的主体性作用在国家政治生活和社会生活中得到充分的发挥，这些都是国家治理现代化建设的内在要求。因此，新时代我国加强社会建设，有利于推进国家治理现代化建设。

四、确保社会充满活力又和谐有序

目前，我国贫富差距依然存在，习近平强调："一个好的社会，既要充满活力，又要和谐有序。"秩序与活力二者相辅相成。前者意味着社会安定有序，后者意味着社会生活的多姿多彩，切忌出现"一潭死水"与"波涛汹涌"。要解决好社会领域的问题，必须全面高效地增加治理体制创新，利用社会组织、市场和社会三方力量，推进就业、医疗、教育等体制制度革新，不断深化社会治理领域改革，从而打造一个充满活力且安定有序的社会。习近平总书记在党的十八届三中全会上指出："加快形成科学有效的社会治理体制，确保社会既充满活力又和谐有序。"将社会治理目标确立为"充满活力又和谐有序"，这是对过去社会管理的升级，不仅有利于逐渐形成新时代高效的社会治理体系，也进一步确保社会发展环境安定且和谐有序，把新时代社会治理目标的社会治理效果最大化发挥出来，增强人民幸福感。习近平总书记指出，良好的社会环境能够促进社会发展。一是健全预防和化解社会矛盾长效机制。通过政策倾斜和加强制度建设来做好社会矛盾预防化解工作，从源头上预防社会矛盾的发生，推动了社会安定有序。二是完善国家安全体系。立足于建设平安中国的高度，坚持走中国特色的国家安全道路，贯彻以人为本的安全理念，并坚持国家利益至上，不断推进各个领域中的国家安全保障工作，充分强调了大安全的理念。习近平总书记在党的十九大报告中指出，要加强和创新社会治理，着重强调了国家安全要以良好的社会秩序、稳定的社会环境为前提条件，维护国家安全是社会稳定、国家长治久安的重要保障。三是完善公共安全体系。习近平指出了要落实好社会稳定风险评估机制，做好社会公共安全防线，不断营造安定和谐的社会环境。四是展开社会治安综合治理。对以莫须有的理由制造民族分裂活动给予严厉打击，要综合整治电信诈骗、非法集资、非法传销等犯罪现象，促进社会和谐安定。

五、化解新时代我国社会主要矛盾

人类社会在矛盾运动变化中不断向前发展，而社会主要矛盾也随着时代的变迁而不断变化。要推动党和国家的事业不断向前，必须准确识别我国社会的主要矛盾。改革开放四十余年，我国建成了小康社会，老百姓的生活质量有了极大的提高。当前，中国人民的生活需求，正从基本生存需要向着自我实现的发展需要和高层次的享受需要方向转变。同时，我国的生产力水平明显提高，多个社会生产领域进入世界前列。当前阶段，制约人们追求更美好生活的主要因素是发展的不平衡不充分的问题。新时代加强社会建设顺应了人民的美好生活追求和愿望。我们要在继续推动发展的基础上，通过社会建设，补齐民生短板，提高公共服务的供给质量，协调社会利益关系等方式，解决好民生领域中不平衡不充分问题，全方位提高人民的生活质量，更好地满足人们对美好生活的需求，更好地推动人的全面发展、社会全面进步。通过创新社会治理，规范社会行为，在维护社会稳定和国家安全的基础上，最大限度地激发多元社会主体的创造活力，进一步解放和发展生产力。因此，新时代我国加强社会建设，有利于化解当前阶段社会的主要矛盾。

六、助力中华民族伟大复兴中国梦

新时代是实现中华民族伟大复兴的时代。复兴的本质是实现国家富强、民族振兴、人民幸福。国家富强是要把我国建设成为社会主义现代化强国；民族振兴是使中华民族更强有力地立于世界民族之林，为人类的发展做出更大贡献；人民幸福是增进人民福祉，促进人民的全面发展。中国梦把整个国家、民族、社会和个人紧密地联系在一起，是全体人民共同的心愿表达，成为中华民族团结奋斗的共同目标和伟大理想。

新时代加强社会建设以人民生活更美好为目标，以促进公平正义、共享改革成果为基础，保障全体人民幸福；以发展各项社会事业为基础，力求在教育、就业、医疗、社会保障等方面不断取得新进展，夯实人民幸福的基础；创新社会治理的制度体系和方式方法，使激发社会创造活力与维持社会秩序相协调，最终维系人民幸福；以维护人民平安、社会稳定为前提，构建国家安全体系，筑牢人民幸福的基石。以全体人民的幸福为初衷，实现民族复兴，圆中国梦。与此同时，社会建设作为"五位一体"的一部分，在"五位一体"的总体布局中与其他四大建设不仅同等重要，而且彼此互相促进、密不可分，任何一方的缺位或者弱化都会削弱其他方面的建设，动摇中国特色社会主义建设的根基。因此，新时代我国加强社会建设，有益于实现中华民族伟大复兴的中国梦。

第四节 社会治理创新的提出

一、社会治理创新的时代背景

第一，新时代文明实践为社会治理创新提供了精神动力。文明是现代化国家的显著标志，推动社会文明程度得到不断提高、达到新高度，是全面建设社会主义现代化国家的重要目标和重要保证。精神文明建设能够丰富、发展人民的精神生活，其取得的成果会反作用于物质生活，二者紧密相连，相互促进。学习宣传习近平新时代中国特色社会主义思想，是新时代文明实践工作的出发点和落脚点。党的群众路线的核心在于通过宣传教育，发动群众，让群众在领会党的正确主张的基础上自觉行动，积极主动干事创业，追求美好生活。在新时代文明实践建设过程中，发扬我党宣传群众、教育群众、凝聚群众、服务群众的优良传统，用习近平新时代中国特色社会主义思想教育人，用党的理想信念凝聚人，用社会主义核心价值观培育人，用中华民族伟大复兴历史使命激励人，将宣传新思想、新政策与社会治理成果、群众身边的变化相结合，推动宣传思想文化工作与精神文明建设向基层延伸，厚植党执政治理的阶级基础与群众基础，同时也激发了群众创造美好生活、主动投身基层社会治理的不竭精神动力。

第二，新时代文明实践为社会治理创新提供制度保障。治国安邦重在基层，社会治理创新的关键在于坚持重心下移、力量下沉、资源下投，通过建立富有活力和效率的新型基层治理体系来实现强基固本。过去基层治理主要处于"管理型与权力型"政府治理模式下，基层工作纷繁复杂，事多权少，屡禁不止的"层层加码"导致基层落实工作难上加难，不堪重负。在当前利益多元化、权利与责任观念变化的背景下，基层社会治理无法再依靠过去那种单一的行政管理方式进行治理，而是要将基层社会事务以自治、合作、共享的方式来妥善解决。新时代文明实践的主要工作是依托基层党组织，密切联系群众、服务群众，通过志愿服务的方式，向群众提供多种形式的服务和帮助，传递党的关爱，增加群众的获得感，从而发挥教育、组织、凝聚与服务的职能作用。新时代文明实践充分发挥党建引领作用，依托基层党组织严密的组织体系，依靠党的先锋模范作用，有利于把握基层社会治理的目标和方向，也有利于落实社会治理的各项任务。新时代文明实践的志愿者作为通向社会治理的桥梁，通过为社区居民提供精细化和个性化的服务，能够下移社会治理和服务的重心，细化社区的治理网格，织密织牢基层网格，培养社区居民自我管理、自我监督的意识和能力，真正成为社会治理的主体。群众自治共治能力的提高，公共精神的觉醒为基层社会治理创新注入活力。

第三，新时代文明实践为社会治理创新提供了平台和载体。数字赋能基层社会治理，是促进基层社会治理精准化、精细化和便民服务智慧化，构建社会治理新格局，推进国家治理体系和治理能力现代化的有效措施。新发展背景下，科学技术的进步为基层社会治理信息化、数字化、平台化的发展进步提供了有力支撑，大数据、云计算、人工智能等新兴技术的赋能将进一步促进社会数字信息流动共享、改进管理服务、提升社会治理能力与水平。新时代文明实践依托平台为载体整合数字资源，以平台化的方式着力完善新时代文明实践阵地功能，形成独特新型的文化治理模式，推动社会治理手段、模式、理念创新。新时代文明实践所包含的平台主要有：项目管理平台、志愿者管理平台以及数据管理平台。三者都能为社会治理提供流程和基础，从而可以加快实现基层社会治理资源共享，更好地兼顾多元利益，化解基层矛盾冲突，建设和谐基层党群关系。项目管理平台，即针对社区的文明实践工作进行规范梳理，逐渐地形成了治理内容实体的需求对接，且能评价效果的管理综合平台。以移动化、智能化、流程化、融合化的优势打造互融互通的工作系统，通过实时化管理减轻基层管理人员工作量，切实提升各级管理部门沟通效率，减少内耗，降低沟通成本。通过志愿者管理平台对志愿者这一群体进行管理，建立起志愿者信息库，整合不同志愿者类型、不同专业的人才，保障治理行动的执行力度。提供可量化的数据以供分析，帮助基层组织能够更好地调度志愿者资源，将合适的人放到需要的位置上，同时也为志愿者、受益者提供了智慧化的新时代文明实践管理工具。通过数据管理平台整理和分析内、外部数据，全面了解社区的环境，一方面依托大数据信息处理技术，及时发现社区治理中可能存在的安全隐患，发出预警，及时处置，做到"消未起之患、治未病之疾，医之于无事之前"；另一方面通过数据分析应对各种问题，提供多种应对处理决策，尽可能找到有限资源条件下的最优解决方案，提升管理决策水平，增强科学决策能力，提高管理效能。

第四，新时代文明实践为社会治理创新提供了人才支持。当今时代，科学技术的发展日新月异，人才资源作为"第一资源"的重要地位日益得到凸显，提升基层社会治理的科学化水平、实现社会治理路径创新同样需要依托人才支持才能实现。新时代文明实践作为基层文化建设工程，为培育挖掘、用好盘活基层人才提供了契机，通过因地制宜探索文明实践建设途径，丰富扩展基层宣传教育方式，着力于基层人才的挖掘培养与管理使用，能够不断壮大基层社会治理人才力量，挖掘人才资源中蕴藏的活力，从而让广大人民群众在丰富的精神文化生活中获得精神滋养，帮助基层群众更好地理解党和国家大政方针以及相关政策，更积极主动地参与到社会治理共同事业中来。新时代文明实践的主体力量是志愿者，主要的活动方式是志愿服务，通过志愿者服务的活动方式，能够将城乡广大群众凝聚起来、团结起来、活跃起来，在文明创建、社区治理、环境保护等工作中发挥积极作用。通过激励和推动基层志愿者队伍的发展壮大，能够吸引更多社会贤才加入新时代文明实践的志愿队伍中。因此，新时代文明实践志愿者队伍的建设，为社会治理创新提供了人才支持。

二、社会治理创新的良好态势

（一）治理资源不断丰富

治理资源是社会治理活动开展的必要支持。近年来，我国社会治理资源呈现出了不断丰富的良好态势，为国家经济社会发展奠定了良好的现实基础。社会治理的向好发展必然需要一定的物质基础。总体来说，物质基础越好，社会治理发展成效会越显著。正如近年来随着我国治理资源的不断下沉，我国基层社会治理得到了更好的发展。再以所选案例来看，不论是地处粤港澳大湾区核心区域的南海区（广东佛山），还是四川成都的青羊区，社会经济条件都相对较好。这为它们的治理创新实践提供了坚实的物质基础。当前，我国是世界第二大经济体，社会整体发展已进入了新的阶段，国家发展进入"新时代"。我国在经济建设、全面深化改革、民主法治建设、思想文化建设、生态文明建设等诸多领域已实现许多历史性变革，并取得了伟大成就。这为我国社会治理创新发展提供了更为丰富的物质资源。

国家层面提供了一系列制度支持。2013年的十八届三中全会以来，党和国家对社会治理予以高度重视，在组织领导、战略布局和政策保障等方面均为社会治理创新发展提供了一系列制度支持。一是社会治理的组织领导进一步优化。以四川成都来说，为了更好地探索特大城市社会治理创新发展，国家专门设立了市委社治委。二是社会治理的战略地位进一步凸显。着眼于国家战略层面，当前不断全面深化改革，逐步推进国家治理体系和治理能力现代化。社会治理作为国家治理体系的重要部分，如何形成与国家治理体系相契合的社会治理体系，切实构建推进治理能力现代化发展的社会治理创新发展模式，是当前乃至今后很长一段时间内我国社会治理发展的重要方向。着眼于和谐社会建设层面，如今我国社会发展面临更多新的问题和挑战，同时党和国家也对建设和谐社会提出了更高的要求，越发重视对社会活力的激发和应用。当然，这些都需要我们通过创新社会治理予以回应，也足以说明社会治理在我国建设发展过程中的重要地位。三是社会治理发展的制度支持力度逐步增强。自 2013 年以来，中共中央和国务院非常重视对社会治理发展的总体勾画，提出了一系列的政策、方案和意见。同时，随着国家层面的政策号召和引领的不断增强，我国各地也纷纷出台了许多相关的政策文件，这使得我国社会治理相关的制度资源愈加丰富。

（二）核心理念不断凸显

社会治理的深化发展既离不开物质资源的"硬性"保障，也离不开精神与价值层面的"柔性"支撑。现今，社会治理受到社会各种价值理念的影响和制约，但以人民为中心始终是其核心价值理念。社会治理发展至今，也日趋重视人民利益、人民力量和人民满意，不断彰显和践行以人民为中心的价值理念。

1. 社会治理以人民利益为价值坐标

习近平总书记曾强调，我国最广大人民群众的根本利益是创新社会治理发展的"根本坐标"。有效的社会治理不仅关系到国家社会的安定有序，还关系着我国广大人民群众的切身利益。我国社会治理以人民群众的利益问题为切入口，不断解决好社会公共问题和满足广大人民群众各方面的利益需求。近年来，如何"使人民获得感、幸福感、安全感更加充实、更有保障、更可持续"，确实成了全国各地社会治理的目标导向。

2. 社会治理以发挥人民力量为发展动力

人民不仅是社会治理活动的客体，也是社会治理活动的主体，还是社会治理创新发展的力量源泉和内生动力。我国社会治理正是在其发展历程中不断重视人民群众的主体地位，尊重人民群众的首创精神，广泛凝聚人民群众的聪明智慧，发动人民群众参与治理实践，才取得了如今的成效。不断挖掘和发挥人民群众的治理力量，实现共治，成了各地区社会治理创新的共同着力方向。

3. 社会治理以促进人民满意为归依和标准

社会治理说到底是服务人民的活动。一切治理活动的开展都是为了人民，人民满意度是我们检验社会治理活动成效的价值取向和评判标准。近年来，我国社会治理不断致力于让人民得到治理实惠、改善人民生活和保障人民权益，使得人民群众的满意度逐步提升。

因此，社会治理深深扎根于人民之中，以人民为中心是中国特色社会主义社会治理创新发展的根本性价值原则。近年来，我国社会治理也在深刻诠释治理为了人民、治理依靠人民和治理造福人民的深厚情怀，不断凸显着核心价值理念。

（三）主体结构不断优化

治理主体是社会治理活动的核心构成要素。社会治理主体结构是影响社会治理现代化的重要因素。近年来，我国社会治理主体结构呈现出了优化发展的趋势，其主要表现在以下三个方面。

1. 从主体构成范围来看

社会治理主体更加多元化。在以往的统治时期，国家社会事务的处理主要依靠国家政府的"单打独斗"。在管理时期，政府开始作为"全能型政府"，对各项具体的社会事务进行大包大揽。政府这一单一主体统揽所有，实行全面管控，微观管理和宏观把控都由其负责。这虽有利于国家的统一领导，但造成了政府效能发挥不理想，其他主体力量发展受限等问题。在当前的社会治理时期，主体多元化成了社会治理的基本特征。社会治理不仅强调国家党政力量的参与，还注重社会组织、社会公众等的积极加入。

2. 从主体关系来看

社会治理主体更为平等和谐。总的来看，在以往很长的一段时间里，我国社会治理主体并非"平等的行动者"。这主要表现在政府与其他主体的关系中。以政府与社会组织的关系为例，随着时间的推移分别表现为："统治型"（1949 年前），国家政府高度统治社会组织；"控制型"（1949—1978 年），社会组织受到国家政府的严格控制；"父子依附型"（1978—1995 年），社会组织的成立和发展很大程度上依附于国家政府；"分离补充型"（1995—2004 年），社会组织获得了一定的自主发展空间，并在一定程度上起到了辅助国家政府治理的作用；"协同合作型"（2004—2012 年），国家政府对社会组织的管控进一步放松，并由政府引导，协同处理相关社会事务；"新型协同合作关系"或"调适型合作关系"（2012 年—至今），在既肯定政府的主导作用又注重社会组织的积极协同作用的基础上，进一步突出强调党委的领导作用。近年来，国家政府和社会组织之间的关系不仅更加平等，而且其他各主体间也都更为平等和谐。社会治理越来越突出强调各治理主体之间的平等参与、和谐共治。同时，随着治理实践活动的不断深入开展，不同主体联系更为密切，更加注重互帮互助、协同共治。

3. 从主体结构形式来看

社会治理主体结构更具整体性特征。从现实发展来看，多元治理主体在治理互动的过程中，既促进了行动协同、功能互补，也产生了对立冲突的问题。因此，社会治理结构的优化，不仅仅在于参与治理主体更加多元、主体关系更加平等和谐，更在于结构是否具有整体性特征。我国社会治理发展至今，社会治理主体结构整体化发展水平有所提升。这主要体现在以下两个方面。

一方面，网络式治理主体结构形式基本形成，主体间的整合度进一步提升。我国社会治理主体结构形式的演变大致经历了"一元"—"中心—边缘"—"多元"的过程。目前，我国治理主体结构就是以"多元"为总特征，即致力于多元治理主体的共同参与。同时，这种治理结构形式是一种网络式的结构，更加注重多元主体之间的互动交流。这在一定程度上可以避免不同治理主体"各自为政"、主体力量"碎片化"等问题。但由于我国社会治理主体的治理能力参差不齐，这种网络式的主体结构形式主要呈现出"一核多元"的特征。换句话说，各级党委或政府被设定成为主体结构的核心节点，社会组织和公众等作为其他小节点。通过党政这一结构核心节点作用的发挥，挖掘、培育和促进其他节点力量，从而带动整个主体结构的完善，助力主体结构整体功能有效施展。

另一方面，主体内部更加注重整合发展。以政府为例，政府参与社会治理对外注重与社会组织等其他治理主体形成良性互动的关系，形成良好的治理生态环境；对内注重自身体系结构的完善。在不同的治理活动中，政府既要重视各横向部门之间的整体联动，又要考虑与不同层级政府之间的有效衔接。

（四）治理方式不断升级

社会治理方式是治理主体在社会治理实践活动中所采取的方法或途径的总称。一般而言，应用科学适当的治理方式有利于提高社会治理效能、实现社会治理目标。目前，我国社会治理方式正在不断升级和完善，主要表现在：社会治理方式更加多样化和复合化。

1. 社会治理方式更加多样化

总的来说，当前我国社会治理方式既摒弃了以往传统时期社会条件下的神治和人治，又不同于以往的社会管理方式，即主要通过具有强制性的规章制度或行政命令等进行治理。之所以说近年来我国社会治理方式正变得越来越多样，主要是因为以下两个方面。

一方面，以往的德治、法治和自治等方式被充分挖掘、重视和应用。众所周知，德治、法治和自治等方式，在我国传统社会时期就有迹可循，其在我国社会管理时期又得到了进一步的发展和完善，但是以往它们并未得到充分的重视和应用。以自治来说，我们首先想到的是为我们所熟知的"基层群众自治制度"，但这一制度在党的十七大才被正式写入党代会报告，其发展还不是十分完善。进入社会治理时期以来，我国开始高度重视社会治理方式的改进。如2014年我国首次以全会的形式对如何推进全面依法治国开展专题研究，并形成了重要决议。这既推进了我国全面依法治国的发展进程，也对加强社会治理的法治保障、提高我国社会治理法治化水平等具有十分重要的作用和意义。同时，随着我国对基层社会治理的不断重视，社会自治问题也得到了重视和发展。如习近平总书记在指明社会治理的重心是基层的同时，还强调要尽可能把资源、服务和管理等落实到基层，要让基层有职有权有物。习近平总书记认为只有这样，各基层组织才能更好地为人民服务，才能更具影响力和号召力。这些思想也在社会治理实践中逐渐得以贯彻和落实，使得我国基层群众自治得到了更好的发展。

另一方面，"智治"后起正当时。正如习近平总书记强调"没有信息化就没有现代化"。如何实现信息技术与社会治理的有机融合，也成为推进我国社会治理现代化发展的重要议题。近年来，随着"新一代信息技术"的不断发展，越来越强调我国社会治理要注重这些新科技的支撑赋能作用。由此，"智治"被催生成了一个当前乃至今后极为重要的现代化治理方式。

2. 社会治理方式更加复合化

近年来，我国社会治理方式在应用上的复合化趋势较为明显。换言之，各治理主体在进行社会治理实践活动时，越来越注重不同社会治理方式的有机融合。这既不同于社会管理时期社会治理方式的单一化，也并非意味着多种社会治理方式的简单相加，而是追求在不同治理情境下能适当选择最佳的社会治理方式。自社会治理被正式提出开始，社会治理方式的复合化思想就已经被一同提及。在党的十八届三中全会中，就如何改进社会治理方式，习近平同志提到了"四个坚持"，即坚持系统治理、坚持依法治理、坚持综合治理和坚持源头治理。其中，"坚持依法治理"意在强调加强法治保障，"坚持综合治理"意在强调加强道德约束。这其实已表达出了社会治理要注重"刚柔并济"，要兼顾"法治"和"德治"。时隔一年，在党的十八届四中全会中，"德法兼顾"的社会治理思想被进一步重视。随后，在党的十九大中，"三治合一"的思想被正式提出。其开始意在提倡乡村社会治理不仅要注重"德法兼顾",而且还要重视"自治",建立以"自治"为体、德治和法治为翼的乡村社会治理体系。自此这一思想被更为广泛地贯彻和落实于基层社会治理实践中。当然,目前"智治"正当时,实现"智治"与其他社会治理方式的融合成为大势所趋。

三、社会治理创新的现实困境

(一)价值观念多样并存

价值共识是社会治理活动开展的重要思想基础。当前,我们正处于多元价值观念并存的时代。具体而言,价值观念多样并存表现为传统性价值观念和现代性价值观念并存、不同地区间的价值观念并存和不同治理领域价值诉求并存三个方面。这也成为当前我国社会治理创新发展的一大现实挑战。

1. 传统性价值观念和现代性价值观念并存

传统价值观念"退场"和现代价值观念"入场",成为当前我国社会价值观念变革进程中的长期并存现象。传统性价值观念与现代性价值观念之间存在许多差异,甚至对立的部分。因此,在两者相互碰撞的过程中,不可避免地会产生一定的矛盾冲突。如道义价值和功利价值、安于现状与追求自由发展、家族宗法制与平等法治观念等的冲突。当前,我国社会治理十分重视运用法治手段,提升人们的法治素养。正如杨小云曾提出的,法治意识是推进法治社会建设的"内驱动力",但是,我国传统政治心理中的人治意识则成为我国法治发展面对的"最大心理障碍"。也正是由于长期受到人治思想的影响,我国部分地区的法治进程较为缓慢。

2. 不同地区间的价值观念并存

从全球范围来看,东西方的不同价值观念是并存的。随着全球化进程的不断推进,东西方各价值观念也逐渐交融、碰撞。这既为我国社会治理价值塑造提供了一些可借鉴的好观念,但也带来了一些消极影响。如西方不良社会思想的渗入或传入,不仅不利于我国主流价值观的培育和发展,还使我国社会整体价值取向逐步受到侵蚀,甚至扭曲变形。同时,我国国内不同区域间也存在价值并存现象。由于我国地区经济发展不平衡、地区传统文化习俗各异,我国各地区人民在价值观念、地区治理价值诉求等方面,都呈现了一定程度的差异。总的来说,内地和乡村地区表现为更接近传统价值观,地区治理价值诉求相对较少且低层次;沿海和城市则表现为更接受现代性的价值观,地区治理价值诉求相对更多样、更高层次。这些都或多或少地影响了不同地区间人民的价值共识，增加了我国开展社会治理活动的难度。

3. 不同治理领域价值诉求并存

治理主体在不同治理领域有不同的核心价值诉求。我国社会治理融入国家社会建设的各个方面、整个过程，涉及社会发展的各个领域。因此，我国社会建设的价值目标与社会治理的价值诉求在一定程度上是紧密相关的，具有高度契合性。总的来说，我国社会治理在经济领域的核心价值诉求是"富强"，在政治领域的核心价值诉求是"民主"，在文化领域的核心价值诉求是"文明"，在社会领域的核心价值诉求是"和谐"，在生态领域的核心价值诉求是"美丽"。社会治理的公共价值诉求在于推进多元价值诉求的不断交融，最大程度实现价值共容。

以上不同的价值目标或诉求，虽都具有其合理性和科学性，甚至相互关联，但它们之间并非天然地一致。同时，具体的社会治理活动往往不仅仅涉及单一领域，主体在参与治理时，价值诉求也各有不同。而且，某些价值诉求在治理活动中被边缘化，甚至可能形成价值冲突现象。这不仅不利于治理主体在社会治理的价值问题上达成共识，也不利于对已有公共价值诉求的认同。

（二）主体利益诉求各异

利益问题是社会治理的关键性问题。从利益的层面看，社会治理是不同利益主体在不同治理场域进行利益协调整合和实现的过程。利益整合是社会治理的基础性工作。但是，随着治理主体日趋多元化和治理领域日趋多样化，治理主体的利益诉求呈现复杂多样的特征，这增加了利益整合的难度。

1. 同一主体在不同治理领域有不同的利益诉求

随着我国社会主要矛盾的变化和国家建设事业的逐步推进，我国发展步入了新的进程。这也使得人们的利益诉求结构更加多元化，大家有了更多样、更高水平的利益期盼。总的来说，人们的利益期盼不仅包括以往一直强调的经济物质利益需求，还有涉及政治、文化、社会和生态等领域的利益需求。正如广大乡村人民对于美好乡村生活的期盼不再局限于经济发展，而是希望在"看得见发展"的基础上，实现"记得住乡愁"和"留得住青山绿水"。在应然层面，我国社会治理都应对社会公众的现实利益需求，给予及时回应。但是，在实际的综合治理过程中，由于资源限制、治理惯性和主观利益偏好，这些利益往往无法得到同时兼顾。因此，利益整合成了当前社会治理的一大难题。

2.不同主体在同一治理活动中具有不同的利益诉求

同一社会治理活动往往涉及多个相关利益主体。但是，利益相关并不等于利益相同。一般而言，社会治理活动相关利益主体之间的利益诉求并非完全一致。就雾霾治理而言，中央政府、相关地区政府、相关企业和社会公众等都是其利益相关者，但它们在治理过程中的利益主张各不相同。中央政府的利益诉求在于推进社会可持续发展，力主以维护和发展生态利益提升社会整体利益。相关地区政府的利益诉求则有多方面的顾虑，既包括对地方社会整体利益的综合考虑，又包括对地区经济利益和政府人员政治利益等的考量。相关企业的利益诉求则更多地在于对其经济利益的维护，即实现企业成本更小化、利润更大化。社会公众的利益诉求最为直接，他们所期盼的是享受到"更优美的生态环境"和洁净的空气。

总的来看，除了中央政府和社会公众的利益诉求最具相容性，其他各主体间的利益诉求都有所不同，这就产生了利益整合的难题。

（三）主体力量参与不足

1.社会组织参与不足

社会组织是社会自我发展和运行的核心力量所在，其涉及领域和功能范围广泛。就社会组织的具体划分而言，有各种各样的归类标准。在此将社会组织大致划分为基层群众性自治组织和其他非基层群众性自治组织。组织主要成员是不是基层治理小单元内（如社区）的群众，是两者划分的主要标准。如众所周知的居（村）委会就属于前者，当然如乡贤理事会、业主大会等亦是。后者主要包括民办非企业单位、其他社会团体和基金会等。在形式上，社会治理要充分挖掘和发展社会组织治理功效的理念，因其已受到广泛论证和提倡。国家层面出台和制定了相应的政策和法律，给予了很大的鼓励和支持。但是，就具体实践而言，社会治理过程中社会组织力量的参与仍不足。这主要是由于我国社会组织发展时间还较短，仍存在结构不均衡和质量有待提升的问题。

一方面，社会组织发展结构不均衡，导致某些治理场域的社会组织参与力量较少，甚至没有。就社会组织的类型来看，截至 2020 年 3 月底，除了自治组织，我国其他类型社会组织有 90 万个左右，其中民办非企业单位 51.5 万个，占比最大；社会团体 37.6 万个，基金会 8540 个，数量少、占比也小。同时，需要注意的是，我国现有的这些社会组织的服务偏向不均衡。按照民政部 2018 年的相关统计，我国社会组织共有 81.7 万个。但从它们的主要活动领域来看，真正集中于"社会服务"领域的只有 124774 个；侧重于"卫生""体育"和"农业农村发展"等领域的组织数量相对偏少。就其区域结构而言，社会组织城乡分布差异较大。根据民政部的统计来看，截至2020年12月底，我国共有516个社区服务指导中心，其中农村地区只有8个。这些不均衡的发展现状，既不利于社会组织自身的发展，也不利于社会治理的有效开展。

另一方面，由于受内外限制的影响，某些社会组织自身质量不高，导致自身治理参与不充分、不完全。群众性自治组织是促进基层社会自治的重要力量来源，但在实际治理过程中，它的效能发挥并不理想。就居（村）委会而言，虽然从我国一些现行法律规定来看，它们具有协助维护地区治安等较多治理作用，但是由于其自身还并非完全意义上的群众性自治组织，对政府还具有很强的依赖性，特别是在政策规定和物质保障方面，加之自身发展还不够充分，它们在治理实践过程中会主动或被动地进行选择性应对，主要表现为倾向于选择应对行政事务（与政府协同共治的事务），以至于对其他事务的处理显得"心有余而力不足"。

2. 社会公众参与不足

社会治理有效性的提高，从根本上依赖于社会公众的积极参与。如2020年的疫情防控就是一场全民抗疫战，无数社会公众通过不同路径积极参与其中。从2020年1月31日开始，每天有上万名志愿者提供志愿服务；到2020年2月18日，招募到的志愿者累计将近三万人。同时，像以居（村）委会为代表的众多基层群众自治性组织的运行和发展等，都离不开居（村）民个人的积极参与和支持。但是，现实中由于治理参与渠道不畅、公众自身缺乏相应的参与能力等，加之"搭便车"等心理的作用，社会公众的治理参与度并不高。特别是在一些相对落后的农村地区，村内青壮年为了获得更好的生存和发展的资源，大多选择长期外出务工，留下小孩、妇女或老人在家。这些被留在村里的人，大多自身能力有限，需要得到他人的帮助，无法参与治理活动。加之这些地区本来就难以引进人才，进而会出现地区"人才空心化"的现象。

3. 政府"确位"参与不足

政府"确位"参与，即在治理活动中担好自身应有的职责，做好自己该做的事情。这不仅关乎政府自身治理效能的发挥，也会关系到其他治理主体治理功效的发挥。正如李增刚认为的，政府在社会治理中更多是扮演"服务者"的角色，在参与治理的过程中既不能"缺位"也不能"越位"。但是，政府由于受到传统管制思维、政绩考核制度不适当、权责体系不明确、法制监督约束不足等影响，往往会在治理实践过程中做出"越位"行为，即管得过多、过宽；做出"错位"行为，即行为发生了偏离；甚至做出"缺位"行为，即该管的没管。当前，政府虽已成为我国社会治理中的主导力量，但以上情况仍有发生。目前，我国政府于其他治理主体而言，既是合作者，也是支持者和监督者。政府在社会治理过程中，需要给其他主体提供一定的支持和帮助，为其提供基本保障；还要对它们的治理行为进行必要的监督，以求治理出实效。这些也都是我国政府作为服务型政府的职责所在，也是实现多元主体协同治理的内在要求。但是，在现实境遇中，政府参与不当或不充分的现象时有发生。如在基层社会治理中，政府时有出现只挂牌、不办事的情况。换句话说，政府将本应协同处理的事基本上推给了居（村）委会，将本身发展就不充分、自身能力有待提高的居（村）委会生逼成了"万能居（村）委会"；加之，责任和资源的不同步下沉，使得居（村）委会越来越不堪重负，影响了居（村）委会自治功能的发挥，其治理成效也往往不尽如人意。

4.基层党组织参与不足

基层党组织的治理参与主要彰显于其核心领导作用发挥和治理服务的过程中。虽然当前大力提倡和推广以党建引领社会治理创新发展的新路子，但是现实中仍存在基层党组织治理参与不足的问题。

我们可以发现，以上任一或部分主体的治理参与不足，不仅自身治理优势无法发挥，还会影响其他主体治理效能的发挥，更会影响社会治理主体合力的形成，从而削弱整体效能。同时，这种主体参与不足情况的长期存在，可能会在治理实践活动中产生严重的恶性循环问题。如杨文欢提出，基层社会治理创新既需要依靠政府适当进行"因势利导"，即进行行政介入，推动多方合作，也需要社会组织等不断提升"自生能力"，以更好地参与治理活动。但是，如果政府这一主体以政绩提升为治理活动的首要追求，一味地加强行政介入，那么就可能对社会主体的自生能力造成负面影响，致使社会主体治理参与不足，由此可能又使得政府在下次治理活动中形成更强的行政介入。如果这种糟糕的情况持续恶化，不加以改变，结果可想而知。因此，只有每一主体力量都均衡发展，充分融入治理实践，才能真正提升社会治理的整体效能。

（四）治理机制不健全

1.社会治理相关制度体系不健全

一个完备的社会治理制度体系应该既具有多样性，即社会治理活动涉及的各个具体领域都有制度支撑；又具有层次性，即社会治理相关制度设定或安排有从中央到地方、从高阶到低阶的层级之分。但是，当前我国社会治理制度体系在这两方面还存在一定的不足，这也使得我国社会治理活动开展受到一定的限制。

（1）我国某些治理领域存在制度留白的现象

当前，虽然《中华人民共和国宪法》《中华人民共和国村民委员会组织法》等均对我国社会治理中的相关问题有所涉及和规定，但是我国社会治理活动的开展，其制度支撑主要还是来自国家政府下发的各种政策和文件，缺乏专门的正式法律法规的支持。如社会组织作为我国社会治理活动的重要力量，国家也非常重视和支持其成长和发展，但是，我国目前仍没有"社会组织法"这种具有针对性的高位阶法律。

（2）我国某些治理领域制度设定未形成体系

这主要表现在同层级或不同层级社会治理制度间仍有衔接不全或衔接不当的现象。一方面，制度衔接不全。当下，这个问题主要集中表现在网络信息安全、社会组织管理、公共卫生应急等方面。另一方面，制度衔接不当。在与社会治理相关的某些地方立法过程中，地方法规可能只是对上阶法规进行简单的复制粘贴，缺少对地方实际情况的考虑，甚至存在制度冲突的现象。这既不利于制度体系的自身建设，也不利于相关社会治理活动的有效开展。

除此之外，我国社会治理相关制度的执行机制也存在一定问题。特别是在农村地区，"官本位"思想以及不好的风俗习惯的影响，加之法治观念相对滞后，在一定程度上造成了农村地区非正式制度与正式制度之间的冲突与矛盾，阻碍了正式制度的落实和作用的发挥。

2. 信息技术与社会治理的融合度有待提升

目前，信息技术与我国社会治理的融合水平还不高，甚至面临着许多现实问题。

（1）相关基础设施建设还不完备

完备的基础设施是推进信息技术与社会治理融合发展的重要物质条件。但就社会发展的实际来看，传统的基础设施或设备，已然越来越不能满足数字治理等的现实需求。同时，当前以新一代信息技术为基底的"新基建"建设刚起步。虽然政府对其予以了高度重视，各地区也在积极响应，但其发展需要较长时间。因此，相关基础设施不健全的问题仍较凸显，成为目前阻碍我国信息技术与社会治理融合发展的重要影响因素。

（2）信息技术在治理中的应用水平还较低

信息技术不断融入社会治理过程中，势必会逐步促进社会治理的变革与创新。同时，这种变革与创新的切实落实和推进，归根到底还需要一定的物质资源保障。然而，目前我国尚缺乏专业人才和技术服务支持，以及相关信息化治理能力教育培训工作等还存在许多问题，致使我国社会治理主体信息化治理意识不强、能力不足，信息技术应用水平较低，难以切实推进信息技术变革社会治理方式等。单就目前我国政府数据治理来看，在我国大数据技术与政府治理的融合发展过程中，政府在大数据治理方面存在缺少相应的思维理念、充足的人才资源和完备的制度机制等问题和挑战。

3. 社会治理评价机制有待完善

社会治理评价机制涵盖评价主体、评价内容、评价方式和评价结果等诸多方面。其中，评价内容作为社会治理评价工作开展的主要依据和行为细则，在一定程度上可以说是最为关键的部分。但就其而言，我国针对性和指导性的社会治理评价体系或模型建构起步较晚。自 2012 年"中国社会管理评价体系"课题组正式公布了一个较具系统性、科学性和指导性的社会治理评价指标体系以来，我国社会治理评价体系的构建逐渐步入正轨。但是，总的来说，目前我国社会治理的考核评价工作尚处于探索阶段。对于社会治理指标的判定和发布，不管是各研究机构还是各地政府等都在不断摸索。我国首个县域社会治理指数模型在 2019 年底才得以基本确立和公布。除此之外，在我国社会治理实践过程中，还面临对社会治理评价工作不够重视，以及评价主体吸纳不足、评价结果处置不当等问题。

第五节　社会治理的新时代意蕴

中国特色社会主义进入新时代，加强和创新社会治理揭开了历史的新篇章。以习近平同志为核心的党中央站在时代高度，准确把握发展大势，聚焦党和国家中心任务，适应统筹推进"五位一体"总体布局和协调推进"四个全面"战略布局的现实需要，明确提出要加强和创新社会治理，这是站在新的历史起点上解决我国社会主要矛盾的必然选择，是推进国家治理体系和治理能力现代化的客观要求，更是全面建设社会主义现代化强国的战略安排。

十八届三中全会提出"创新社会治理体制、提高社会治理水平"的发展要求，这是自中国共产党成立以来首次在党的正式文件中提出"社会治理"概念。从"社会管理"到"社会治理"，一字之差，不是简单的概念转换，而是一种全新的改革理念的全面升华。这意味着社会治理理念要由"利益"转变到"价值"，治理目标要由"维稳"转变到"维稳维权相统一"，治理主体要由"一元"转变到"多元"，治理方式要由"刚性"转变为"刚柔并济"，治理视角要由"国内"

转变到"统筹国内外两个大局",这是中国共产党治国理政理念提升的新变化。围绕加强和创新社会治理,以习近平同志为核心的党中央在改进社会治理方式、完善社会治理体制机制等方面做出了一系列重要部署,社会治理取得显著成效,治理思路日益清晰,治理体系日益健全,治理效能日益彰显。十九大报告提出的"打造共建共治共享的社会治理格局",较十八届五中全会提出的"构建全民共建共享的社会治理格局",增加了"共治"的表述,是党和国家在更大范围、更高层次、更宽领域、更大系统中对社会治理事业的立体化全方位谋划和安排,标志着中国社会治理迈向格局构建的新阶段。十九届四中全会提出"要坚持和完善共建共治共享的社会治理制度",不仅更加契合社会治理的本质内涵,还为加强和创新社会治理指明前进方向。从"社会治理理念"到"社会治理格局",从"社会治理机制"到"社会治理体制",从"社会治理体制"到"社会治理体系","社会治理格局"升华到"社会治理制度",社会治理越加丰富化和系统化。理论与实践的与时俱进和不断创新完善,突出表现在:以党的全面领导为核心,多元主体共同参与,建设社会治理共同体;以人民为中心,夯实基层治理根基,构建城乡基层社会治理新格局;以公平正义为引领,保障和改善民生,让社会治理成效更多更公平地惠及全体人民;以总体国家安全观为指导,完善国家安全法律制度体系,建立健全全方位、多层次、立体化的公共安全网络体系;以法德共治为框架,依法治国和以德治国相得益彰,完善社会治理规则体系架构;以改进社会治理方式、创新体制机制为路径,助力推进国家治理体系和治理能力现代化。

综上,新时代社会治理是党委领导、政府负责、民主协商、社会协同、公众参与、法治保障、科技支撑的共建共治共享的社会治理,它以不断提升人民群众获得感、幸福感、满足感和安全感为目标取向,进而助力全面建设社会主义现代化强国。

第六节 社会治理法治化的概念界定与必要性

一、社会治理法治化的概念界定

社会治理是一个宽泛的概念,它主要指多元主体在社会领域和针对社会公共事务进行治理的过程、方式。社会治理法治化正是社会治理与法治的结合,表达了在社会治理过程中贯彻法治逻辑、推进法治建设以及以法治规范社会治理活动的基本内涵。与之相关的还有法治社会的概念。严格来说，社会治理和法治社会并不相同，后者描述了一种社会秩序状态。不过，法治社会建设与社会建设，特别是社会治理关系密切。党的十八大以来，习近平总书记一方面赋予了法治社会建设新的内涵，提出了坚持法治国家、法治政府、法治社会一体建设的新方案；另一方面指出了社会治理不同于社会管理的属性，揭示了社会治理与法治结合的发展方向，推动社会领域法治建设，特别是加强法治社会建设。这是我国社会治理的重大创新，是全面深化改革的重要方面，也是全面依法治国的实践内容。

第一，习近平总书记提出了建设法治社会的全新命题。法治社会是一种由国家法律、社会规则、道德规范以及党内法规等共同塑造的以善治为中心的社会秩序状态，是国家法治整体秩序的组成部分。党的十八大以来，习近平总书记提出"坚持依法治国、依法执政、依法行政共同推进，坚持法治国家、法治政府、法治社会一体建设"，这是全面依法治国系统工程的重要安排。就现实情况来说，法治国家、法治政府、法治社会之间是相辅相成的关系。全面依法治国必须统筹兼顾、把握重点、整体谋划，更加注重系统性、整体性、协同性。习近平总书记指出："法治国家、法治政府、法治社会三者各有侧重、相辅相成，法治国家是法治建设的目标，法治政府是建设法治国家的主体，法治社会是构筑法治国家的基础。"习近平同志对法治社会的定位，为其赋予了全新内涵，也对中国特色社会主义法治建设提出了新的发展要求。其中，社会领域法治建设任务十分繁重。

第二，习近平总书记指出了从"社会管理"到"社会治理"的全新任务。党的十八大以来，在推进国家治理体系和治理能力现代化的总体部署之下，习近平同志正式提出社会治理，取代了社会管理。对此，2014年3月5日，习近平同志在参加十二届全国人大二次会议上海代表团审议时指出，治理和管理一字之差，体现的是系统治理、依法治理、源头治理、综合施策。以"社会治理"代替"社会管理"，推进社会治理体制建设和创新，正是以习近平同志为核心的党中央治国理政的重大理论创新和实践创新，是党的执政理念和政策思路在社会领域的一次全面提升。社会治理的提出为引入法治逻辑创造了条件，揭示了新时代我国社会领域建设的任务，也表明了社会治理法治的意义，这是党对社会运行规律和治理规律认识深化的结果。党的十八届三中全会通过的《中共中央关于全面深化改革若干重大问题的决定》明确提出创新社会治理体制，并凸显了法治在社会治理中的作用。十八届四中全会通过的《中共中央关于全面推进依法治国若干重大问题的决定》进一步提出"推进多层次多领域依法治理。坚持系统治理、依法治理、综合治理、源头治理，提高社会治理法治化水平"。这凸显了社会治理的"四维治理"特征，揭示了社会治理的依法治理内涵，指明了社会治理法治的发展方向。

第三，习近平总书记揭示了社会治理法治化是国家治理现代化的重要方面。国家治理不仅涵盖了社会治理，还包括政党治理、政府治理、军队治理、经济治理、文化治理、环境治理、网络治理、参与全球治理。这些不同方面的治理内容相互联系、相互影响，也相互促进，形成了新时代中国国家治理全景图。其中，社会治理是基础内容。党的十九届四中全会通过的《中共中央关于坚持和完善中国特色社会主义制度、推进国家治理体系和治理能力现代化若干重大问题的决定》明确指出"社会治理是国家治理的重要方面"，将制度建设和治理体系建设作为社会治理的重点任务。社会领域的制度和治理体系是国家制度和国家治理体系的重要组成部分。从国家治理的整体视角考虑推进社会治理，必然要引入法治逻辑，重视发挥制度和规范的力量。社会治理重视制度建设和法治化，特别是突出依法治理，这是推进国家治理现代化的具体要求。

社会治理法治化以多元化协同共治为基础思想理念，采用法治途径和方式，全面推动政府、社会组织和公民等社会各阶层的力量共同在法治的理念下参与到对社会的管理活动中来。它强调的法治不是狭义上的法律，而是广义上的法，包括宪法、法律法规、规章制度和规则，在社会治理的各个领域都必须坚持依法办事，提倡用法治化手段解决社会矛盾和突出问题。在这个法治化的过程中，是权力和权利的相统一，也是多主体共同参与的相融合，将公权力纳入法治轨道，对公权力进行制约规范，从而切实有效地保障公民权利的行使，让公民和社会组织积极参与到社会治理中来，不断提高社会治理法治化水平，推进社会治理法治化进程，构建法治社会。

二、社会治理法治化的必要性

（一）社会治理法治化为建设法治国家奠定基础

当前我国的社会矛盾主要体现在基层社会事务的治理，基层社会的治理工作关系国家的经济发展和社会的平稳运行，因此受到了更多的重视。基层社会事务由管理转向治理，法治化水平不断提高，对整个社会秩序的和谐有序发展有积极作用，优化治理方式对整个国家的治理体系也有积极作用。当下，社会治理法治化是必然选择，任何事物的发展都无法与法治化相背离，并且社会治理法治化将会让法治的施行落到基层，基层是一切事物的基础，这样就会让基层群众对法治有更为直观与深刻的认识和理解，真正做到深入群众推进法治建设，因此社会治理法治化是法治国家建设的重要环节。

（二）社会治理法治化为人民利益实现提供保障

我国社会治理的重点是做好基层工作，目前的治理现状是侧重于对公民参与的强调，希望通过社会治理可以让政府、社会组织、民众形成良好的互动关系，促进综合治理体系的完善。在推进社会治理法治化的过程中，要将人民群众的利益放在第一位，要重点关注和人民群众利益有关的信息。随着经济的发展，人民对自己的权利也愈加重视。公平正义是社会治理在推进过程中所要实现的目标之一，公平正义的实现与法治有密不可分的关系，因此社会治理法治化的实现在很大程度上和人民利益的实现程度有很大的关系，社会治理法治化水平越高，群众的参与和满意程度也越高，所以社会治理法治化为实现人民利益提供了有力保障。

（三）社会治理法治化为完善社会治理体系提供动力

我国社会管理体制长久以来都呈现出控制力强的特征，通过干预与管理来进行对社会各项事务的管理。这种管理体制有成本低、见效快的特征，但长此以往也会让政府产生超负荷运行的状态。社会治理法治化的推行，将通过充分运用法律手段、依法办事、依法行政、依法治理，在法律的体系和法治的理念下，对一切事物进行体制化与章程化的管理，通过法律的权威性与公信力为矛盾的解决提供渠道，用法治来促进稳定的实现，最后实现社会的和谐有序发展。

第二章 社会治理创新的发展历程

社会治理的突出特色和最大优势是中国共产党的领导，社会治理的现代化变迁就是在党的引领和推动下展开的。这一过程以党政社关系的演变为纽带，历经党创建国家、党改造整合社会、党领导社会管理、党领导社会治理四个阶段，为社会治理现代化构筑了政治与社会前提，奠定了制度与物质基础，培育了多元治理主体，完善了治理体制机制，开启了社会治理创新现代化的新征程。本章分为社会治理理念的变迁、社会治理创新的历史演进两节，主要内容包括新中国成立初期的社会治理理念、改革开放时期的社会治理理念、新时代中国社会治理理念、社会控制为主的阶段、社会治理为主的阶段。

第一节 社会治理理念的变迁

一、新中国成立初期的社会治理理念

（一）农村社会治理理念

1. 推行土地改革运动

新中国成立后，为了巩固新政权，恢复国民经济，改善人民生活质量，党中央决定继续推进土地改革运动。该运动一方面以土地改革和农业合作化为重点，以此来调动广大农民生产的积极主动性。另一方面积极探索乡村治理新模式，改变传统的国家与乡村社会的统治与自治的关系，提升国家政权对乡村社会的掌控，在保持农村地区良好秩序的同时也保障国家能够对农村资源的及时调动。这也保障了国家工业化的顺利展开，从而达到巩固国家政权的目的。党中央通过在农村地区的一系列改革运动，极大地打击了传统乡村社会处于统治地位的乡绅、

宗族势力，掌握了对广大农村地区的领导权，与此同时，传统的乡绅、宗族势力在新的乡村治理模式的开展中逐渐失去话语权。

2. 培养农村干部

农村干部培养体系伴随中国共产党的组织拓展而逐步建立起来。新中国成立后，以党组织为核心的权力结构不断向基层延伸，并在人民公社体制下把乡村社会整合成一个政治、经济、社会一体化的"全能主义"社会。在这一体制中，党组织实际上发挥了遴选干部、安排生产任务、分配公共物资和建设意识形态等多种功能的作用，村干部的培养体系与党政机关的干部培养体系具有相似性，是党的科层体系与国家科层体系融合重叠、全面下沉的结果。

在人民公社体制中，各项管理职能主要由生产大队承担，生产大队管理若干个生产队，生产队是具体组织农业生产、进行基本核算和产品分配的基本单位。大队管理委员会构成了村庄的权力组织，主要负责各自村庄范围内的公共管理事务。大队管委会由主任、会计、民兵连长、妇女主任、治保主任等组成，再加上党支部书记和团支部书记，有5到7人，体现了大队在政治、经济、军事、妇女、青年工作方面的主要职权。但实际上，这只是农村干部的"精干"部分，这一阶段的村干部也有层级性，除了这5到7名干部外，实质意义上的村干部还有各个生产队队长、工分员、巡防队员、社办企业的管理人员等一批根据实际生产生活需要而产生的管理人员。从我们在全国多地的访谈所了解到的情况来看，在当时，基本每个村庄都有30多名"干部"，这些以大队、生产队干部为核心的农村精英，构建起了农村治理网络体系，并注重从生产活动中发现和培养后备干部，形成相对稳定的干部组织体系，也由于这一时期乡村人员流动较小，村庄具有了大量的可供培养、选拔的人才。

从干部培养与农村社会结构的关系角度看，这一时期的干部培养体系紧密内嵌于乡村的生产体系之中。一是党员的先进性是其成为干部的主要凭据，这种先进性主要通过组织生产表现出来。村干部受到国家意识形态和群众热情双重引领与鼓动，因此具有较高的生产热情，这种生产热情与国家社会主义的建设高潮相呼应，形成了动力较强的村庄政治生态。由于这一时期村干部的"官僚性"受充分民主的制约，并以政策文本的形式确定下来，村干部也会有意识地选拔和培养后进力量，这种基于乡村生产性共识而形成的村干部供给体系有序生成。二是由于国家意识形态的引导，入党不仅具有物质动机，还与政治地位密切相关。此时村干部的产生有一定的顺序，首先需要在生产积极性的比拼中凸显出来，再经由党组织的吸纳后方有资格担任村干部。由此，造就了这一阶段的后备干部培养来源广、竞争激烈和监督反馈性强等特点。

（二）城市社会治理理念

1. 建立新中国城市管理体制

城市作为工人阶级和知识分子的聚集地，最早接受了马克思主义思想，为中国共产党的成立奠定了社会环境和组织基础。早期的共产党人围绕工人阶级开展启蒙、宣教和组织动员活动，以城市为活动中心，开展反帝反封建的斗争，这一时期党的力量和工作重心均在城市。1927 年，中国共产党开始调整工作重心，转向农村开展工作，农村被赋予了新的使命。1929 年 4 月，毛泽东在其起草的《中共红军第四军前委给中共中央的信》中明确指出红军的创造与扩大，也是帮助城市斗争的条件，故抛弃城市斗争而只是沉溺于农村游击主义也是错误的观点。此后，开始逐步恢复城市工作，建立城市党组织，以联系群众为主，这一时期城市工作服务于农村革命根据地建设。抗日战争期间，中国共产党为凝聚广泛的民族抗战共识，争取扩大党的统一战线，开始加强对城市工作的重视和引导，重点在广大工人、知识分子、进步人士以及爱国华侨中扩大党的影响，建立了全民族抗日统一战线，为抗日战争的胜利发挥了巨大的作用。解放战争时期，中国共产党在石家庄建立了华北人民政府，这是党的第一个具有真正意义的城市政权。在沈阳探索实施"军管会"接管城市的模式，通过对军队干部、地下党组织、知识分子、进步人士的系统培训，培育出大量城市干部队伍，为新中国政权的建立、社会主义改造、"单位制"的实行、系统推进城市治理奠定了基础。在党的七届二中全会上，明确了党的工作重心转移到城市，揭开了中国共产党大规模对城市接管、改造和发展的序幕，并在石家庄和沈阳探索实践的基础上，逐步形成"依靠持续的政治动员、实行强有力的行政命令，建立一个政治权力高度集中化、城市社会高度一体化"的新中国城市管理体制的雏形。

2. 实施计划经济的"统管统包"政策

新中国成立初期，面对经济社会发展的现实基础，我国的社会主要矛盾被认为是先进社会制度同落后社会生产力之间的矛盾，根本任务是优先发展工业，特别是重工业，尽快实现国家的工业化。毛泽东在中共七届二中全会上强调指出，从我们接管城市的第一天起，我们的眼睛就要向着这个城市的生产事业的恢复和发展。此后，中国共产党发动群众开展大规模社会运动，建立直达基层的政权体系，增强政权对社会的动员和调配动力。政府对城市单位及市民全部实施计划经济的"统管统包"政策，以"户籍"为载体，对城市中的各类生产生活要素如住房、粮食、燃料等进行集中管理，对城市的学校、医院、就业分配、居民养老等公共服务实施统一计划管理，严格约束城市资源的获取以及使用方式。这一阶段城市治理的主要模式是"街居制"和"单位制"。

1954 年全国人大一届四次会议通过《城市街道办事处组织条例》和《城市居民委员会组织条例》，从法规层面对街道办事处和居民委员会的概念职能予以明确，两者共同奠定了中国城市治理的底层框架。在"街居制"发展的同时，伴随"军管会"模式演变而来的"单位制"进入基层政权领域。随着公私合营和社会主义的不断改造，城市生产的市场主体均已转换为国有企业和各类既具有行政色彩又具有各类职能的单位，将城市中绝大多数人口的生老病死全部囊括，20世纪中期至结束，"街居制"和"单位"成为城市的主要治理模式。

二、改革开放时期的社会治理理念

（一）农村社会治理理念

1. 推进乡政村治

所谓"乡政村治"，即乡镇机构作为国家行政力量的末端枝丫，突出其建设工作，指导村级事务。村委会由群众通过民主的自我选举组成自治组织进行自我管理。人民公社经过多年来的萌芽、扎根以及发展，在国家整体得到发展提升的时期，落后性开始显现，并逐渐产生一系列问题。国家不得不根据农村的实际情况对乡村治理的模式进行新的探索。

20 世纪 80 年代初，党中央发布了自新中国成立以来的第一个农村工作一号文件，文件中明确扩充了社会主义集体经济下的生产责任制，指出包产到户、包干到户的社会主义性质。以此为开端，全国范围内的家庭联产承包责任制开始实施，人民公社制度开始瓦解。在家庭联产承包责任制风潮开始后不久，人民公社制度正式退出历史舞台，此时乡镇政权开始作为国家行政力量的末端枝丫延伸到乡村社会，同时继续延伸到乡镇下一级行政村，行政村下一级则设立村民小组，如此形成了乡、村、组的相对应设置结构。

2. 加强农村基层民主建设

从 1960 年到 1976 年，我国的民主和法制有所破坏，所以在改革开放之初的农村社会治理改革中，我国首先提出要消除人民公社对农村发展的消极影响，通过赋予农民权利，让农民自己管理自己。此外，在家庭联产承包责任制的推动下，农民获得的经济成就与人民公社体制之间的矛盾造成了农村社会秩序混乱的状况，因此，除了在经济上实行家庭联产承包责任制的改革之外，还在政治上对农村社会秩序加以规范和制约。在此背景下，1980 年 2 月，广西宜山县三岔公社合寨大队果作村组在对比人民公社化运动时期村民组织形式的基础上，做出了成立村民委员会的决定，通过以户为单位，推选家庭代表参会，再由参会家庭代表根据各个候选人能力水平的高低，推选出自己信任的五名代表，由这五人组成村委会，带领村民进行大事小事的决议。1980 年 12 月之后，村民委员会这种治理形式被推广到合寨大队的每个村，并且根据本村的实际情况制定了适宜本村发展和管理的村规民约。由于以农民为代表进行自主选举和成立的村委会的形式有效满足了农民对稳定社会秩序的需求，明显改善了农村的社会治安，这种做法很快获得了国家的认同和支持。在 1982 年《宪法》中，村民委员会这一组织形式被正式载入，且被定义为基层群众性自治组织。村民自治这种通过把权力下放给农民，让农民进行自我管理、自我教育、自我服务、自我监督的治理方式开始以法律的形式存在，且受法律的保护，这种通过自治实现农村政治民主的方式也受到全国的积极响应和支持。

1983 年 10 月，《关于实行政社分开、建立乡政府的通知》颁布，明确指出随着农村经济体制的改革，农村政社合一的体制已不适宜农村发展，因此，《宪法》明确规定农村要在建立乡政府、实行政社分开的前提下，还需明确具体的施行办法，对村民委员会的设立方式、职能形式和产生过程等都做出进一步的规范。在这之后，撤销生产大队、设立村民委员会的工作在全国范围内普遍开始进行。

1987 年，中国农村自治相关法律《村委会组织法》开始进行试探性运行。对村民自治的制度架构、村民会议的召开、村委会的选举等都做出了进一步的说明，在法律上为村民自治提供了更全面的保障。在《村委会组织法》规定下依照相关规定，农民群体进行公开、公正且民主的选举产生村委会组织，对村级事务进行自我管理。在 1990 年 8 月召开的莱西会议上，宋平指出：现阶段，农民问题依旧是我国革命和建设过程中的最根本的问题，一定要最大限度地组织人民群众参与国家建设，发挥人民群众的主动性和创造性。提出在建设社会主义的过程中，首先要建立一个优质的党支部，通过以党支部为核心的村级组织建设，促进以党支部为核心、以村民自治为基础、与社会服务建设相配套的民主政治建设。在 1992 年 8 月召开的章丘会议上，司法部等多个部委对《村民委员会组织法（试

行)》施行以来我国取得的治村经验进行交流和总结,对村民自治的内容作了进一步的丰富和完善。在这一时期,我国农村社会治理在政治上表现为民主制度的颁布和推广运行,人民公社和生产大队被村民委员会和乡政府相继替代,农民的自治意识不断提高,这为之后我国政治民主化的接连推进提供了基础和保障。

经过十年时间的试探性运行和发展,1998 年正式颁布实施的《村委会组织法》进一步提升、强化了前一个版本中与村民自治的相关内容。在正式的《村委会组织法》颁布实施以后,全国绝大部分农村地区的村委会选举实行"海推海选",即在不设具体候选人的情况下,由拥有投票权力的村民直接推选自己满意的村委会成员,如果该推选人票数过半则直接当选村委组成人员,如参选人员的票数都没有过半则选取票数最高的两名人员再进行差额选举。这种选举的方式在初期确实预防了乡镇政府干预村委会选举情况的发生,尤其是直接由乡镇提名选举候选人的操作。同时又在党章和《村委会组织法》的指导下,在村一级进行党支部的建设工作,并由党支部牵头,领导村委会进行日常村落管理工作。至此,"乡政村治"的农村治理模式正式拉开帷幕。在此阶段,由于乡村治理着重强调村民自治,乡镇政府与村委之间的关系由之前的领导与被领导的关系逐渐向指导与被指导的关系转换。

3. 改革农村土地经营制度

改革开放之初,为尽快扭转因人民公社化运动所造成的农业生产力低下、农村社会矛盾突出、农民温饱不足等现实状况,改变因战争破坏所造成的国民经济落后、发展动力不足等制约我国各方面得以提升的国民处境,对于农村地区,经过调查走访、分析总结、讨论研究等,提出要想尽快恢复经济,必须从农民自身着手,通过大力调动农民的生产积极性,让农民自主化进行生产和经营。然而,要提高广大农民的积极性,必须从农民最为关注的土地问题着手,将土地分配给农民,因此,我国最终做出改革土地经营方式的决定。1978 年 12 月安徽凤阳小岗村 18 位农民自发签署了承包村内土地的"生死状",1979 年 10 月,小岗村的粮食总产量达到 1966 年至 1970 年粮食总产量之和,自此,在全国掀起了包产到户、包干到户的热潮。然而,国家政策是否支持是农民当时困惑和纠结的问题,1980 年 5 月,邓小平对小岗村"大包干"的做法给予了充分的肯定,并指出农村地区作为我国发展的大后方和根据地,对农村地区各种不合时宜的制度进行改革和规范是当前和今后都要持续进行下去的任务,不管在任何时候,一定要对农民的主动性、积极性、开拓性、创新性进行鼓励和支持,决不能打击压制。自此,全国各地纷纷走上学习小岗村以家庭为单位进行土地承包和经营、将家庭分散经营和集体统一经营相结合的经营体制的道路。以家庭联产承包责任制的确立和推广为标志，我国开始了激发广大农民经营土地积极性和解放农村生产力的治理探索与尝试。

4.完善农村自治法律

农民作为农村社会治理的建设者和主力军，其在推进农村社会治理过程中占主导地位，其积极性、主动性能否充分发挥出来受农村基层民主化程度直接影响。1987年通过的《村民委员会组织法（试行）》在试行过程中出现了不同程度的问题。因此，针对问题的整改完善后，结合农村社会出现的新的问题，1998年九届全国人大五次会议正式通过了《中华人民共和国村民委员会组织法》，该组织法通过提高农民的自主权，对农民的自治权予以法律的保障，使得村民自治由点到片，逐步在全国范围内进行了普及和推广。在完善制度体系的同时，农村社会的自治组织形式更加多元化，促进了农村民主政治的发展和农村社会治理的转型升级。正式推行的《村民委员会组织法》规定农村治理在各个环节上均要做到政务公开，采取民主的形式进行选举、监督和决策，大大改善了农村治理的消极无为状况。同时，在执行力度和议事原则上，民主形式的推行对于农村社会的和谐稳定起到了积极的作用，基层干部和农民之间的关系在法律的约束下也得到了规范，各项事务的开展都有明确的规章制度可遵循。自此，一大批优秀的青年人才被选举出来，带领农民进步提高，带领农村发展致富，农民对于自身发展的主动性、积极性以及对生活环境条件改善的责任心均有明显的提高。总而言之，村民自治法律的完善有效保证了农民当家作主的民主权利，有效激发了农民民主法治意识和参政议政的积极性。

5.打破城乡二元结构

市场经济体制下进行农村社会治理，国家逐渐退出了原有的公共服务体系，不可避免地在经济形式上出现了因区域划分不同而形成的城市经济和农村经济，二者并存产生了城乡二元结构问题。城市地区尤其是东部城市地区在国家政策的大力扶持和倾斜下，各项事业均实现了飞速发展，而农村地区尤其是中西部农村地区，由于地理位置和资源条件等的制约，发展滞后，长期处于封闭落后状态。在经济发展实力的影响下，城市居民与农民的身份和社会权益也出现了明显的划分。要想促进农村社会治理的全面发展，必须将这一经济结构打破，将二者联合起来进行协调发展，通过破除城乡二元结构，引导农村剩余劳动力实现有序流动，进而有效解决农村剩余劳动力的就业问题和收入问题，以此带动农村地区经济社会的全面发展。江泽民曾指出：对于进城务工的农民工群体一定要做好管理和服务工作，不能带有歧视和偏见，要通过鼓励发展劳动密集型的民营大中小企业，为农民工提供更多的就业机会。要解决和完善各种问题，例如，农民工户籍问题、农民工子女异地上学问题、农民工住房问题、农民工就医问题、农民工社保问题等不适宜当前和今后发展的政策体系问题，要在最大程度上保持统筹兼顾，保障农村的合法权益，以此实现城乡社会的和谐发展。2002年党的十六大提出：统筹城乡经济全面发展，大力发展农村经济，突破城乡二元结构。从此，城乡二元结构问题也开始由点到面，由单一突破转向全面突破。总而言之，打破城乡二元结构，实现城乡一体化发展理念的提出，为平衡城乡发展，缩小区域差距打开了大门。

6.突出社会管理地位

1998年3月10日召开的九届全国人大一次会议审议通过了《关于国务院机构改革方案的决定》，在这个决定中，首次提出"社会管理"的概念，并指明社会管理是政府工作的基本职能之一，政府改革的目标是建设办事高效、运转协调、行为规范的政府行政管理体系，建立高素质的专业化行政管理队伍。所谓的社会管理职能是指政府作为管理社会公共事务的主体，在保障和改善民生需求的基本目标指引下，对社会公共事务进行的一系列管理活动。与计划经济时期社会管理效率低下、社会自治能力匮乏相反，在市场经济体制下，政府不管是在管理理念还是管理模式、管理方法上都要致力于构建政府与社会二者之间的良性互动，通过法律规范、政策扶持等方法加强社会管理。在这个过程中，首先要求政府综合运用各种手段，通过调节社会资源的分配来保障社会公平、缩小城乡地区之间的发展差距和个人收入差距，提高社会整体发展水平。其次，要求政府对于经济发展和人口激增造成的环境污染、自然资源破坏等问题，着手进行治理恢复和调节监督，以此来促进经济的持续性发展。最后，要求政府加强对计划生育工作的管理，包括法律的制定、方针政策的施行。在社会管理职能的把控上，对于农村地区，提出农村社会治理的目标和关键就在于解决农村的基本民生问题。因此，在这一时期，为了解决农民养老、农民就医、农村教育、农民收入稳定等问题，中央相继颁布了《关于尽快解决农村贫困人口温饱问题的决定》《农村敬老院管理暂行办法》《关于农村医药卫生体制改革的指导意见》等，提出建设"希望工程"、推进义务教育等措施办法，针对各个方向上的短板和问题提出了明确的治理、改进政策和措施。

（二）城市社会治理理念

党的十一届三中全会标志我国进入改革开放的新时期，"人民日益增长的物质文化需求同落后的社会生产之间的矛盾"是这一时期需要着力解决的问题，这一时期的根本任务是以经济建设为中心，解放和发展社会生产力。改革开放以前实施的城市社会治理模式虽然使城市迅速实现了高度的社会聚合，但是历史经验证明，用大搞群众运动的办法，而不是用扎扎实实、稳步前进的办法，去解决现行制度的改革和新制度的建立问题，是不成功的。

1.改革户籍制度

改革开放后户籍制度的松动，使人们的流动能够相对自由，推动了城市化的发展。从1977年起，国家开始有计划地组织知识青年返城工作，并尽可能地给予工作安排，同年11月国务院批转《公安部关于处理户口迁移的规定》，此后又陆续以实施"农转非"指标的措施，松绑农民进城的捆绳。1984年之后，国务院及相关部委又陆续以《国务院关于农民进入集镇落户问题的通知》《关于做好农民进城务工就业管理和服务工作的通知》《国务院关于解决农民工问题的若干意见》等文件，为农民进城提供有效政策保障。2001年3月完全放开小城镇落户限制，明确规定拥有固定的住所、稳定的职业的人员均可登记为城镇常驻户口。在户籍改革的推动下，城市活力得以激发，城市规模迅速扩大，大批知识青年和干部回城，大量农民工涌入城市，人口开始密集，城市基础设施建设开始迅速开展。同时，基于经济社会发展的现实需要和历史沿革，国家开始推行地区改市、县改县级市、地级市、直管县等重大制度改革，城市数量迅速膨胀，仅1983—1998年全国新增100多个地级、县级城市。与此同时，计划经济时代城市治理的两大支柱之一的"单位制"也发生较大的变化。"单位制"建立在高度管控的计划经济基础上，改革开放后市场在资源配置中发挥的作用从"基础性"演进到"决定性"，单位不再是资源配置的主要手段，越来越多的人通过市场寻求生存和发展，单位原来存在的社会基础逐步在改革中瓦解。同时，单位对人员流动不再做强制性限制，人对于单位的依赖逐渐降低，"体制内"与"体制外"的差距从法律层面上实现了基本的平等。但由于部分单位具有极强的垄断性，市场经济体制下私营企业迅速壮大，培育出诸多新的以公司为核心的单位组织，许多事务仍然要借助单位来展开，单位在新的时代条件下以新的形式焕发出新的价值，成为城市治理的重要主体单元。生产力的发展也推动"街居制"走向变革，街道办事处在城市治理体系中的地位得到加强，这是因为随着城市人口增多，人口从"单位制"过渡到"属地管理",在这个时期,街道办事处起到承上启下且不可替代的作用。随着国有企业的改革,"单位制"在诸多领域开始退出,生产力的发展推动新型社区和新型社会关系的形成。

2. 推进社区建设

随着基层行政组织法律的健全,尤其是街道办事处和居民委员会组织条例的编修和法律化,"街居制"形成了完备的法理基础。街道办事处作为行政机构,拥有了对辖区内一些下派机构的行政领导权,还通过上级机关的权力让其拥有某些行政处罚权,甚至还能通过创办街道企业拥有一定的财税资源。此后,随着房地产市场的改革、高等教育的扩招和农民工快速向城市流动情况的出现,城市化建设得到快速推进,推动了新兴社区的蓬勃兴起,承载了城市中的绝大多数新增人口,社区成为国家治理尤为重要的关键单元。2000年,中共中央国务院发布推进社区建设的意见,标志着城市基层管理体制出现重大变化,全国开始大力推进社区建设,社区居民委员会的作用得到加强,与街道办事处一起共同构成基层治理的基本单元。

3. 改善基层群众自治体系

1986年开始,国家经济改革工作重心由农村向城市转移,城市"单位制"逐渐瓦解,民政部开始提出和倡导"社区服务"的概念,要求社区做好承接企事业单位转移社会服务项目的工作。1987年9月,在武汉召开的全国城市社区服务工作座谈会,明确了社区服务的发展方向,标志着社区服务工作的正式展开。1989年第七届全国人大常委会第十一次会议审议通过并颁布了《中华人民共和国城市居民委员会组织法》,规定了社区居民委员会的性质、原则、组织结构、职能权限等,规定居民委员会是居民自我管理、自我教育、自我服务的基层群众性自治组织,首次在法律层面上确认了居民委员会作为自治组织的性质。到了20世纪80年代末,基层群众自治体系相较于新中国成立初期来说,具有了较为完善的并且深受法律保护的民主制度形式。

20世纪80年代初,城市基层群众自治制度开始恢复和发展,整个80年代都是城市社区治理制度化建设的重要时期。20世纪90年代以后,社区治理各项法律制度基本就绪,社区内各类组织快速扩展,社区居民参与进入新的实践运作期,成功的社区治理模式在全国范围内得以有序推广。在这一重要时期产生的理论和实践主要具有两大特征,一方面政府权力逐渐下放;另一方面社区自治权力逐渐增强。截至1999年底,全国667个城市,749个市辖区共计有5904个街道办事处、11.5万个居民委员会。

三、新时代中国社会治理理念

（一）农村社会治理理念

1. 推进农村税费改革

从 20 世纪 80 年代起，近半个世纪的快速发展使我国社会发生巨大改变，尤其是基层社会、经济、文化等领域产生翻天覆地的转变。但是我国农村乱收费的现象日益突出，不仅使农民负担变得沉重，而且已成为制约我国执政根基和社会稳定的重大现实问题。农村的乱收费问题，绝非是一个单纯的、孤立的问题。尽管中共中央、国务院 1990 年就发布了"切实减轻农民负担"的通知，1996 年国务院再次做出了"切实减轻农民负担"的决定，并进行过数次专项治理，但因为专项治理存在缺乏配套制度与延伸制度的缺陷，乱收费的机制和动力没能消除，所以成效甚微。为从根本上解决农民税负不合理的体制弊端，十八届三中全会第一次提出了"逐步改革税制，加快农民承担费用和劳务的立法"的关于农村税费改革的蓝图。与此同时，国务院成立了农村税费改革小组，这个小组由财政部、农业部、中央农村工作领导小组三个部门的主要负责人组成，并于 2004 年设立国务院农村税费改革办公室，由三人小组调增为七人小组，开始着手研究和制定新的改革方案，为减轻农民负担、由治乱减负向税费改革做准备。经过广泛而深入的调研，中共中央、国务院认为，问题的关键有两个：一是税收制度；二是政府制度、金融制度。为此，从 2000 年起，党中央和国务院着手进行了税费改革的试点工作，并正式拉开了农村税费改革的序幕。

2. 推进农业供给侧结构性改革

随着时代的发展，我国必须对农业进行供给侧结构性改革，从而解决面临的困难和难题。例如，随着城乡之间收入水平和消费水平的提高，传统的解决温饱已经不能适应由于经济发展带来的优质化、多样化的消费理念和消费需求，城乡居民对于农产品的需求更多地转向了安全、绿色、品质等方面；其次受国外农产品价格阶段性下跌、国内农产品成本激增和自然条件等的影响和制约，我国农产品在部分年份出现难以为继的困局，农民种植农产品的积极性和主动性受到打击，消费需求升级和农产品供需不足之间的矛盾日益激化；而且化肥农药的过量使用导致我国农业生产污染严重，环境和农业生产率之间的矛盾难以解决；国家的政策扶持在一定程度上采取对小农户的普惠式补贴和对龙头企业的过度倾斜，导致扶持成本和产生效益之间也出现明显的矛盾。粮食安全的结构性矛盾、食品安全的有效需求和生态安全的巨大压力都亟须政府通过调整农业产业结构，从而满足市场的多元优质需求。

然而，由于长期以来对中高端产品需求缺乏有效的认知，农产品供给体系出现反应不足等问题，农业的调整升级难以跟上城乡居民消费层级的逐步跃升，导致农业资源难以实现有效的资源配置，在农产品的供应链和价值链上呈现出低端化、片面化等倾向。在价格竞争上，国内多数农产品价格相比于国外来说优势不足，缺乏市场竞争力。在产业链上，国外公司借助于其优质的技术、资本和管理，融合网络经营理念，在农产品加工和种植等关键性领域上对我国进行压制，我国农产品的竞争力明显不足。在科技投入上，我国农村科技体制在创新方面比较滞后，在供需之间缺乏有效的协调，导致科技等新兴要素产品在增强农业科技创新和成果转化上缺乏保障，这严重影响了我国农产品的结构升级，导致缺乏市场竞争力。因此，在2015年召开的中央农村工作会议上，农村供给侧结构性改革这一表述首次被提出，明确要求通过农业供给侧结构性改革，提高农业发展的质量和效率，保障农产品的有效供给。在2017年颁布的中央一号文件中，提出"通过推进农业供给侧结构性改革实现农业增效和农民增收"的论断，通过调结构、转方式、促改革的方式实现农业产业结构和农业要素结构的转型升级以及合理的资源配置。在政策的指导下，借助于市场定价、价补分离、国家兜底的方式，完善农产品价格形成机制，保障农民收益和粮食安全。

3. 实施乡村振兴战略

随着经济的发展和国家的开放，农村地区出现一部分"塌陷"。人口、治理结构、道德体系等方面相继出现"空心化"、失衡以及"坍塌"，并且由于人口的迁移，一些乡村地区的"新宗族势力"出现抬头现象，这极大地加大了乡村社会的治理难度，要破解这些难题就需要乡村治理体制的更新。2012年党的十八大召开以来，为了适应中国特色社会主义新时代的需要，中国的乡村治理进入了一个创新的发展进程。党的十八大提出必须加强社会管理法律、体制机制、能力、人才队伍和信息化建设。改进政府提供公共服务方式，加强基层社会管理和服务体系建设，增强城乡社区服务功能，强化企事业单位、人民团体在社会管理和服务中的职责，引导社会组织健康有序发展，充分发挥群众参与社会管理的基础作用。随后，2015年的中央一号文件中又明确提出各乡村要根据实际需求，将当地特色积极融入其自身发展的需要当中，对其治理体制的机制进行更深层次的创新和完善，探索村民自治的有效实践。同时对于乡村社会中的各类组织，也要培育并激活其活力。激发农村社会组织活力，重点培育和优先发展农村专业协会类、公益慈善类、社区服务类等类型的社会组织。当前中国社会发展进入新时代阶段，为了满足新时代发展的各项需要，应该继续扎根在乡村大地巩固脱贫攻坚各项成果，同时为迎接第二个百年奋斗目标的实现迈出稳健的第一步。党的十九大提出关于革新乡村治理的"三治融合"体系，将法治、自治、德治三者进行有机融合以达到有效治理乡村的效果，为乡村振兴提供后勤保障。

人类社会发展进程是人类文明依次更迭、动态演进的历史过程，文明代表了社会发展的状态、形态和阶段。运用历史和逻辑相统一的方法，可以从人类文明线索中引申、推导出乡村振兴的文化向度。在乡村这个经济社会体系的特定单元中，其社会发展也反映了乡村文明的运动、演化的实质。由于文明是放大了的文化，文化是文明的精神寄托，乡村文明正是通过文化传情达意，渗透并附着于乡村经济社会各领域、各方面，外显出某种样态或类型，因此，乡村振兴课题的文明逻辑，以一种精致而内敛的文化向度呈现出来。

文化自信是一个国家、一个民族发展中更基本、更深沉、更持久的力量。对于乡村或者乡村振兴的主体来说，文化自信就是其对乡村文明运行体系中本乡、本土、本身文化的一种"本位"尊崇、信心和情感，蕴含强烈的精神归属感、自主内聚力，不仅是一种积极向上的乡村群体心理和潜意识，而且也表现在对乡村文明转型发展的自主和理性选择上。在农耕文明主导的传统社会中，乡村文化自信是与生俱来的，是当时社会发展的自然规律和客观现象。近现代以来，随着工业和城市文明的迅速崛起，传统农耕文明迅速衰落，乡村文化在工业文化、城市文化的挤压和映衬下日渐式微，给广大乡村、农民群体一种空前的自卑感、弱势感，很多乡村甚至还蔓延一种较为浓厚的"去农文化"，整个社会一度出现了"争相跳农门""农转非"的热潮。农村劳动力尤其是青壮年劳动力外流严重，其中一个根源就是"去农文化"的推力。在现代社会文明转型中，"去农文化到乡村衰败再到加剧去农文化"成为一个恶性循环。当前，长久之计就是消除"去农文化"，重拾文化自信，在一种有强有力的心理支撑、情感维系、价值生成的基础上推动乡村振兴。唯有如此，才能重塑乡村文明、重建乡村结构秩序，使其融入更高形态、更有活力的现代文明体系。就各个地方而言，乡村文化自信聚焦于对地方特色文化、乡土文化的自信和发展。广大乡村及其群众，只有充分凸显、利用自身文化特色，厚植乡土、乡愁、乡情，才能以强烈的身份认同感、发展自主性、精神内驱力彻底告别文化自卑，振奋人心，集聚人气，从而走向自强、自立。否则，容易陷入误区，盲目讨好甚至效仿城市文化、工业文化、外来文化和西方文化等，丧失传统优势和个性。

党的十九大将乡村振兴上升为国家战略。乡村振兴和文化建设都是中国特色社会主义事业的重要组成部分，两者相辅相成、辩证统一。围绕地方特色文化与乡村振兴的辩证关系、耦合机制展开研究，符合乡村振兴、文化发展的时代趋势和客观规律，具有较强的理论意义和实践价值。运用历史和理论相统一的逻辑，可以引申、推导出乡村振兴的文化向度以及地方特色文化与乡村振兴的对应性。地方特色文化之所以能助推乡村振兴，是因为乡村振兴的文化向度和两者间的多重价值契合。在推动地方特色文化传承发展及其嵌入、助力乡村振兴的过程中，需着眼于乡村社会结构的系统性、整体性，牢固树立乡村大文化观、全面振兴观，构建系统完善的文化开发嵌入机制和体系，最终提升乡村振兴效能。

2018年年初，中共中央为了对乡村振兴战略做出进一步解释和指导，印发了《关于积极推进乡村振兴的意见》，在指导乡村基层社会治理体系方面提出要将"法治、自治、德治"三者融合发展的治理体系在乡村领域全面构建。同时深度开展各项调研工作，努力架构"三治融合"的治理模式新框架。"法治、自治、德治"三者融合协同治理的模式是乡村振兴战略背景下对乡村基层社会治理所提出的新的要求和实践，同时也是乡村社会现代化构建的基础和保障。

（二）城市社会治理理念

1. 完善社区民主制度

2000年11月中共中央办公厅、国务院办公厅转发了民政部《关于在全国推进城市社区建设的意见》，对原来的街道办事处、居民委员会所在辖区进行调整，社区开始深入人心，标志着在中共中央的认可下社区建设的试验探索成果在全国范围内正式推广。2001年，社区建设被列入国家"十五"计划发展纲要，十六大提出发展社会主义民主政治，扩大基层民主，完善城市居民自治，建设管理有序、文明祥和的新型社区是建设社会主义政治文明的重要内容，也是发展社会主义民主的基础性工作。2004年，党的十六届四中全会明确提出了构建社会主义和谐社会的战略任务，随后全国各地多次举办以和谐社会为主题的研讨会，将推进和谐社会摆在突出位置，主要围绕维护社会稳定、为居民创造安居乐业的生活环境和参与环境展开讨论，自此社区建设成为建设和谐社会的主线。2010年11月，中共中央办公厅、国务院办公厅联合下发《关于加强和改进城市社区居民委员会建设工作的意见》（中办发〔2010〕27号），文件中明确提出扩大社区居民的自治范围，完善社区民主制度，坚持政府主导、全民共同参与，积极动员社会力量共驻共建、资源共享，凝聚社区建设的合力。

2. 推动社会建设全民化

2012 年党的十八大报告指出："在城乡社区治理、基层公共事务和公益事业中实行群众自我管理、自我服务、自我教育、自我监督，是人民依法直接行使民主权利的重要方式。"首次将"社区治理"写入党的纲领性文件，实现了从"社区建设"到"社区治理"理论上的飞跃。2015 年十八届五中全会首次提出共享发展理念，加快构建社会治理精细化，构建全民共建共享的社会治理格局，要求人人参与、人人尽力、人人享有，不仅要求全民参与社会建设，同时也强调社会治理的成果由全民共享，社会治理精细化旨在为满足人民日益增长的物质文化需求，对社区服务提出了更高的要求，因此迫切需要造就一支讲政治、有本领的基层政权工作队伍，也迫切要求更为专业化的社区工作者为社区事务提供更加专业化和针对性的服务。2017 年，党的十九大进一步提出："加强社区治理体系建设，推动社区治理中心向基层下移，发挥社会组织作用，实现政府治理和社会调节、居民自治的良性互动"，并明确提出构建共建共治共享的社会治理格局。与十八届五中全会提出的共建共享治理格局相比，"共治"的提出，进一步丰富了社区治理的内涵，彰显了社会治理公平正义性、合作性、多元性的特征。社会发展进入新时代后，国家将发展的重点置于社会治理本身，社会治理议题多次被列入国家重要发展规划。2019 年，十九届四中全会召开了以"坚持和完善中国特色社会主义制度、推进国家治理体系和治理能力现代化"为主题的会议，提出健全基层党组织领导的基层群众自治组织机制，在城乡社区治理、基层公共事务和公益事业中广泛实行群众自我管理、自我服务、自我教育、自我监督，拓宽人民群众反映意见和建议的渠道，着力推进基层直接民主制度化、规范化、程序化。此次会议是自党的十一届三中全会以来，唯一一次专门研究社会治理的重要会议，是在新中国成立 70 周年、"两个一百年"奋斗目标历史交汇点召开的一次重要会议，它不仅具有划时代的意义，而且体现了政府治理社会的时代价值。

这一时期的社会治理呈现出两个特点：一是始终围绕"共建、共治、共享"的治理模式。"共建、共治、共享"的提出，是我国在重大理论与实践上的一次创新。需要注意的是，任何人都不可以被排除在共享的范围之外，在此，我们需要更加注重弱势群体的生存价值，在有效的制度安排下，实现他们的基本需要，这是多元共治理念的再一次升华，它为社区居民的参与提供了一种保障和激励机制。现代信息技术和智能化手段的分析研究和利用，可以增强治理的互动性，有效提高决策水平，提高社区治理的质量和效益。二是多种主体的有效参与。当前我国社区治理已从政府主导转变为政府、居民、社会工作者、志愿者、社会组织等多种主体参与的社会治理模式，多元主体性明显增强。

3. 推动人口从农村向城镇转移

经过改革开放的高速发展，我国经济总量迈入全球前列，全面加入世界贸易组织，推动开放型经济进一步提升，但是我国的社会矛盾并没有发生显著的变化。党的十六届三中全会提出"以人为本，统筹城乡发展"。十七大提出"党委领导、政府负责、社会协同、公众参与"的十六字社会治理方针，这为我国城市治理提供了新的方向和要求。此后我国城市发展与社会治理通过统筹城乡关系、推进农业转移人口就地市民化、推进基本公共服务均等化、培育和引导社会组织发展等具体政策措施展开。这一时期的显著特征是摒弃"管"字当头、"硬性"思维，从制度体系上进一步推动人口从农村向城镇转移。2003 年 6 月《城市生活无着的流浪乞讨人员救助管理办法》的出台意味着城市真正从法理上向非城镇户籍人员放开，人的自由流动权得以真正体现。此后一系列服务于流动人口的政策陆续出台，例如，外来务工人员参加工伤保险、经济适用住房配售允许优秀流动务工人员申请，诸多城市开始以"条件准入"与"积分管理"相结合的模式推动流动人口落户。城市治理抛弃单一"行政命令"的方式，注重与城市中的社会组织、市民、企业等各类城市主体的说服、指导、协商与对话，管理精细化、服务人性化逐步成为城市政府公共服务的标配。服务型政府也发轫于并落实于这一时期，2005 年的全国"两会"上正式提出努力建设服务型政府。"以人为本""执政为民"是服务型政府的核心理念，这一理念也直接影响到对城市基层的治理，有助于解决"街居制"下街道办事处和居民委员会职能"错位""越位"以及政府公共管理服务"缺位"的问题。通过服务型政府的建设，各地开始推进人、财、物向基层倾斜，普遍实施下设工作机构，下沉工作力量，下移工作重心，城市基层治理呈现出"职能聚合、服务精细、联动统管"的特点。

4. 坚持以人民为中心

改革开放推动了我国经济社会的高速发展，我国发展的国内外环境、社会结构都发生了巨大的变化，伴随十八届三中全会对推进国家治理体系和治理能力现代化的部署和《国家新型城镇化规划（2014—2020 年）》的实施，尤其是习近平总书记 2015 年在中央城市工作会议上提出"坚持以人民为中心的发展思想，坚持人民城市为人民"的重要论断，我国开始进入"以人民为中心"的新阶段。这一阶段城市发展与治理的主要特点可以概括为：以新型城镇化为引领，加速推动人口向城镇集聚，强化党建引领，推动社会组织、市民、公益企业以自治、法治、德治方式参与城市的共建共治共享，运用现代新兴技术，推动智慧城市、宜居城市、绿色城市、创新城市、韧性城市等协同发展，逐步实现"人民城市为人民"的目标。

十八大以来，党的建设贯穿于城市治理的全领域，在城市治理中不断增强党的影响力、基层党组织的凝聚力。以城市"大党建"引领城市"大治理"，将党的建设覆盖到流动人口、非公经济组织和社会组织中，与城市"网格化"治理共同实现横向到边、纵向到底的城市治理全覆盖。综合采用协商、合作、沟通等方式，实现党的意志、主张、政策、理念、机制与各类城市主体的利益形成最大共识，推动形成"共建、共商、共治与共享"的"多元治理"结构。随着我国基层民主的发育及多元文化、多元自治形态的拓展，"街居制"进入改革发展新阶段，街道办事处剥离招商引资、经济发展功能，全面转向社会管理。同时在新型冠状病毒疫情防控中，社区发挥不可或缺的基础保障和服务功能，社区的作用及价值也在逐步重构，正朝着满足全体市民社会心理认同、增强市民认同感安全感、激活社区"自组织"功能的方向前进。

第二节 社会治理创新的历史演进

一、社会控制为主的阶段

从新中国成立到 20 世纪末，我国经历了国家成立和经济社会的重建，以维护社会主义政权稳定为主要目的，经济方面则以计划经济为主，社会治理以行政管理为主。改革开放以来，我国的政治和经济发生了巨大的变化，社会治理错综复杂，社会矛盾日益突出。特别是城乡差距拉大、国企改革、经济由计划转向市场，这些问题给经济发展和社会综合治理带来了严峻的考验。

随着国家和社会高度一体化的有机体组织逐渐生成，并在人民公社体制下达到集大成的程度，基层社会治理的制度建设和要素配置逐渐完善。因此，从 1949 年到 1978 年，我们国家在这段时期内对于社会的管理基本上都会用国家管理或者对全社会进行管理的概念来概括，这段时期的主要特点是政社合一、村社合一，对于新中国的基层乡村社会治理进程产生了深远的影响。

（一）政社合一

社会主义改造完成后，虽然土地私有制的小农经济已经转化为合作社性质的集体经济，但是传统村落涣散的政权组织、脆弱的经济形态、松散的社会结构、利己的小农观念与中国共产党带领中国人民实现现代化的理想目标扞格难通。因此，如何冲破传统村落社会的樊篱向理想目标进发，成为中国共产党人面临的重要任务。以毛泽东为代表的中国共产党人在理论阐释、历史反思、现实驱动的基础之上，探索出了人民公社这个不同于传统村落的体制。人民公社是政社合一的基层政权组织形式，也是中国的社会治理模式，这种政社合一社会治理模式的选择不是个人主观臆断的结果，而是有其特定的生成逻辑。

1. 政社合一的理论基础

马克思主义经典作家的思想论述无论是新民主主义革命、社会主义改造或社会主义建设，抑或是改革开放，纵览中共党史，不难发现马克思主义经典作家文本的思想之魂贯穿始终。同时，结合马克思、恩格斯关于巴黎公社、合作社的重要论述，便构成了政社合一社会治理模式的理论源泉。马克思在1871年所著的《法兰西内战》中详细论述了巴黎公社的性质、职能、目标、意义，自此"公社"一词便与无产阶级政权紧密相关，从"巴黎公社"到苏联的"集体农庄"再到我国的"人民公社"，"公社"被赋予了政权组织的神圣使命。人民公社是多个高级农业生产合作社的联社，正如马克思在论及巴黎公社时所说的一样，把这些工厂的原有工人联合成合作社以开工生产，同时还要把这些合作社组成一个大的联社。依据马克思主义农业合作化理论，农业生产合作社也应组成大的联社，在中国的联社即人民公社。通过对中国历史上第一个人民公社——嵖岈山卫星人民公社的考证发现，它是由27个高级社合并而成的一个大社。人民公社的成立随之迅速风靡全国，其实质是回答高级社向何处去的问题，解决的是如何向共产主义社会过渡的问题。人民公社以实践运行的方式印证了马克思主义合作化理论的深邃内涵。马克思在《论土地国有化》中指出土地只能是国家的财产，土地国有化将彻底改变劳动和资本的关系，并最终消灭工业和农业中的资本主义生产方式。阅览中国农业社会主义改造的历程便知，中国共产党引导中国农民通过互助组、初级社、高级社等循序渐进的方式，打破了土地的私有制格局，实现了土地集体所有。然而，此时的土地集体所有制并不是中国共产党人的终极诉求，其终极目标是要过渡到全民所有制，实现马克思所讲的自由人的联合体。人民公社被认为是建成社会主义和逐步向共产主义过渡的最好的组织形式，它将发展为未来共产主义社会的基层单位。由此观之，政社合一的人民公社体制并不是无源之水、无本之木、无根之基，它有其产生的理论之源，只不过是以历史性的挫折回应了马克思主义合作化理论的精神内核。

2. 政社合一的历史之据

政社合一社会治理模式的选择蕴藉着浓厚的历史要素，苏联集体农庄的经验加之中国共产党对以往社会治理经验的依赖，构成了中国共产党选择政社合一社会治理模式的重要历史依据。尽管 1956 年毛泽东在《论十大关系》的报告中明确提出要"以苏为鉴"，探索适合中国特点的社会主义建设道路，但是中国的社会治理模式并未完全摆脱苏联模式的影响，依然附有苏联集体农庄的深刻烙印。毛泽东曾说："我们研究公社的性质、社会主义向共产主义过渡、集体所有制向全民所有制过渡这些问题，可以参考的材料还是斯大林那本《苏联社会主义经济问题》。"对比苏联集体农庄式的社会治理模式和中国政社合一社会治理模式，二者存在诸多内在关联性：从社会治理理念来讲，二者都是在坚持计划经济的前提下，试图变革集体所有制为全民所有制的生产关系来实现共产主义的目标；从社会治理路径来讲，二者都是把农民组织起来，苏联以集体农庄代替传统村社，中国以人民公社代替合作社；从社会治理结构来讲，二者都强调国家政权的强力渗透，国家对资源的直接垄断，国家直接面对农民或社员的二元结构。虽然当时中国极力摆脱苏联集体农庄式社会治理模式的影响，并做了诸多适合中国特点的社会治理方式的探索，但是依旧没有走出苏联体制的阴影。由此可见，中国选择政社合一社会治理模式，苏联集体农庄式的社会治理的经验是不可忽视的历史元素。

（二）村社合一

1. 村社合一的内涵

新中国成立后，国家正式进入乡村建设的舞台。随着国家的进场，一切可资使用的力量都被动员起来，乡村建设开始演变为一场全民参与的运动。"村社合一"是指以行政村为单位，在村党组织领导下，成立股份经济合作社，将村内农民及生产资料组织起来，形成村党组织领导、群众自行组织、共同持股、共同决策、共同管理的农村集体经济组织，这是特殊的经济组织。

2. 村社合一的意义

权力取向是理解乡村社会秩序的重要维度。1949 年以后，国家权力全面渗入乡村，取代乡绅阶层和宗法制度。在这一过程中，传统乡村政治秩序彻底重置。以"村庄领袖"为例，往日的村庄领袖中有一些是盘剥农民的地主恶霸，但也有从农民身上渔利的同时维持乡村秩序的乡绅。新中国成立到改革开放之前的历史时期，伴随全国的政治形势，成为村庄领袖的条件由以往的财富与宗族因素变为强调阶级出身、政治觉悟和对党的忠诚度。换言之，传统乡村中，根据宗族出身以及经济实力角逐村落领袖的标准逐渐退场。

实现村社合一，推动村级政权与经济主体有机结合，壮大集体经济，丰富和提高农村公共产品供给，有利于增强群众对基层政权的认同感、归属感，树立基层组织威信。同时，依托村社合一，可获取更多的政策资源，为合作社的发展和乡村土地制度改革提供更为坚实的组织保障。

二、社会管理为主的阶段

2000—2010 年，党中央领导全国全社会开展了以保障民生为重点的建设模式，社会治理开始趋向于服务民生、促进经济发展、建设服务型政府，尤其是在党的十六大提出全面建设小康社会的宏伟蓝图之后，又逐步提出了建设和谐社会的战略目标。国家基层治理全力转向改善民生、深化社会体制改革。这十年中，国家政府的职能转变、行政手段干预社会治理的情况大有改善，从"管控"逐步转型成为"管理"，市场经济开始蓬勃发展，人民群众的干事创业热情被极大激发，经济市场活力与社会活力日渐蓬勃，社会组织开始承担更加丰富的社会管理职能。

（一）基层自治

1. 基层自治的重要性

社区居民委员会在基层治理中占据着重要地位，随着社会治理不断变革、网格化管理进一步发展，为贯彻宪法精神、充分发挥居民委员会的价值，从法律保障、民主选举、组织构成、增权赋能、理顺治理主体关系等方面开始着手重塑居民委员会自治组织的角色，摒弃二元对立的思想，注重各主体之间的良性互动，协调网格化管理与社区自治的平衡，以达到切实发挥社区居民委员会依法处理社区事务、维护居民社会利益、稳定基层秩序的治理目的。

2. 基层自治实施的局限性

在规范层次上，居民委员会的自治作用不言而喻。然而，在实际运作层次上，由于"应"与"实"存在巨大的鸿沟，社区居民委员会在实际运行中由于"直接选举"的普及存在着局限性、内部组织结构趋向科层化、自治功能边缘化、主体多元导致治理分化等因素，自治角色在理论与实践之中产生偏差。

（1）直接选举存在局限性

村民委员会因为地理原因和历史原因，基于亲缘纽带，村民之间以及村与村之间的人际关系较为熟络，对于村委会的人选会有清楚了解。相比之下，社区居民委员会则面临较大的挑战，尤其是商业性社区（新型商品住宅小区）不断发展，社区对于居民来说大多只发挥居住功能而没有情感归属，所以居民委员会直接选举产生困难和较大的问题，因此间接选举的适用范围更为广泛。现阶段直接选举实施的条件尚不充分，若一味的要求直接选举而不顾现实条件，那么取得的效果就会因此大打折扣。首先，直接选举对社区的要求较高，部分有条件并进行试点的社区是比较高端的社区；其次，要求社区的居民素质较高，要么有较高的文化，要么拥有大量资本，社区居民也要有参与自治的意愿并且有参与自治的能力；最后，居民对社区居民委员会协调差异的需求也是重要条件之一，社区内居民的多样性和差异性带来需求的多样性，不同的诉求需要社区内有一个共同组织来进行协调，社区居民委员会则是较好的选择。虽然这种高要求的社区并不具有普遍性，从数量上来说比较少，但是这种直选的改革措施具有一定的局限性，不能够取得如期的效果，大范围的推广和普及并不具有可行性。由此，自治组织产生的基础并不稳固，民主选举的作用得不到充分发挥从而导致居民委员会的自治功能无法实现。

（2）组织构成呈现科层化

居民委员会的日常工作内容兼有行政性事务和福利性事务，行政属性决定了其要以行政性事务为先，因为在居民委员会建立过程中，政府发挥了主导作用，而且居民委员会工作也是在政府的领导下开展的，这就不可避免地使居民委员会的日常工作刻有行政性的印记。同时在组织机构方面，一些地区进行相应的改革，例如，统一居民委员会的编制配置，根据职能有针对性地安排人员负责民政、计划生育、卫生、治安等方面的工作，具体的人数安排根据居民委员会所辖的人口数来确定。但大多数情况下，居民的问题会涉及数个方面的工作，需要不同方面的工作人员共同解决，如果工作安排不合理，可能会费时费力，进而导致效率低下。由此不仅会造成居民委员会自治事务与行政事务的混同，还使得其内部构成偏向行政属性而削弱自治基础，这不利于居民委员会自治功能的发挥。同时，居民委员会的配置常常与党支部的配置重合，在同一办公场所，工作人员同时负责居民委员会与党支部的事务，以居民委员会为中心的社区治理体系继而转变为基层党群关系体系。这种情况下，居民委员会的定位更加复杂，一方面，作为自治组织需要为社区居民服务，代表居民拥有并行使"自治权力"，但党政合一的情况导致其失去自治属性；另一方面，居民委员会接受了政府或街道办事处的行政事务，成了政府和街道办事处的"腿脚"，它的行政化程度没有减弱。另外，它在失去自治性质的同时加强了行政性质，同时也因为与党支部的合并，产生了一种新的权力，即党政权和自治权的混合。这些改革措施虽然简化了居民委员会的组织结构，但并没有削弱其行政职能，反而使得其角色更为复杂，既扮演行政、自治的角色，又是党的基层组织，其内部分工不明确，容易混淆社区事务。需要指出的是，网格管理模式的发展以行政权力为根基，是基层政府行政权力的延伸，是信息资源下沉到基层的一种重要途径，可以推动国家治理纵向深入发展至基层。网格化管理虽然表现出了一定的成效，但也存在着权责不明确、吸收较多公共服务、责任承担过多的问题，对基层自治的发展造成一定的阻碍，进而使居民委员会的角色产生一定的偏差。

（3）自治事务遭遇边缘化

因为忙于应对行政事务而摒弃了自治角色，忽略了居民的需求，居民委员会被当作政府的下设基层组织，行政倾向也被人们诟病。为了寻回其自治角色，各地区不断创新，大刀阔斧地进行去行政化改革，虽然居民委员会的工作有新的进展，但是结果并不尽如人意，因此这种改革也就被一些学者称为"内卷化"改革。当然，一些城市也在努力改变这种现状，但是效果不令人满意。例如，深圳盐田最早开始进行居民委员会行政与自治分离的做法，设立社区工作站或者社区服务站，居民委员会与新设的社区工作站或社区服务站分别负责自治事务和行政事务，职能划分明确。值得注意的是，社区工作站不同于社区居民委员会，它由街道管理，工作站成员有编制，工资也由政府下发。南京市实施由街道一级收回交给居民委员会的行政事务，并且成立专门的工作机构承接上级行政事务，即街道工作站，同时，社区的工作人员也从居民委员会向街道工作站转移，从而导致居民委员会没有任何的职权，工作人员的数量也在减少，因为行政管理的分离，居民委员会受限于自身能力和权限被边缘化，无法对居民之间或者其他组织之间的问题和纠纷进行有效的调解，即使进行了有效的调解，也没有能力促进结果的履行，从而使居民委员会处于较为尴尬的境地，自治功能萎缩，群众信任感下降。在权力的运用上，网格化的管理模式通过细化问题、横纵控制来解决问题，从而削弱了自治组织的功能，并逐渐将居民委员会等自治力量边缘化。居民委员会设立的目的就是居民进行自我服务，调解纠纷也是其主要职能之一，如果无法履行职能和发挥作用，那么居民委员会设立的目的、价值最终也无法实现。

（4）多元主体产生治理交错

城市社区会集异地人口，人口的差异性要求公共组织具有进行调节、解决问题的能力，商品住宅小区的增多对社区的管理提出了更高的要求。我国社区自治模式不同于美国社区自治模式，其包括社区自治组织、非政府组织、私人企业以及居民委员会等社区治理的主体参与，当前我国社区治理网络中的主体构成，主要包括居民委员会、物业公司和业委会（业主委员会）。在对社区治理不断重塑的过程中，三者相互独立却又联系密切，居民委员会被定位为行政代理者，负责处理社区与街道办事处、政府之间的问题；物业公司则是以利益为目的的经济实体，主要处理其经营管理范围内的经济问题；业委会则是依托业主之间的社会关系，以房产所有者为主体进行自我管理。三者看似分工明确、职责清晰，但是三者的出发点并不相同，居民委员会以社区整体为出发点，维护社区利益；物业公司属于市场经济的一分子，目的是获取经济利益；业委会则以个人为出发点，追求业主利益，包括所有业主的共同利益。虽然这三者的存在都是以社区为单位，但是这三者的运作方式和工作方式各不相同，在具体的运作中，难免会出现重叠、利益冲突和矛盾的情况。居民委员会和业委会都是为人民服务的组织，但两者的服务对象有很大的不同。居民委员会服务的是辖区内的所有小区的居民；业委会只服务于自身小区的业主，居民和业主的概念并不是等同的，居民的范围要比业主的范围大，同时居民委员会相较于业委会具有政治属性，业委会相较于居民委员会则能够作为民法上的主体参与民事活动。由此，在公共利益与个人利益方面，二者极有可能产生摩擦。居民委员会与物业公司之间更多的是合作关系。物业公司根据合同约定提供服务，但也会"越权"管理其无权管理的事务，行使本身不具备的权力进而"侵占"居民委员会的自治权力，从外部限制居民委员会自治功能的发挥。

（二）乡政村治

1. 乡政村治的内涵

1978年，中共十一届三中全会后，我国把工作重心转向了社会主义现代化，并着手探索建立社会主义市场经济制度。我国农村家庭承包经营制度的逐步实施，一方面动摇了人民公社制度的经济基础，另一方面也对"一大二公"的"政社合一"管理制度产生了一定的冲击，一些基层组织逐渐松散，对农村公共事务的管理作用不断削弱。面对这一时期的治理"真空"，如何把作为独立生产经营单位的家庭重新组织起来成了乡村治理的当务之急。经过不断的实践与论证，1982年《宪法》第111条中，"村民委员会"的提法首次出现，并明确其作为"基层群众性自治组织"管理本村事务，村民委员会的合法自治属性首次得到了法律的认可。同时，乡、民族乡、镇的人民政府执行本级人民代表大会的决议和上级国家行政机关的决定和命令，中国乡村治理正式步入"乡政村治"时期。"乡政村治"中的"乡政"指乡一级政权（包括镇政权），它是国家依法设在农村最基层一级的政权组织；"村治"指村民委员会，是农村最基层的群众性自治组织。"乡政村治"是乡镇政权和村民委员会结合起来的一种农村政治模式。"乡政村治"模式坚持国家统一领导的同时，重视农民群众的参与，体现了国家与社会的分权原则，基本适应了当时农村经济体制改革和基层民主发展的需要。1987年全国人大常委会通过《中华人民共和国村民自治组织法（试行）》（以下简称《村组法》），从法律的角度将村民自治委员会组织建设加以明确和细化。到1998年，《村组法》在全国范围内正式推行，国家撤销人民公社、生产大队和生产队，改乡镇政府为国家农村基层政权，用村委会和村民小组代替原来的生产队，实行村民自治，"乡政村治"模式最终得以正式确立。

2. 乡政村治的意义

（1）乡村治理体制的基层首创精神不断提升

从"政社合一"到"乡政村治"，再到现阶段的村民选举及各地方的村庄善治探索，基层治理机构的治理范围不断扩大，治理手段不断完善，基层的实践创新及监督作用也日益制度化、规范化、体系化。

（2）乡村治理内容的公平性不断提升

农业税的取消、基本医疗保险制度和基本养老保险制度在城乡间的并轨、城乡统一的户口登记制度、逐步放开的落户限制，这些变化均体现城乡在治理权力上的公平和治理内容上的趋同。未来的乡村治理体系不再是与城市治理迥然相异的治理范式，而是有自身特色、公民权利公平的社会治理体系。

（3）乡村治理体制的可持续性不断提升

为了让乡村治理体系能够持续发展，创新机制的良好生成环境和治理体制的公平性必不可少，但是内卷化的治理枷锁与权利公平的差距必然导致其发展的低效和不可持续性。具体来说，农业税的废除是为了提高农业产量和农民收入的可持续发展，建立村民选举制度是对政府治理结构的不断完善，地方政府的良政创举是为了不断完善治理模式，全国农村的医疗与养老体系的整合是为了人力资源的可持续生产，各种农村管理细节的调整都是为了达到可持续发展的目的。同时，可持续发展和创新不是对立的，它们只是一个事物的两个方面。未来的农村管理制度应该是在能够持续地发挥其创造力的同时，还能够通过不断的创新改革而获得持续发展。

三、社会治理为主的阶段

自 2013 年开始，党和国家多方协同提出了推进现代化的社会治理体系的建设目标，重点关注共建共治的社会治理格局。习近平总书记在党的十八届三中全会上第一次作出了"创新社会治理，必须着眼于维护最广大人民根本利益，最大限度增加和谐因素，增强社会发展活力，提高社会治理水平"的重要指示，这是中国共产党和中央人民政府第一次将社会治理纳入纲领性政策文件之中。在后期党的十九大中，习近平总书记又提出了要"加强社会治理制度建设，完善党委领导、政府负责、社会协同、公众参与、法治保障的社会治理体制，提高社会治理社会化、法治化、智能化、专业化水平"。在党的十九届四中全会上，习近平总书记又提出："必须加强和创新社会治理，完善党委领导、政府负责、民主协商、社会协同、公众参与、法治保障、科技支撑的社会治理体系，建设人人有责、人人尽责、人人享有的社会治理共同体。"可以看出，党和国家在新时期着力打造共建共治共享的创新型社会治理格局，大力构建社会治理的共同体。随着政治理论体系和社会治理实践的不断丰富，目前已经基本形成了系统性的、具有中国特色的社会主义治理理论实践体系，社会治理迎来了稳定的发展阶段。

（一）网格化治理

1. 网格化治理的内涵

网格化治理是创新社会治理的新方向。网格化治理是对网格化管理的延伸和突破，是社会走向共治的有效途径。首先，网格化治理以有效解决实际问题为核心，通过协调多元利益主体力量达成价值共识，从而构建具有持续能力的治理模式；其次，网格化社会治理遵循"放管服"改革的要求，对各个层次部门权责优化配置，确保基层更好地履行自身职责；再次，网格化治理充分运用人工智能、大数据等先进技术手段，通过智能化技术的加持，整体提升政府信息管理能力，从根本上为提升社会治理效果奠定基础。网格化治理对于社会治理创新模式发展具有重要意义，其凭借理念共生、信息共享、多元共治的优势和特色，充分整合多元主体共治力量，遵循以人为本的价值主张，打造了人本、精细、高效的社会治理系统，对提升社会治理效果发挥了重要作用。

2. 网格化社会治理的价值

（1）实现社会人性化治理

实现社会人性化治理是加强和创新社会治理的核心，传统官本位的社会治理模式已经无法满足新形势下大众的核心诉求。网格化治理实现了以"人"的需求为核心的精细化管理范式，即将"人"的诉求作为社会治理和公共政策制定的出发点和归宿，对时下社会问题进行回应，从而真正做到重心下移、力量下沉、保障下倾，让群众少跨一道门槛、少走一道程序，为群众带来更好的服务，这是理念创新的集中体现。在互联网背景下，依托信息技术打造网格化平台则将这一治理模式的优势发挥得淋漓尽致，一方面，网格化平台对社区人口、区域特征、资源等要素进行了系统归纳，立足实际设置科学化的网格单元，对任务订单进行有效梳理，将网格管理治理主体"入格"，真正满足百姓的核心诉求；另一方面，由于其开放的特性，可以主动地发现各种社会问题，使每个网格都能作为解决社会问题、提供公共服务的单位，大大提高了回应群众需求的效率，提高了人民的满意度。总之，网格化治理具有很强的人性化特征，有利于构建和谐的社区，推动社会的稳定发展。

（2）推动社会精准化治理

为了推动社会治理的精准性，全面地掌握社会治理对象和治理内容的各类信息是十分必要的，只有如此才能够更好地提升社会治理工作实效。为此，应充分发挥网络技术优势，构建公共服务信息平台，为实现数据共享和多元治理主体间的互动创造条件，同时，通过整合多方面的社会治理资源，形成多位一体、多元协同的服务中心，为实现一站式服务奠定基础。网格化治理为推进社会精准化治理创造了可能，通过发挥技术平台的共享共建功能，大大提升了社会服务的便捷性，实现了与百姓需求的短距离对接。同时，网格化管理平台不仅实现了对人口、建筑、设施、设备、地理等信息要素的横向整合，还实现了对各个工作站终端的纵向整合，真正将原本无序的资源融合成系统化、有序化的资源系统。由此可见，网格化治理系统具有极强的互联互通性，其规范性和专业性不断提高，加快了对百姓诉求的回应和处理速度。

值得注意的是，网格化社会治理信息共享功能的实现，必然要以现代信息技术的运用为前提，只有如此才能够实现信息共享、资源整合、集约发展，构建信息采集、整合、处理、反馈的一体化操作流程，确保各个联动部门的信息共享，加快社会治理向共建共治共享的方向迈进。

（3）确保社会科学化治理

我国社会治理生态的复杂性从根本上决定了治理权力主体的多样化，单一化的政府管理力量在对百姓关注的利益问题做出回应上有局限性，因此需要采取多元共治的治理思路。多元共治模式有效解决了传统管理模式中的行政化、等级化倾向的问题，与百姓利益诉求相关的各类组织都可以成为治理主体，从而让治理模式呈现出扁平化的特点。网格化社会治理秉持多元共治的治理原则，积极鼓励各治理主体广泛参与，从而打造多元协同的治理范式。具体来说，多元共治的主体可以包括社区综合协管、居民委员会干部、社区保安、社会组织成员、社区居民、下沉党员等多方社会力量，他们在参与社会综合管理的过程中，能够与网格化管理平台进行对接，从而及时发现有关公共秩序、社会环境、社会安全等多方面的问题，及时上报、快速响应，实现社会治理的科学性和有效性。例如，在进行社区治理的过程中，可以将社区划分成若干网格，将人、事、地、物等纳入网格中，实现治理责任网格化覆盖，并通过建立网格治理服务团队来对相关事宜展开服务，从而切实提升社区治理能力。

（二）智慧化治理

1. 智慧化治理的内涵

数据作为新型生产要素和战略资产，已成为城市发展的基础性资源，随着大数据、云计算、工业互联网的应用和发展，数据已深入融嵌于城市治理的各个环节，成为城市精细化管理的重要手段和载体，智慧城市治理因此应运而生。事实证明，智慧城市治理有效解决了长期想解决而没有能力解决的问题，有力打通了城市治理的"最后一公里"，使城市治理迈向现代化治理的新阶段。

在智慧城市治理蓬勃发展之际，突如其来的新型冠状病毒疫情给现代化城市治理体系和治理能力带来了严峻挑战。在疫情影响下，城市的预测决策能力、资源调配能力、舆情引导能力和经济自愈能力时刻接受考验，过去许多智慧城市管理方法都存在不足，例如，数据整合不足、平台建设滞后、数据缺乏价值性、信息资源存在鸿沟、信息侵权等。在漫长的历史中，每一场灾难都会对人类造成巨大的影响，但同样的，它也会激发出我们无穷的自我修复能力和创新能力，从而催生出新的发展机会。

2. 智慧化治理面临的挑战

（1）信息感知渠道单一，数据支撑整合成效不足

智慧治理离不开数据支撑，数据应用的核心在于互联互通、高质高效，只有数据汇总及时、整合有力、互通顺畅、叠加融合、信息全面时，数据的真正作用和价值才能得以发挥。现实中，许多地方政府在处理数据时，往往手段单一，过多依赖人工登记、手工填报，对物联感知、自动获取等新技术缺乏运用，有的地方虽然有新技术、新平台支撑，但运行容量有限，无法应对激增用户的需求，造

成网络拥堵、平台瘫痪。数据平台跟不上现实需求，必然导致处理数据缓慢，公布信息延迟，贻误抗击疫情的"战机"，损害政府公信力，引发治理"失效"的不良影响。

（2）AI（人工智能）算力有待提升，治理体系平台建设滞后

当前一些城市的数据处理能力、计算能力都比较弱，在数据量激增的情况下，很难实现高效、实时的计算与反馈，从而限制了数据的有效利用。这些情况和问题随着新型冠状病毒疫情的爆发而日益凸显。例如，在某些地方的疫情形式较为严峻时，由于"健康码"的数据处理能力不足，系统出现故障，严重影响了疫情防控工作的开展。随着对城市智能管理的不断深入，以海量数据为基础的智能城市管理平台将成为城市管理的主流。

（3）"量化"决策存在风险，数据依赖降低价值理性

"数据偏差"和"算法黑箱"是提高城市智慧治理决策能力的两大制约因素。在智能化背景下的社会中，数据和算法已经成为城市智慧治理的新兴社会资源和生产要素。其中，数据相当于城市治理的资本和财富，算法相当于城市治理的话语权和监管权。如果在决策过程中出现输入数据错误，或者数据不够客观的问题，决策者的治理政策就很容易出现偏差。其次，由于决策者可以在不参与整个技术操作过程的情况下获得治理决策方案，因此在制定治理决策方案时，这一技术操作过程的"不透明"容易包含不稳定、不公平和不劳而获的因素，其算法偏差或歧视往往会被掩盖。随着城市智慧治理越来越依赖于数据和算法，城市治理秩序将逐渐从传统的"定性"决策转变为"定量"决策，即基于数据和算法进行建模的城市治理模型。城市的智慧治理主要以智能技术构建的关系网络为基础。

（4）配套制度建设滞后，区域信息资源鸿沟明显

智慧城市治理在国家社会治理现代化的进程中起着重要的推动作用，但它还处在起步阶段，相关的立法、行政法规以及规范性文件往往滞后于技术实践，因而必然会成为制约现代城市管理发展的障碍。从目前的情况来看，我国体制和机制还不够健全。科技发展日新月异，基于技术与数据的现代智慧城市治理，必然要在人类理性与技术理性、人类决策与机制判断的相互影响下，逐步走向成熟。同时，进一步优化科技资源配置也是需要注意的问题。

（5）数据秩序风险涌现，信息侵权引发信任危机

智慧城市治理以信息技术和数据为基础，信息和数据具有天然的共享特征，这一特性不可避免地使大量数据暴露在网络等载体中，若安全措施不到位，公民信息和公共信息极易受到侵犯。保障信息安全是城市治理的应有之责，然而数据

泄露、信息泄露等数据失序现象层出不穷，已经成为阻碍智慧城市治理的"拦路虎"，其中数据秩序风险具体表现为以下两点。

智慧城市治理法治化薄弱。一方面，信息收集主体维护公众隐私意识不强，缺乏法治观念，在源头上未拧紧数据"安全阀"，尤其是第三方平台，其具有逐利的特性，在利益最大化和信息安全二者之间，更倾向于追求利益；另一方面，现有法律制度关于信息侵权的制度还不完善，信息侵权存在侵权行为不明确、取证难、追责难等困境。此外，公众的维权意识较弱，不法分子的侵权手段也日渐复杂隐蔽，维护数据秩序和信息安全存在诸多现实障碍。

智慧城市治理技术水平不高。城市治理的末梢在基层，但基层存在基础设施配置不足、财政资金短缺、知识化人才资源缺乏、新形势新业态适应性不强等问题和短板，这造成智慧治理的技术创新性差，技术安全水准难以达到合格水平，智慧城市治理难以落在实处。这一现实问题进一步导致公众丧失对智慧治理的信心，不愿将个人信息共享于网络，造成信任危机的恶性循环。

第三章 社会治理创新法治化现状

对社会治理创新法治化的现状进行梳理，有助于我国社会治理创新法治化更好地发展。本章分为社会治理创新法治化的动因、社会治理创新法治化取得的成就、社会治理创新法治化的现存问题三节，主要内容包括社会转型、治理滞后、人的尊严、中国特色社会主义法律体系建成、中国共产党积极践行依法执政、社会公众法治意识不断增强、法治政府建设取得较大成果、城市社区法治化的问题、乡村法治化建设不完善、社会治理创新理念滞后、社会组织参与存在困境、信息技术应用水平落后。

第一节 社会治理创新法治化的动因

一、外在动因——社会转型

（一）社会转型与社会冲突

"社会转型"作为现代化理论中的经典论题，为社会结构功能学所重视。"转型"的语义分析可以概括为"事物形态的变化"，"社会"则是指社会这一事物形态的变化，也就是说将社会形态视为一个主体，重点考察它的变迁。在明确了"社会转型"的概念是"社会形态的变化"后，我们不妨再对这种变化做出分析，具体来讲，这种转变包含广义与狭义两个方面：广义上的变化比较宽泛，指一切社会形态的转变；狭义上的变化则特指社会由传统向现代的转变。我国学者一般将"社会转型"置于现代化背景下来说明。例如，学者郑杭生在其相关著作中明确地将社会转型看作是一个社会良性互动的过程，就中国具体实际来讲，他认为我国现在的社会转型是传统和现代这两种社会形态互动博弈的过程，即传统乡土封闭的社会逐步被现代工业开放的社会渗透。因而，我们这里讲的"社会转型"即指狭义层面上的含义，这种狭义层面的社会转型与现代化理论相联系，它不可能脱离现代化理论而存活；而且就我国实际来讲，这种狭义层面的社会转型又与工业化、城镇化相关，社会转型理论是鉴于我国在向城镇化、工业化迈进的过程中，由于原有的、传统的、乡土的社会管理方式滞后而出现了问题，需要创新社会治理方式解决问题，保障城镇化、工业化的顺利开展而提出的。经济的日益发展给中国社会的状况带来了巨大的改变，传统乡土社会模式在经济飞速发展下，社会思潮不断受到冲击与消解，使得"社会转型"这一理论日益受到人们的重视，其在20世纪90年代一经提出便被广泛使用。它不仅对当前的社会现状进行了准确的概括，而且对当前这种社会变化做出了合理的解释，进而给对社会形态变化的研究提供了一种系统理论的分析视角。

现阶段由于传统与现代两种因素的互动与博弈，转型期的社会问题主要体现为一种可控的社会要素之间的冲击，这种冲击可概括为社会冲突。有学者将社会冲突概括成一种社会对抗状态，这种对抗来源于不同部分之间的利益或价值博弈。对这种对抗状态我们不妨做进一步限定：首先，"利益或价值的博弈"有范围和程度的限制，也就是说这种博弈不是对立，而只是某种程度的差异，并且这种差异体现为一种互动的过程与状态；其次，"社会对抗状态"也有范围和程度的限制，这种对抗的方式多种多样，不能简单地将其与暴力混为一谈，它更多地体现为一种良性的可调节、可缓和的互动状态；最后，需要强调的是社会冲突这一理论的提出是要通过引起重视，为调节、缓和社会关系提供动力，社会冲突的最终解决应当落脚于社会的调节与缓和手段。我国现阶段社会角力存在于社会生产生活的各个领域，且这种角力具有普遍性，表现方式也非单纯的一种而是多种多样。这种角力既体现为利益分化而导致的社会分歧与冲突，也表现为由于新生利益格局对原有利益格局的渗透而导致的矛盾与冲突等不一而足。

总的来看，我国现阶段社会冲突体现为利益在碰撞与互动中没有形成一个良性的平衡局面，导致新主张与旧利益不断博弈，缺乏有效的调节与缓和机制。这种调节与缓和机制缺乏的最明显表现就是在现有法律与社会治理方式下常常出现秩序混乱或者没有秩序的状态，这一状态可概括为有调节却难平衡、有法律却难以形成秩序。

（二）转型期社会冲突缓解之策：社会治理法治化

我国现阶段因社会转型而出现、由于利益对抗与角力而产生的社会冲突，实质上恰恰为现阶段进行社会治理体制机制创新提供了外在动力。通过构建更有力的调节与缓和机制，将这种冲突转化为一种良性互动，推动社会各项制度在互动中不断进行自我完善、自我改进、自我发展，进而形成互动发展的秩序。相反，如果对这一社会转型需求不加以重视，不采用法治化的调整手段，这种冲突将打破平衡的互动关系，引起相关利益关系的失衡，使可控的可调节、可缓和的对抗关系发展为对立的关系。这种失衡必然表现为利益的纠葛、局面的无序、状态的混乱，混乱是社会生活正常进行的致命破坏因素，消除这种无序十分必要。这里需要点明的是社会冲突本身并不会被彻底根除，对混乱的消除关键在于对冲突的适当调节，使冲突朝着对社会生活有意义的方向发展，不至于以暴力的方式毁掉整个社会。伴随混乱而来的是恐惧，这种恐惧最生动的表现之一是这种社会状态：权力如冲出牢笼的猛兽，放纵无厌的贪欲会使它将全社会乃至自己都视为自己的猎物。要避免这样的混乱，法治成为不二之选。法律的功能不仅在于定分止争，更重要的是法律为人们提供了向善的动力，进而推动了整个社会道德的进步。可以说，法律不仅为秩序的形成提供了依据，还为良善秩序的形成营造了氛围。

首先，法治体系中有关程序的规定为冲突设置了合理的缓冲区，避免冲突向暴力转化。法律为冲突的解决提供了和平的解决方式，通过公开透明的程序性规定使正义以看得见的方式实现，在感情上为冲突的和平解决提供了可能，并在程序的运行中化解了冲突向暴力转化的动能。如果某些行为威胁到社会秩序，导致社会和平处于危险之中，法律便不能坐视不理。在利益失衡的状态下，要恢复原来的状态，最原始的方式是报复。报复如不受约束，任其肆意发展则难有尽头，脱离公意遏制的报复就会再引起报复，如此往复，便会形成恶性循环。社会关系中的不平衡因素便得不到合理的调节与缓和，社会秩序只会更加失衡。冲突只会更加难以解决，像一头猛兽不顾一切地破坏社会的稳定与和谐。反之，如果将报复的方式限制在相应范围内，冲突就可能由此而告终，这种解决冲突的具体办法如果是由原始部落习惯根据不同案件情况事先就规定好的，那么这种由习惯来确定的解决方式就是法律程序的初始形态。

在这种模式下，最合适的解决纷争的方法应该是提起诉讼而非实施同态报复。当事人将争议提交法官，法官不受当事人的影响，以其他证人的证据为依据，判决争议。在这一点上，法官对纠纷的判断具有一种象征意义，即利用社会权力预防暴力冲突。从法律程序的初始形态来看，程序的设计初衷就是为了给冲突的解决提供一种和平的解决途径，为解决危机提供可控的方法，并通过设置缓冲区来阻断冲突的发展。

其次，法治体系中有关规则性的规定构建了社会安全感。安全感产生于对现在状况的可控、对将来状况的可知，秩序为人性中这种情感的满足提供了切实保障，因此安全与秩序密切相关，甚至可以说二者是同义词。安全感的建立或者说秩序的构建就是对由社会冲突产生的混乱状态的调节与缓和的过程。当人们在这一过程中可以根据规则来行事而不再受制于恐慌与无能为力，秩序便形成了，安全感也就随之而来了。这也就是说具有普遍适用性的规则可以给整个社会带来安全感，是社会秩序构筑不可或缺的因素。进一步讲，规则的这种魅力来源于人类的本能愿望。对规则的迷恋是我们屡屡提到的人性当中的原则之一。法律规则所体现的安全价值表现为这样一种观念：判决是适用众所周知的法律做出的，由此，人们能够预料到这些判决，从而使人们对自己所处的地位有明确的认识。这也就是说法律要尽可能明确清楚地表达，使人们预先能够对自己的行为做出预测。还有一点必须明确，由于人类语言和预见都不可能做到精准无误，在法律的适用过程中，社会的发展会出现新情况，需要对法律规定进行解释方能适用。对这种解释会出现一种担忧，即它是否会使法律失去确定性和可预见性。答案是否定的，因为法律的规定、法律的思维已成为人们生活方式的组成部分，人们会在法律的含义范围内做出可掌握的解读。当它被宣告为法律时，它不是被制造出来的，而是被发现出来的。在中世纪时，没有什么情况属于"法律规则的第一次适用"这一状况。法律本身就是古老的，且新法本身就是一个自相矛盾的用语。因为，新法要么极其明显地或暗地从古老的法律中分化出来，要么就是与古老的法律相抵触的。前一种情况下，新法难谓新法，在后一种情况下，所谓的新法自然就是非法的。因此，新法是根本不存在的，最基本的观念仍然如故：真正的法仅指旧法，而新的法只是对原有的法进行了恢复。所以，无所谓新法的订立与制定。可以说，立法和法律改革是对以前被人忽视甚至被人反对的优良传统法律的恢复。

再次，法律的拟制缓和了进步与保守两种因素的冲突。法律的拟制是法律在适用过程中针对社会出现的新情况而做出的改进，以此来达到公认的有益目标。这种改进往往要照顾法律应该一成不变的假设，而且，因社会生活变化而要求的法律改进也常常以隐蔽的方式进行。这种方式对法律的改进是以隐秘且极为保守的方式进行的，具体来说它可以是策略上的，也可以是情感上的，还可以是理智上的。策略上的改良实质上已经对法律做出了改变，却想掩盖这种已经发生的改变，使法律在适用中仍以现存的面貌示人。情感上的改良则是以一种逃避的态度对法律的改变视若无睹，继续打着原有的旗号，尽管新的法律已占领高地。这样做仅仅是为了填补一种空虚感，这种空虚感来源于法律在此时的不确定性和保守主义。这种保守主义来自情感方面朦胧感觉到的理念：法律的稳定性具有难以抗拒的魅力，哪怕它只存在于形式上，这种稳定也独具价值。理智上的改良采用假设的方法来说明自己的观点，为保证案件在现存的法律规定的范围内适用，而违心地承认案件当中一些与实际不符的东西，从而将潜藏于法律之后的各种价值观表面化。策略改良只是为新规则归于旧的规则创造了一个借口，假设的方式使得这种归类顺利地实现。这种拟制解决了法律适用中的棘手问题，虽然现实生活不会等待法律理论来完成转变，但是拟制提供了一种更快地达到目的的方法。拟制通过新渠道的构建，一方面针对现实困难阐释了新原则，另一方面并没有对传统予以推翻，而是在两者之间开辟了新渠道来疏导出新的做法从而发挥解决问题的实际效用。拟制在传统和保守之间找到了平衡，这种平衡助推了一种感觉的生长，这种感觉可以概括为信任感。这种信任感生长于法律的稳定与约束的平等性，通过稳定性的维护与平等性的保障，人们对法律制度的信任感便油然而生。

最后，法律的内在品质促使义务感的产生。社会法律优良的品质会使人们甘愿遵守，守法若成为必然，义务感便生成了。法律与其他社会控制手段的区别就是它具有强制力。毫无疑问，对于一个有效的法律体系来讲，强制力是绝对不可缺少的，但问题是人们遵守法律是否仅仅因为法律的强制力？我们不妨来做一个设想：在社会生活中，大部分公民都自愿接受法律指导，并将其作为自己的行为准则，强制力只与为了保证社会安定而必须对那些不法行为实施强制力的人有关。基于这个设想我们可以得出，大部分人并不是由于害怕如果违反法律将会受到惩罚才遵守法律，他们遵守法律的真正动机因人而异。某些人之所以遵守法律是因为他根本没有违反法律的想法。这源于他的成长过程，他一直受到做违法的事是错误行为的教育，从他还是婴儿时起，社会所有的违法预防措施就向他施加影响，使他知道这样做是不对的，因而"倘若做了，将会受惩罚"这样的想法与他是没有关系的。

另一方面，有些法律规定即使违背了，也不会被处罚，那么他会很乐意去违反，因为他觉得遵守这些法律没有必要。他作为一个公民，尽管认识到了法律的有效性，但是违背了法律后不会感觉内心不安。在这样的情况下，害怕惩罚要比自觉遵守的动机作用大。这之间有害怕舆论谴责和害怕法律惩处两种不同的动机，这两种动机促使他遵守法律，利益的驱动也使他遵守法律。如果违背了，他将面临对自己不利的舆论，或者受到惩罚。可见，遵从法律参杂着各种考量，服从的动机也是多种多样。

义务感产生于对权威的顺从，权威与顺从是遵守法律义务感产生的两种要素。法律是社会生活的精髓，如果得不到大多数人的遵守，社会秩序便无法维持，混乱便趁虚而入。在社会剧烈变动的时代，由于人们高度的自觉性及价值观念上的一致性受到破坏，大多数人对法律的遵守以及少数行为异常者对法律的适用都毫无例外地受到了削弱。这种状况下，仅仅依靠宣传的办法来使公众对法律义务服从是不可能的，那么法律的秩序难以免遭威胁。哪怕以前完全接受这种信念、丝毫没有提出过疑问的人们也是如此。从深层次来看，内在品质才是人们对法律普遍遵守与尊敬的缘由。法律规定本身是考察人们法律品质时首先就要予以注意的要素。如果法律认为的正确问题不能得到大多数人的认可，那么法律也必然是软弱的。就以法律究竟应在何种程度上强制推行道德原则为例。当公众对某一道德标准的看法一致时，法律强制维护大多数人所持这种社会观念至少是可能的，但当社会上存在多种道德观念时，对于存在广泛争议的问题，法律再予以强制推行，就不会那么完全切实可行了。法律规定的内容不能强人所难，否则法律将形同虚设，虽然法律命令人们必须遵守其权威，但只有其规定对大多数人来讲具有切实可行的意义时，法律可信、法律应当受到尊重的观念才能形成。除却法律所规定的内容及行为种类，法律外在呈现所采取的形式也是重要的考量因素。法律是以一般规则的形式表现出来的，在适用时不能以特殊情况为理由来武断地解决问题。法律的这个普遍性特点，通过尽可能明确无误、直截了当的表达来保持。正如孟德斯鸠（Montesquieu）所言："玄不可及并非法律的品质，为具有一般理解能力的人所理解才是其应有的道德，因为它就是要服务于一般人。法律应当平铺直叙，难以使人掌握并非法律所追求的品质。"法律必须公开公布，这要求法律形式明白、能被公众理解，从而被公众普遍遵守。法律不得溯及既往，也就是说明天或将来要制定的法律对现在的行为没有约束力；现在的法律规定对以前人类的行为也没有指导意义或约束意义。如果法律违反了这一品质将会使人觉得荒唐怪诞。法律不应当要求人们做他们实际上做不到的事。法律不能相互矛盾，应当保持连贯性与一致性，避免使人们陷入选择僵局。这些内在品质使权威与顺从这两种要素得以彰显，从而使遵守法律成为当然，使义务感油然而生。

二、内在动因——人的尊严

（一）人的尊严的法律释义

人的尊严源于人是理性的生命存在。人的尊严作为一种持续性动力，要求社会给予每个人自由选择、合理发展的可能，这种合理性的要求使人们选择运用法律来治理社会。也就是说，人的尊严是法律存在的内在动因，是法治化的持续动力。这种内因动力推动着社会治理方式朝着法治化的方向不断前行，使人们为这一目标的实现不断奋斗。

在古希腊先哲有关的法律论述中，人是没有独立价值的依附，更别说尊严了。人的尊严之理论发端于古希腊后期，开始将人作为有理智、有天赋的突出存在。随着文艺复兴运动的开展、宗教改革的深入以及启蒙运动，人的尊严观念才日益成熟，出现了关于人的自然权利、人的自然平等、人的自然理性等方面的大量论述。19世纪，康德（Kant）提出了"人是目的"，这一理念在法学理论上论证了人的尊严这一命题。法律上的严正或荣誉之规定就在于它可以使自己在与别人的关系中维护自己作为一个人的价值。这种状态可以用下面一种表述来替代，即人应当作为目的存在，而不能把人当作手段，并且应当把人当作不可忽视的目的。学者米尔恩（Milne）将康德的这一主张阐释为"人道原则"，并从否定与肯定两个层面对其进行了解读：就否定角度来说，任何人都不得将他人视为手段；从肯定角度来看，人应当被作为具有内在价值的自我主体来对待。从国家层面来讲，康德指出："要将公民看作是一国的成员，他们有参与立法的权利，不能将他们仅仅作为别人的工具，他们自身的存在本身就是目的。"这也意味着，人的尊严作为一种评判标准介入了具体的法律生活。美国学者莫菲（Morphy）指出，"人的尊严"作为宪政的原则是客观存在的，并且是可以被发现的。也就是说，承认人们有自主选择、自我参与、自我发展的能力是宪政制度生存的正当基础。因此，人的尊严与法治存在这样的关系：每个人都应当被一视同仁，拥有同样的自尊，应受到均等的尊重和平等的保护。就来源来讲，人的尊严具有生来就有的初始性，它不由国家授予，也不由法律创制。只要人之为人它就存在，人的主体性就是其来源，它附随于人的主体性，先于法律的创制，其效力的优先性也不言而喻。概言之，人的尊严是一项独立的价值，是权利之母，是一切法律制度的前提与基础，并且法律制度为人的尊严的实现而努力。

通过以上分析可知，人的尊严是指人就是主体，就是法律的目的，不得将人作为客体或者物体加以对待；作为理性存在的人具有独立性、自主性。人的尊严是作为社会治理法治化的内在、原初动力而存在的，是国家法律的目的性追求，对法治化起着持续性作用。

（二）人的尊严的意义：社会治理法治化的起点及目的

人的尊严就是要确认人的主体地位进而实现人之独立自主的发展，它为人们不断地努力追求自我价值的实现、自我状态的优化提供了持续性内在动力，促使人们追求更好的方式来对社会生活做出更加优化的安排。法治作为理性的产物是要尽可能地对这种需求进行极大的满足，它的确立与推广就是人们对美好生活努力追求的结果。可以说，法治这种社会规制体系基于人的尊严而产生，人的尊严是其产生的根源，是其发展的依据，并且决定着其价值取向。

社会治理法治化是基于人的理性而产生的命题，其逻辑起点是人的尊严。法律是人类活动的结果，因此认为结果产生于人类主体之先的判断明显违反逻辑。法治产生于对人的尊严的发现与肯定，理性的人文精神是现代法治文明产生的启蒙。法治的发展就是沿着这样的路径进行的，先有基于人的尊严的科学理性的判断，才有依法治国方略的确立和启动。法是这样产生的：自我的生存与发展是人性的普遍需求，为了满足这一需求，人们便努力探索寻找合适的方法，于是规范人类行为的规则便产生了。在社会发展过程中为了满足人类生存、发展等需求，就需要找到一个普遍适用的标准来对各种行为的开展进行规制和约束，以保证每个社会成员的需求都可以得到有效的满足，于是规则便出现了。规则提供了一个共同规范，它是每个行为的共同条件。这些规则最初可能体现为习惯，但随着社会发展、生产力的提高，这种习惯便逐渐成了法律，由普遍适用的法律规范来约束人们的行为，为社会成员实现自身的生存与发展提供强有力的保障。人类对生存秩序的渴求，便出现了定分止争的强制性规则，这样社会的无序状态便得以消除，生活生产便能正常进行；人类有保全自身生命安全的需求，便出现了防止和惩罚恶意危害他人人身安全的强制性规则，使人身安全受到侵犯时可以得到救助。由此可知，法的存在乃至法律的完善与发展都是人来推动实现的。如学者何士青所言："法的起点就是作为主体的人，法的存在就是为了保障人的尊严之实现，并且人的尊严从内在方面为法的发展提供了源源不断的动力。"

人的尊严从内在方面向社会治理活动输送了持续的、强有力的动力，促使其创新方式将实现人的自由全面发展作为最终归宿。法治就是人类探索出的最佳的社会治理方式，它以人的尊严为出发点和落脚点。马克思给予法治明确的定位，即"个人的全面发展"和"自由个性"。作为主体，人处于社会活动的核心地位，人的尊严的满足、自由全面发展的实现不仅是社会活动追求的目标，更是社会不断进步的内生动力。法是由人制定的，反映着人们在协调社会资源、平衡社会利益、实现社会价值以及解决社会冲突方面的意志，并通过国家强制力的保障来实现社会矛盾的解决、社会秩序的维系、公民权益的保护。也就是说共同福利应当成为法律的目的，因此，法的制定、修订、实施始终受到人性之制约。法律的制定首先就需要在"取缔"与"保护"中做出抉择，这本质上是对出发点的选择，进一步讲也就是说法律的落脚点为何。取缔与保护只是实现目的的手段，隐藏于其后的目的才是决定这项规定应当不应当出台以及如何出台的决定力量。法治就是为了保障人的尊严得到满足、自由全面发展得以实现，这是法治的起点也是最终归宿。同样，要实现这一追求，就需要法治。法治是正义的秉持者，是秩序形成的重要因素，是人们自由、平等、全面发展的保障。人的尊严作为内生动因为社会治理走上法治化道路提供了持续的、强劲的动力。

总之，人的尊严作为社会治理法治化的内生动因，是法的基础。人是作为法的主体而存在的，法源起于人的需求，法归宿于人的自由全面发展。可以说人的尊严是法制定修改的依据，是法运作实施的根本，是推动法治进程的原动力。

第二节　社会治理创新法治化取得的成就

在党的领导下，我们逐渐改变过去的传统管理模式，转向社会治理。在发展过程中，我们在不断总结自身社会管理经验的同时也注重对别国经验的借鉴。在此基础上不断完善和优化我国的法律体系，使我国社会治理的制度性保障更加充实，社会治理的法治环境更为健全。在不断的总结之下，我国社会治理法治化也取得了一定的成效。

一、实现了马克思主义社会治理理论的新飞跃

习近平新时代中国特色社会主义思想关于社会治理的理论，将马克思主义基本原理同中国具体实际相结合、同中华优秀传统文化相结合，实现了马克思主义社会治理理论中国化、时代化的新飞跃，从理论与实践的结合上回答了社会治理现代化的指导思想、领导核心、主体力量、目标任务、体制机制、制度体系、方法路径。同时，回答了社会治理与人的全面发展和实现全体人民共同富裕等一系列

重大问题，提出了许多原创性的社会治理新理念、新思想、新战略，为推进中国特色社会治理现代化提供了科学思想指引和行动指南。习近平新时代中国特色社会主义思想，将中国人民在实践中创造与积累的宇宙观、天下观、社会观、道德观，同马克思主义的政党学说、人民学说、国家学说、共同体学说中的基本立场、基本理论贯通起来，同人民群众日用而不觉的共同价值观念融通起来，实现了马克思主义基本理论与中国式表达的有机融合，使马克思主义中国化时代化拥有了深厚的历史基础与群众基础，从而保持了鲜活的生命力和与时俱进的蓬勃活力。

二、续写了中国社会长期稳定的新篇章

进入新时代，我国社会治理面临着严峻复杂的国内外环境。世界上，百年未有之大变局加速演进；在国内，改革发展稳定的一些深层次问题不断显现。这些都对社会治理体系与治理能力提出了更高要求。以习近平同志为核心的党中央明确提出"五位一体"总体布局和"四个全面"战略布局，确定稳中求进的工作总基调，统筹发展和安全，把党的全面领导与社会治理共同体建设融会贯通，把解决人民群众急难愁盼问题与建设服务型政府、创新社会治理融会贯通，把提升社会治理的社会化、法治化、智能化、专业化水平融会贯通，使社会治安状况不断改善，我国成为世界上最安全的国家之一。在新冠疫情肆虐的情况下，党中央果断决策、沉着应对，全国上下众志成城、同舟共济，构筑起联防联控、群防群控的坚固防线。党中央适时调整优化防控政策措施，抗疫斗争最终取得重大决定性胜利。党中央的决策部署，不仅最大程度保护了人民生命安全和身体健康，也最大限度减少了疫情对经济社会发展的影响。

三、拓展了中国式现代化社会治理的新道路

党的十八大以来，贫困人口脱贫工作成为全面建成小康社会的重大任务，党和国家组织实施了人类历史上规模空前、力度最大、惠及人口最多的脱贫攻坚战，全面建成小康社会如期实现。在这十年历史进程中，着力加强和创新社会治理，全面推进社会建设，通过构建民生保障体系、完善社会治理体系、强化社会信用体系、健全公共安全体系、巩固国家安全体系，推动我国社会结构调整优化、社会文明进步升华，社会治理科学化、精细化、现代化明显提升，社会建设和社会文明达到新水平，拓展了符合中国国情、体现时代要求、顺应人民期待的中国特色社会治理之路。和谐社会建设、平安社会建设、信用社会建设、法治社会建设、健康社会建设、社会治理现代化建设成效更加显著。在这十年历史进程

中，社会治理理论重大创新和在实践中积累的宝贵经验，都为持续推进和拓展中国式社会治理现代化，以及为全面实现中国式现代化奠定了更加坚实的基础、提供了更加有力的保障。

四、贡献了人类社会治理现代化的新方案

进入新时代，中国日益走近世界舞台中央，不断为人类社会作出新的贡献。以习近平同志为主要代表的中国共产党人，以全球化视野和广阔胸怀，倡导弘扬全人类共同价值，倡导加强国际人文交流合作，坚持正确义利观，推动构建人类命运共同体，促进各国人民相知相亲。秉持共商共建共享的全球治理观，积极参与全球治理体系改革和建设，促进全球和平合作和共同发展。推动全球环境治理，加强应对气候变化国际合作，努力成为全球生态文明建设的重要参与者、贡献者、引领者。继续发挥负责任大国作用，共同创造人类社会的美好未来。充分展现大国担当，全面开展抗击新冠疫情国际合作，赢得了广泛的国际赞誉。特别是成功走出中国式现代化道路，创造了人类文明新形态，拓展了发展中国家走向现代化的新途径，为世界上那些企望在加快发展、推进现代化建设中保持社会稳定、保持自身独立性的国家和民族提供了全新选择，为人类社会贡献了中国智慧、中国力量和中国方案。

五、加强了党对社会治理领域的全面领导

在社会治理法治化领域全面加强党的政治建设、思想建设、作风建设、纪律建设、制度建设的同时，更加注重党的组织体系建设，推动党组织向最基层延伸，健全党组织领导的自治、法治、德治相结合的城乡基层治理体系，推动基层党组织全面进步、全面过硬。党中央修订了《中国共产党农村基层组织工作条例》《中国共产党党和国家机关基层组织工作条例》《中国共产党普通高等学校基层组织工作条例》，制定了《中国共产党组织工作条例》《中国共产党国有企业基层组织工作条例（试行）》《中国共产党支部工作条例（试行）》《中国共产党党员教育管理工作条例》。各级党委（党组）扎实推进城乡基层党建，切实解决国有企事业单位、机关、学校、医院等基层党建工作中的突出问题，着力补齐非公企业、社会组织等新兴领域党建工作短板，探索推进新业态、新就业群体党建工作。在新时代，各级党委的领导力不断增强，特别是基层党组织战斗堡垒作用突出，广大党员在疫情防控、基层治理大考中经受住了考验，充分发挥了模范带头作用。

六、出台《中华人民共和国民法典》（以下简称《民法典》）推进社会治理法治化

全面推进社会治理法治化是推进国家治理体系和治理能力现代化的必然要求，为新发展阶段构建社会治理新格局提供了强有力的法治保障。党的十八大以来，以习近平同志为核心的党中央十分重视社会治理法治化建设，社会治理法治化水平不断提升。其中，《民法典》的颁布是新发展阶段推进社会治理法治化的又一重大举措，具有里程碑的意义。《民法典》实施以来的实践证明，它是一部扎根中国大地、体现中国时代精神、为 21 世纪人类社会治理贡献中国智慧的法典。《民法典》的作用是基础性、全局性的，涉及每一个人和经济社会运转的方方面面。

（一）《民法典》始终坚持以人民为中心推进社会治理法治化

社会治理法治化只是手段，为人民谋幸福才是目的，没有人民的幸福，社会治理就失去了意义。《民法典》的根在"民"字，基在"为民"，归属在"民生"，它回应社会的关切、群众的关注，始终以增强人民的福祉为立足点，以使人民群众有更多公平感、获得感、幸福感为出发点，以充分保障民事权利为目标，坚持生命至上的理念，加强对人的全生命周期保护，从胎儿开始，到未成年人、老年人，直至死亡等，《民法典》对这些方面的利益进行全方位的保护。

"民有所呼，法有所应"，具体来看，《民法典》始终将以人民为中心的发展理念建立在社会治理法治化基础之上，不拘一格将人格权独立成编，构建了从财产到人身、从物质到精神、从生前到身后的多维度、多层次民事权利保护的体制机制，体现了对个人尊严更加规范有效的保护，彰显了人文精神。居住权制度有利于完善我国的住房保障体系，民法典通过建立健全居住权制度，保障住者有其房。有关"劳有所得、老有所养、幼有所育、弱有所扶"等方面的规定，更是体现了维护广大人民最根本利益的"为民"精神。"侵权责任编"则对产品责任、机动车交通事故责任等 7 大类侵权责任进行了详细的规定，成为保障人民权利、维护人民利益的"护身符"，为人民安居乐业、幸福生活编织了一张立体化的安全保障网，为社会治理法治化创造了广泛的条件。

（二）《民法典》以促进社会和谐有序为目标推进社会治理法治化

《民法典》植根于优秀的中华传统文化和法律精神，文化底蕴深厚。新发展

阶段在推进社会治理法治化过程中，《民法典》将"弘扬社会主义核心价值观"贯穿于社会治理的全过程，全面融入到民事法律实践之中，时刻体现关于生命无价、人格尊严、尊重隐私、英烈保护等精神和内容，充分发挥"德治"在社会治理法治化中的作用，推动着社会道德观念的进步，具有深层次的道德内涵、鲜明的价值导向，体现了依法治国与以德治国的有机结合。

《民法典》关于见义勇为免责、小区共有场所收入归业主、禁止高利放贷、守护"头顶上的安全"等规定既保护了各种善行义举，维护了社会公德，又打击了各种丑行恶举，惩治了社会不道德现象；既将道德作为法律的补充，利于道德手段解决法律难以解决的问题，又充分发挥法治作用解决了道德领域突出问题，维护社会的公平正义，实现了法治与德治的有机结合。同时，《民法典》的编纂由于有了人民群众广泛建言献策，其民意和民主立法精神、多元主体合作共治的理念得到了充分的体现，进一步促进了"共建共治共享"的社会治理格局的形成。

实践证明，《民法典》赋予和保障了社会主体广泛的选择自由，激励社会主体自治、自主、自律，实现治理效果最大化，促进社会和谐有序地发展，成为社会治理法治化的重要标志。

（三）《民法典》以全面建设现代化国家为支撑推进社会治理法治化

无论是社会治理法治化，还是法治国家建设，都必须服务于全面建设社会主义现代化国家这个目标。民法典实施以来，解决了许许多多与民生有关的长期难以解决的疑难问题，提高了人民群众的生活质量，又进一步促进了社会的和谐稳定，标志着国家治理法治化水平的全面提升，为全面建设社会主义现代化国家提供了强有力的法治保障。

比如，在推进国家治理体系和治理能力现代化的过程中，《民法典》为各级政府依法行政，特别是在规范公权力运行方面，引入了新理念，设定了新标准，界定了新边界，明确了新要求，这必将有力推动各级政府全面提升依法行政的能力。再比如，民法典的颁布实施加速了行政法的制定和修改，行政法是规范公权力的部门法，按照其要求加强行政法的立改废释，为各级政府、各类公职人员"把权力关进制度的笼子里"提供了法律支撑，为推进政府治理水平的提升，特别是推进社会治理法治化，提供了综合性法律服务。

第三节　社会治理创新法治化的现存问题

一、城乡社会治理创新法治化存在的问题

（一）城市社区治理法治化的问题

1. 社区治理法治化的功能发挥不足

当前有些社区治理法治化中，社区矫正工作，居民参与不足，社区矫正的执行主体定位不明确。在《中华人民共和国社区矫正法》未出台之前，根据原法律规定，公安机关享有社区矫正的执法权，承担对社区矫正人员进行监管、考察的工作任务。但实际工作中，社区矫正的执行往往由司法行政机关进行，公安机关只承担一些程序性的工作。司法行政部门由于存在着定位和有无执法权的问题，由其来执行社区矫正工作，难免有"名不正言不顺"的嫌疑。

有些社区在民事调解方面做得不到位，主要体现在民事调解的相关经费不足，以及民事调解的专业人员水平不足，缺乏专业的调解员，这使得社区在民事调解过程中缺乏专业技术为调解指导服务。

2. 社区治理法治化的资源投入不足

从现实来看，一些市政府并没有重视社区建设工作，在实践工作中暴露出的问题包括人力、物力投入不足，工作执行力较差等。在曾经的"单位制"解体之前，社区建设所需要的人力、资金等都是由单位来负责。但是当前"单位制"已经不复存在，社区建设陷入被动发展局面，缺少稳定的资源供给，这给建设工作带来不少的困难和挑战。

当前社区治理所需资金有以下几个来源：其一，上级政府拨款；其二，社会捐款；其三，社区在提供有偿服务过程中所赚取的费用。社会捐款和社区服务收费在社区经费收入中属于一小部分，并且此类收入并不稳定，无法保障社区治理工作稳定发展。一般而言，政府拨款相对较为稳定，虽然可以促进社区治理工作稳定落实，但是还需要进一步开拓多元化的经费来源。

社区每年可以从街道办事处获取经费，并将经费用于日常工作，确保各项工作能够稳定落实。当缺乏充足的发展资金时，社区建设工作进展效率低下，基础设施建设就会陷入停滞阶段，工作成效明显不足。特别注意的是，用于社区发展

的经费无法有效地落实到实际建设中。结合相关法律内容来看，法律明确指出社区居民委员会的财产应该受到严格保护。

例如，社区可以从街道办事处申请社区建设经费，并且针对特殊建设工作可以申请额外的专项资金。但是专项资金申请需要达到相应的条件，并且经由相关部门进行层层审批，只有达到相关要求才可以批准认可。但是由于存在对社区项目建设不重视的现象，专项资金申请工作面临严峻的挑战和压力。此外，一些社区自治组织缺乏良好的自治意识，在申请专项资金过程中并没有充分发挥主观能动性，严重影响工作效率和成果。一般来看，都是上级对下级政府提出社区建设要求，然后给予一定的资金扶持，帮助社区完成建设工作。但是此类社区建设项目并未都能反映社区居民的意愿，有一些项目不符合社区实际发展需求，同时占用了大量社区优势资源，不利于实现可持续发展。

3.社区治理法治化法律法规保障不足

（1）城市社区治理立法体系滞后

社区治理法治化所追求的是用法治化手段维护社区居民的利益，在基层社区治理矛盾日益多元化的今天，也对社区立法提出了新的要求，需要社区立法涵盖社区环境建设、基本公共服务配套设施建设、社区医疗建设、社区教育建设、社区治理队伍建设、社区经费保障等多个方面，然而纵观现行社区立法，所涉及的调整面还过于狭窄，立法调整范围出现缺口。一些社区治理法治化进程中的软法过多。软法与硬法相比，因为其具有灵活性、互动性、柔韧性等特征，促进了法律进一步实施，强化了法律的正当性，但是软法并没有国家强制力保障，法律位阶欠缺，权威性不足。尽管社区治理法治化在改革层面上有了相当大的进步，但与之相对应的立法工作仍旧落后，立法工作的滞后使得在实际操作中的很多做法缺乏法治保障，无法无据。

（2）城市社区治理法治化的理论不完善

理论体系的不完善造成了国内社区治理的立法依据比较匮乏。首先，城市社区相关的法学理论研究不论是深度还是广度都比较欠缺，导致相关立法缺乏理论依据，没有扎实的理论依据来支撑城市社区的法治建设工作。其次，我国现有文献资料当中结合当代的法治化特征来探究城市社区治理理论问题的并不多，大多数专家学者都是介绍和引进国外先进的城市治理理论，但我国国情以及各省市的实际情况都有很大差异，导致这些理论研究成果和经验教训无法生搬硬套进来，也就很难有效指导实践工作。这就要求我们必须立足于我国国情和各区域的实际情况来对城市社区治理法治化的相关理论知识进行深入探讨。城市社区治理法治化的理论不完善在部分社区治理过程中被充分体现，虽然目前一些城市在城市管理、社会治安、矛盾化解等社会治理领域的法律法规较为完善，但在党建引领、业主自治、居民参与、社会组织等第三方力量参与社区治理方面则更多依靠政策文件的引导，相关的正式法律法规仍有待健全。

（3）城市社区治理法律法规执行效力不高

目前，我国关于城市社区治理的法律规范很少且规定空泛，不易操作，因此很多地区就制定了地区性的法规。这其中最常见的形式就是政府规章条例，然而这些条例在实际执行时效力不高，直接导致出现较多违背法规的现象，但被追惩力度较低。另外，我国宪法所规定的居民自治制度在实际操作中并未得到很好贯彻，我国大多数城市社区居民委员会在选举时往往流于形式主义。有关资料显示，在基层居民委员会换届选举中，社区居民委员会的直接选举覆盖面为20%，其余80%的居民委员会都是通过户代表和居民小组选举产生的。这一方面反映出我国城市居民的民主参与意识还不强，另一方面说明了这一制度在实际操作中的法治执行效力较低。

良法乃善治之前提，完备的城市社区治理法律规范和自治规范是社区治理法治化的前提和基础。每个社区发展情况不同，社区治理自治规范是否完备暂且不论，但国家层面的社区治理专项法律规范并不完备。

我国现有的社区治理法律体系从表面上看以《宪法》为原则性规定，以《城市居民委员会组织法》为基础性规定，由中央到地方的各类规范性文件从上至下构成层次清晰的法律框架。但实际上，上述两项规定均为原则性规定，在处理具体案件时，不能充分参照法规，这给法官判案带来了一定困难。在法律运行的过程中，立法乃首要性、关键性之环节。法律制定关系到法律关系的调整、社会秩序的维持以及公民权利的保护。因此，制定便于操作的专项法律规范对于社区治理来说至关重要。我国现有的关于社区治理的规则条款多以政府或相关部门出台的意见、办法为主，从我国法律体系的效力来看，宪法具有最高效力，其次是法律，然后是行政法规、行政规章等。因为行政规章效力不及法律，所以在处理社区治理问题时，现有的行政法规、部门规章往往缺乏执行力，导致从表面上看我国具有多项对社区治理关系进行调整的规范制度，但实际上无法可依，对社区治安工作造成影响。作为社区治理的专项法律规范，应当加快出台。

4.社区治理法治化缺乏自治规约的制定

我国社区治理的特点决定了社区治理法治化的制度应该多样化。社区遍布全国各地，但各地的法治发展情况不能一概而论，如果国家就不同社区的情况以法律的形式统一规定，就会使法律规定与具体情形不相适应，法律的运用过程会出现困难。因此，只有具有多样性、多效力位阶的法律制度，才能形成适应我国国情的社区治理法治体系。在现代基层治理中，国家运用法律进行宏观调控固然重要，但依靠国家强制力保证实施的法律对所有社会关系进行调整不再必要。社会公共治理基础是公民社会，在社会公共治理中，代表国家进行治理实践的政府是有限政府。当前社会，社区治理的法律规范多样化，就需要弱化法律规范的国家性，制定非国家强制力保障实施的软法。软法依靠社会组织或社区居民自律机制进行，因由当地居民就当地情况制定，因地制宜，更能适应社区背景，不会出现水土不服。

软法亦法，亦有其独特之处。相比国家层面的法律所具有的强制性、稳定性，软法更具灵活性，更能够反映基层公民的诉求；相比国家层面的法律更大程度上保障公民消极自由，软法更侧重保障公民积极自由，更多地关注公共福祉；相比国家层面的法律强调不同法律间、法规间的法律效力位阶，软法更加侧重于不同的规定间的协同性；相比国家层面的法律强调国家权力的运用，软法更侧重于公民间的协调自治；相比国家层面的法律强调法律效力的实现，软法则更加重视法律实效……对于社区法治化治理，应当以社区的实际需求为依据，制定符合社区治理需求的自治规约。

目前，大部分社区都没有属于本社区的自治规约，社区治理只能依靠国家层面的法律，这在一定程度上说明，群众在社区治理法治化的过程中的参与度还不够。居民是社区治理法治化建设过程中不可或缺的主体，社区治理的任何方面都涉及社区居民的切身利益，只有提高社区居民参与意识，使其认识到自身参与社区治理的必要性，社区居民才有可能参与到社区治理当中，才有可能为了自身利益与社区公共利益制定自治规约、制定软法，社区治理法治化程度才有可能加深。

目前，只有少部分社区引导社区居民制定了用于社区自治的自治规约。在仅有的制定自治规约的社区中，有一个社区将自治规约的具体内容镌刻在一块平整的大石头上，并将石头放在社区门口的正中间，只要出入小区，都能看见该约定。但该约定似乎形同虚设，并没有社区居民严格遵守约定内容，也没有用过该约定解决居民纠纷。法律的生命力在于实施，只有条文没有运用，法律相当于一纸空文。只有社区居民制定的关于本社区管理的软法得到遵循、得到适用，软法才具有生命力，社区治理法治化建设才有意义。

5. 社区治理法治化理念不深入

造成社区治理法治化宣传不到位的原因主要是社区治理法治化理念不深入，城市居民没有形成统一的思想理念。政府作为社区治理中的核心主体，充分掌握大部分的社会资源，对社区事务往往习惯采用行政力量进行管制和控制，法治化理念较为缺乏。同时，社区社会组织发展不充分。社会组织在建立和发展过程中受到严格的资格审查及数量控制，一定程度上导致社区社会组织无法形成一套自我发展、自我管理、自我约束的内在机制。社区居民在日常的社区生活中依赖于社区对其提供的公共服务，但社区居民对涉及社区建设的事务普遍缺乏关心。对于所在社区的重大事项和重要决策也缺乏表达和参与热情，主动参与社区建设的积极性普遍较低。

6. 社区治理行政化倾向明显

政府将自身职能向社区自治组织转移，居民委员会演变成了行政部门，致使其不得不花费大量的精力与时间来完成行政机关部门所下达的任务，缺乏自治性，这就是社区行政化。结合我国现阶段的管理机制来看，政府和居民委员会是城市社区治理的两大主体，不过国家法律并未就二者的职能与角色进行明确界定。《中华人民共和国城市居民委员会组织法》明确规定，政府应当指导、支持和协助基层群众性自治组织——社区居民委员会的工作。但该规定并未明确指出在城市社区治理当中，社区居民委员会与政府所扮演的具体角色及各自所承担的职能。所以，在我国当前的城市社区治理当中，主要呈现出以下特征。

首先，社区行政化程度高于社区自治化程度；其次，在社区治理当中，政府更多的是扮演"领导者"的角色。绝大部分政府都在无形当中将社区居民委员会看作政府的一个下属机构，许多本不属于居民委员会的工作也被分派给它完成，导致居民委员会的工作量与负担不断加重。虽然国家先后出台了一些规章制度来鼓励社区自治，但各级政府依旧没有改变其观念，实践当中还是会向居民委员会分派许多任务。另外，政府拨款是我国城市社区治理的主要资金来源，居民委员会并未享有独立的财政权，这也是我国居民委员会难以实现自治的一个重要原因。

应明确政府主体的职能范围。当前我国在社区治理当中主要采用的是"包办型"政府的粗放型治理模式，占据主导性地位的依然是政府。同时，治理行政化倾向问题较为严重，"小政府、大社会"的建设理念严重缺乏，政府对社区的服务性引导功能明显不足。

一些社区存在较为突出的社区治理行政化问题。实现社区依法自治是社区治理法治化的核心内容，这就要求我们要结合有限政府理论来不断强化社区依法自治，将社区治理行政化倾向逐步减弱。但实际情况并非如此，在社区治理当中，政府大多习惯以行政指令的方式来干预或主导社区治理工作，这不利于社区治理法治化的形成。例如，在社区居民委员会换届选举当中，有人提前告知居民要选哪一位候选人，明确指出哪些候选人是政府委派的，如果选了这些人就可以获得礼品。当前，我国城市社区从人事到财权都受到政府制约，导致居民委员会很难参与到社区治理当中来。通常情况下都是由政府通过行政指令的方式来向居民委员会传达任务目标，如此一来，居民委员会也就成了执行上级机关行政指令的工作组织。

7.社区治理法律服务机制不健全

目前，部分社区法律服务提供情况较好，在社区内成立专门的队伍，收集社区居民诉求，对居民间的纠纷进行调解。纠纷调解不成功则为社区居民提供救济渠道，可直接或间接向司法局反映。但也有一些社区因服务目标不一致，提供服务的内容不尽相同，所以为社区居民提供的法律服务比较欠缺。

在社区治理法治化的建设中，政府应当起主导作用，尤其是在提供公共服务方面，政府应当承担把控全局、完善配套设施的责任。在基层治理中，社区居民之间的矛盾几乎是平等主体之间的人身和财产矛盾，多为民事纠纷，纠纷类型多是生活矛盾，劳资纠纷和经济纠纷较少。对于涉及金额巨大的商事纠纷和严重危害社会安全的犯罪行为来说，社区居民间的纠纷可谓"小打小闹"，通常是因为居民的口头之争或一时情绪引起的，只要处理得当，就不会进入诉讼程序。因此，如何把社区居民之间的矛盾"就地解决"就非常重要。除了诉讼，调解和仲裁也是解决纠纷的方式，基层政府可以根据不同社区的法律服务需求，设置包括调解和仲裁机构在内的多层次法律服务体系。但现实情况是，社区居民之间发生矛盾，除了动静特别大，引起社区居民大量围观，居民委员会不得不出面调解的情况，其他大部分纠纷都是任由居民争吵，没有第三方介入调停纠纷，矛盾一直存在，经过长时间的发酵愈演愈烈，最后导致调解无效，只能上升到诉讼层面。发生矛盾纠纷后，不能及时提供法律救助服务是建立社区治理法治化体系面临的难点。只有构建和完善多层次的社区法律服务体系，才能及时解决社区居民之间的纠纷，才能将矛盾"就地解决"。

社区法律服务体系需要靠社区法律服务队伍支撑。十八届四中全会提出要加强法律服务队伍建设，其中专门强调欠发达地区和基层的法律服务队伍建设，须弥补这些地区存在的资源欠缺。在当前的社区治理中，因为社区属于基层，工作人员素质参差不齐，多从事综合性管理工作，法律专业工作人员少，至今没有专门的法律服务队伍。随着全面建设法治国家观念的普及，以及全社会普法工作的展开，社区居民的法律素质不断提升，这对当前社区治理法治化提出了挑战，建立专业的社区法律服务队伍已经迫在眉睫。与建立社区治理法治体系相同，社区法律服务体系的建立同样需要政府起主导作用，政府可以通过考试选拔法律专业人才成为社区工作人员，专门从事社区治理中与法律有关的事务；可以出台相关政策，建立起律师、法官、法律工作者对社区的一对一帮扶队伍；还可以招募具有法律专长的志愿者，对解决社区居民纠纷提出方案。

社区居民在对社区法律服务队伍的建立有需求时，政府不应只重视队伍的建立问题，还要保障法律服务队伍建立后的质量。我国法治水平不断提升，社区居民对法律服务的水平要求较之前也大有提升，对法律服务的种类要求也有增加。政府为了保障法律服务队伍质量，应当充分了解社区居民需求，制定法律服务清单目录，按照居民实际需要提供服务。当今社会是信息化社会，网络信息技术近几年飞速发展，对法律领域、社区治理领域也有影响。我国东部经济发达地区在农村公共法律服务方面应用互联网技术大大增加了公共法律服务辐射区面积以及覆盖面的广度和深度。

目前，少部分社区设置了一体机，社区居民可以在一体机上操作，向司法局提交诉求，但也仅限于此，该设施没有其他诸如法律文书查询、预约办理公证遗嘱等功能，设施可用功能少，不能满足社区居民进行法律活动的需要。按照我国信息技术发展情况看，基层社区并非不具备在法律服务领域进行信息化管理的条件，而是没有重视网络技术平台在社区治理法治化建设中能够发挥的优势。重视社区法律服务队伍建设质量，开辟多条路径保障社区居民向专业法律人士寻求救助，才能促使社区居民矛盾"就地解决"。

8.社区治理监督体制不完善

社区治理法治化建设应当突出四个关键词，即法定职责、法律义务、法律授权、权力监督。在社区治理中，行政人员身处基层，虽然有相关的法律规定对其权力行使进行规范，但仍然存在滥用权力的情况，或者不严格按照法律规定履行其职责。因此，社区治理需要对基层行政人员的工作情况进行严格监督。

在社区事务管理中，群众是社区治理主体，其对社区治理情况进行监督更方便、真实、有效。因此，应当在基层行政人员权力行使时加强法治渗透，配合全程法律监督。这要求社区工作人员严格遵守法律，在法律允许的范围内行使权力。从具体行政行为和抽象行政行为来看，社区属于基层，具体行政行为与社区居民的权利义务关联大，多数纠纷也因此产生。检察机关的监督是我国法律监督体系中的重要组成部分。在社区治理实践中，检察机关的监督重心落在社区矫正上，旨在提高社区矫正人员的法律意识，防止其在矫正期间又犯新罪，但对街道办事处中从事国家公务的工作人员监督较少。

（二）乡村治理法治化建设存在的问题

1. 乡村传统治理法治化欠缺

我国进入新时代，乡村治理处在转型时期，乡村发展的机遇与挑战并存，传统乡村治理体系存在过时、空白或缺失、新法与旧习之间的矛盾。这就使得传统乡村治理的模式和地位受到了挑战和质疑，认真分析并挖掘传统乡村法治治理体系存在的问题，既是找出问题、发现病症的过程，也是解决问题的过程。

（1）乡村风俗习惯根深蒂固

当下乡村治理要想建立民主政治，推动基层治理的变革，进一步彰显新时代法治优势，就亟须解决存在的新问题，首要的便是传统乡村风俗习惯与国家制定的法律法规之间的矛盾与冲突。主要表现在以下两个方面。

一是国家制定法的乡村法律效力呈现衰减趋势，国家法的一些规定在乡村不能实现。这些现象在乡村传统风俗习惯中显而易见。例如，在对待红白喜事的处理方式上，国家提倡丧葬移风易俗，但一直难度很大，成效甚微。从法律上来看，婚姻要有国家承认的结婚证来维护其合法权益，但是在乡村只有婚礼仪式才能证明两个人真正结婚，才能得到邻里认可。这种情况尤其在偏远地区常见，至于是否领证，则较少有人关心。这就导致了少数夫妻把婚姻当儿戏，甚至存在为了离婚而补办结婚证的笑话。

二是国家制定法与乡村风俗习惯虽不违背但未充分结合，同时存在两者认可的标准原则不一致。例如，儿女不赡养父母，这已经触犯了法律，但在部分乡村，有些地方竟只将其看作是一种道德败坏的行为加以指责，较少寻求法律援助和解决，这在一定程度上造成了乡村社会治理结构上的混乱和失序。法律制度的生命力一定要适合人的发展，在人的可接受范围之内才能具有现实意义。但目前国家法在制定过程中存在对部分乡村风俗习惯的思虑不周，乡村存在两套原则标准并行的局面。虽然两者并不违背，但存在日趋分离的倾向，这使得国家法难以在乡村获得市场，脱离了乡村治理的价值逻辑、思维理念、乡土基础、运行方式的一整套规则秩序。虽然国家制定法和乡村风俗习惯在法的效力上来说，前者是

1，后者是 0，但是在乡村事物处理中未必如此，因而在处理乡村传统风俗习惯和国家法的冲突时，存在一些不切实际的做法，将乡村看成无能为力且消极被动的直观受体，并将国家法与乡村风俗习惯两者割裂开来，孤立静止地看待两者之间的关系，这就造成了传统乡村治理中，乡村固有习惯与国家法的矛盾与冲突。

（2）乡村传统法治条件落后

经济条件落后使得村民法治道德水平的提高受到了限制，这严重制约了乡村自治和德治效能的发挥。传统乡村治理法治缺失、人地矛盾突出、城乡二元体制对立、利益诉求无法保障等现象都发生了剧烈变化，人们的追求从吃饱穿暖的本能需要，发展到要挣更多金钱的物质欲望需要，再到追求高质量的精神生活需要，即对美好生活有了更高的新向往。传统乡村法治的不成熟与乡村社会结构有密切联系，这些制约乡村法治发展的因素既有来自经济层面、思想文化层面的，还有来自不健全的法治制度层面的，但最为要害的是经济层面的。一方面，乡村传统经济落后是制约乡村法治发展的最大障碍。十九大报告指出了我国发展最大的不充分在农村，而乡村发展的中心要以经济建设为中心，乡村的弊端就在于经济发展落后。物质资料的生产是法治建设的前提条件，经济成为制约乡村法治发展的关键因素。另一方面，乡村法治建设的根基薄弱，村民的法治教育缺失。与此同时，随着经济水平的逐渐提高，村民的法治需求就更迫切，传统的灌输式教育已不再适应乡村发展新的情况。村民自身的文化素养和法治条件的缺失都是造成乡村法治不健全、出现缺陷的重要原因。经济条件的落后势必会带来法治基础设施的落后和不完善。乡村由于其所处的特有地域，使得其法治教育基础设施落后，法治教育缺失，尚未形成乡村治理的常态化机制。

（3）乡村传统治理法治短缺

中共中央于 2020 年 12 月印发的《法治社会建设实施纲要（2020—2025 年）》再次强调了要坚持法治德治自治相结合。基层群众自治是我国社会主义民主政治的基本形式，德治是中华民族的优良传统美德，乡村社会由于具有熟人社会所特有的淳朴乡土性，即睦邻友好，家庭和谐，从而呈现出了一派繁荣和谐的局面。但是这只是在不牵涉利益情况下的高道德。在新时代的背景下，经济快速进步和发展的同时，也带来了较多物质经济利益纠纷，需要法律制度这个上层建筑去适应乡村经济的发展。自我国社会主要矛盾发生转变以来，随着乡村经济水平提高，对相应的政治、文化、法治的要求也越高。但现实中，部分农村思想观念依然比较落后，新的思想文化传入受阻，信息相对来说比较封闭，文化基础设施建设还不到位，这就导致村民的法治观念意识淡薄，使得自治和德治缺乏保障。

乡村治理法治化观念淡薄主要表现在以下两个方面。

第一，领导干部的文化素质不高。由于乡村剩余劳动力外出务工，待在乡村的青壮年劳动力很少，这就使得地方党员干部存在普遍年龄偏大，法治水平良莠不齐，其中受过教育的少之又少，文凭以初中甚至小学居多。他们对民主法治政策了解和学习知之甚少，更做不好上传和下达。许多时候根据固有经验，缺乏创新和开拓进取的精神。这使得乡村法治在治理上产生漏洞，使得自治和德治在治理层面缺乏保障。

第二，乡村缺少法治建设。乡村法治教育离民众较远，人力宣传不到位，村民的民主法治意识较低，一般对法治的理解是制裁坏人。在农村偏远落后地区甚至不用、不懂法律可以解决问题，将法律看成所谓高大上的存在，学法懂法知法，仅仅是口号。虽然有些乡村举办过法治宣传，但村民的法治教育，因语言、场地、时间等限制，频次很有限，因而对村民的法治意识提高也较为有限。这就使得在乡村法治实施执行时，不能保障自治主体权益和道德的发挥，并且不管在形式上还是内容上，都只是一味地灌输，没有很好地做到因材施教，因而难以发挥有效启发民智的作用。法治在村民自治过程中就会出现德治与自治无法保障的局面。

总之，矛盾无时不有，无处不在，乡村治理存在的法治缺失问题也在不断地发生变化，看问题时要抓住法治这个主要矛盾的牛鼻子。乡村治理过程中存在法治治理缺位，法治价值观丧失，法治运用受阻等问题，抑制了乡村治理法治体系的建立，从而制约自治、德治以及法治的有效配合，人为割裂和分开，难以有效发挥自治、德治以及法治的最大合力。

2. 乡村事务执法不规范现象多发

完备的乡村社会治理法律体系不仅仅包括健全的法律制度，正确规范的执法更是法律得以落到实处的重要环节。我国乡村社会人口基数大、执法人员素质偏低等原因导致近年来乡村社会粗暴执法现象时有发生，这就需要我们结合目前乡村社会执法的现状，深入探求执法不规范背后的原因，从而提出改进乡村事务执法水平的措施。

（1）乡村办事人员依法办事素质较低

我国乡村办事人员的主体构成为乡镇政府及县政府相关部门的派出机构，办事人员力量相较于数量繁多的农村事务来说非常薄弱。首先，在人员素质上，乡村办事人员普遍学历偏低、规范意识不强，他们往往对于法律规定和法律常识的认知非常有限；其次，在办事方式上，乡村办事人员的思维大多停留在直接执行上级命令，往往采取扣留、罚款等简单粗暴的行政手段，经常出现滥用、误用执法权的情况，容易引起农民的反感和抗拒。近年来，办事人员依法办事素养较低导致的执法纠纷越来越多，"权力滥用""暴力执法"成为常见新闻词汇。乡村土地拆迁就是最容易发生矛盾冲突的领域，由于征地拆迁补偿标准不明确、拆迁流程不规范，部分被拆迁地区的农民往往采取拒绝沟通、拉横幅抗议、静坐等行为，但是，部分执法机关和办事人员并没有按照法律规定进行引导劝解和协商，反而采取了简单粗暴的强拆等违法行为，这导致农民人身、财产安全受到伤害。

（2）乡村事务执法经费难以充分保障

根据我国行政体制，基层执法单位的经费由县级财政负担。但是，乡村执法的经费往往不在当地县级政府财政预算范围内，因此执法经费不足。据统计，全国近400个县、乡、村综合执法机构中，基本由财政全额拨款的约占20%，完全自收自支的约占10%，70%的状况是财政只给人头费，不给执法经费。在没有固定执法经费投入的情况下，要想维持基本执法需要，政府就只能选择一些快捷粗暴的执法方式，同时，进一步减少执法人员的数量，降低执法人员的待遇，招聘薪资要求低的执法人员。因此，没有充足的财政资金为乡村事务执法提供基本保障，难以打造一支高素质的执法队伍，优化乡村事务执法方式更是一句空谈，这在一定程度上形成了一种恶性循环。

（3）乡村事务执法监督机制不健全

良好的执法体系离不开强有力的执法监督，但是，我国乡村事务的执法监督机制不健全，监督力量薄弱。根据我国的行政体制，政府的监督机关是同级司法机关和人大机关，但是，乡镇政府工作人员有时甚至一人兼多职，实际职责权限划分不明，再加上各种利益纠葛，"官官相护"的现象时有发生，难以对公权力的行使形成真正的监督。广大村民和农民组织是执法行为的接受者，理应是政府执法行为的最大监督者，但是，在实际乡村生活中，只有自身利益受到损害时，农民才会选择维权，采取上访的形式对执法行为提出质疑，以此行使自身的监督权。另一方面，农民受传统"顺民"思想、明哲保身心理和权利意识淡薄等因素的影响，加之对于行政机关的"畏惧"心理，也很难对执法行为发挥真正的监督作用，近年来，乡村兴起的合作社等联合自助组织多数是经济合作方式，也难以发挥执法监督作用。

3. 乡村治理涉农立法、司法和执法缺乏连贯性

"法律是治国之重器"。阻碍乡村治理法治化道路的第二个主要因素是涉农的立法、司法和执法缺乏一致连贯性建设。乡村治理法治化建设是一个系统复杂的

工程，既需要立法、司法，也需要执法，三者有机统一于中国特色社会主义的乡村法治治理实践之中。只有这样，才能真正做到有法能依、执法必正、违法必查。

（1）乡村涉农立法不足，出现法律盲区

"巧妇难为无米之炊。"法运行的首要前提是有法。法的制定是法治运行过程的龙头环节，在乡村的法治建设中，立法的缺失或者说法律空白也是阻碍乡村法治进程的重要原因。城乡发展的不协调、不平衡也体现立法的差异。乡村出现涉农立法不足、法律盲区，究其原因有三个：一是不同地区存在差异，立法存在一刀切的局面。过于的整齐划一，就忽视了实际情况和实际操作的现实问题。乡村忽视区域差异、教条主义导致立法的过程出现了较多问题，将一地成功的治理经验，生搬硬套地复制到其他地区，这些与法治的实用性原则是相违背的，导致"橘生淮南"的窘境。二是乡村原有法治水平较低，制约乡村社会发展。法治与经济、政治、文化等发展相脱离，未能与时俱进地产生相适应的法律。乡村农业税的取消，极大地释放了乡村经济活力，减轻了农民负担，促进了乡村社会的发展。尤其是党的十八以来，乡村社会发生了巨大的变化，对法律的需求大幅上涨，这就在数量和质量上对法有了更高的要求，但原有的关于乡村的法律难以满足发展的需要。同时，关于乡村的法律较为粗糙，过于笼统，缺乏精细化。三是随着乡村经济的大幅提升，新时代乡村出现一些法律空白。乡村市场经济出现新问题，虽然法律的产生和更新换代需要一定的时间，但部分地方未根据实际情况具体问题具体分析，而是一味机械地等待成熟再制定，这也进一步导致了法律盲区的出现。

（2）涉农司法宣传不够，存在宣传遗漏

司法运行是解决纠纷、化解矛盾的过程。作为乡村司法建设的一个方面，乡村司法宣传工作至关重要。涉农的乡村法律宣传作为法的运行过程的中间环节，在立法和执法中起着承上启下的关键作用，涉农司法的宣传好坏，甚至直接制约法的效能发挥。

首先，任何法的制定与生效一般会有一段时间的间隔，这段时间就需要做好司法宣传。但是，由于乡村地处偏远地区，距离县法治办、司法局、人民法院等较远，地域问题造成"交通不便，传播受阻"等障碍，加之司法工作人员数量的有限性和不集中性，使法在宣传过程中存在外在条件的缺失和不足。

其次，审判过程和场所离村民较远，未能达到审理一案，教育广大村民的目的。部分乡村缺乏司法教育，司法机构和司法人员距离乡村较远，也直接造成了乡村司法教育的先天不足。乡村法律的制定一般都是通过法律文件的形式正式发布的，将文件精神和内容直接传送下发到乡村。很多时候，乡村法律工作人员只是自己看看，而不是去做推广和宣传。由于文件印发数量的有限性加之农民多半文化素质不高，这就让法律制度、法治理念在宣传中中断了其本应在村民生活中发挥的作用。

最后，乡村司法宣传的方式方法单一，收效甚微。部分乡村的司法宣传工作多依靠大喇叭通知、召集村民开大会的形式，这种好处是醒目，但是不足之处有二个：其一是容易照本宣科，群众不知所云，缺乏与民众之间的有效沟通和交流，也缺乏针对不同对象因材施教。例如，对待老幼和青壮年应采取不同方式。其二是容易与民众产生距离感，将法治宣传活动当成一种形式主义，人民也容易将其当作看热闹，并不能充分调动群众学习法律的积极性和主动性，这就使人民对法律缺乏信任和理解，容易将其束之高阁，看成遥不可及的东西。

（3）涉农执法观念落后，未能与时俱进

"法律的生命在于执行"，法律的执行是法的核心环节，乡村涉农法律的公正执行是法运行的最终结果，也是全面依法治国的重点和难点。由于乡村法律在立法和宣传上存在问题，因而直接制约第三个环节的发展，造成了乡村执法观念落后，未能与时俱进。其不足主要有三个方面：第一，部分乡村执法人员选择性执法。执法过程中存在不到位和选择性考量的空间。因乡村基层执法人员多为本地人，容易造成一种人情、血缘、家族、地域、亲疏、远近等关系网格，这就导致在执法的过程中可能出现选择性执法。第二，部分执法人员法治意识落后，尚未从管理向治理和服务转变。党的十八届三中全会提出了治国方略由管理到治理的转变，虽仅一字之差，执行起来却是千差万别。执法的监督体制机制不健全，一些执法人员法治意识淡薄，未能更好树立为人民服务的意识，法治执行的公平公正性受到侵害和威胁。第三，乡村基层涉农执法人员法治素养较低，法治水平有限，进一步导致执法效能发挥受阻。乡村基层执法人员缺乏相应的定期培训和监督，使其法治观念落后，未能紧密结合实际与时俱进。

4.乡村纠纷案件司法渠道不畅

在我国这个农业大国中，乡村熟人社会的特点导致了农民对诉讼的天然排斥，相较于针锋相对的法庭阵容，农民更加倾向于选择强调以和为贵的调解方式来化解矛盾。但是，随着乡村人口流动性的加大，熟人社会也在逐步走向瓦解，农民的诉讼需求也在不断增加。因此，只有正视当前乡村社会治理法治化过程中面临的法律人才不足、司法成本过高等问题及其原因，才能为乡村社会治理司法水平的提升提出切实可行的建议。

（1）乡村社会法律人才状况仍需改善

我国的司法机关一般是指法院、检察院，具体到乡村，法律人才主要是指检察所、派出法庭的工作人员和律师。改革开放以来，我国大力培养律师、法官、检察官等各类法律人才，法律人才的培养和教育是党和国家一直以来的发展重点，从律师事务所的数量来看，基层律师事务所占比已经超过一半，在经济相对较为发达的山东省，乡镇法庭数量已经占到人民法庭总数的三分之二。基层法律机构数量的增长势必会使乡村法律资源增加，但是，只有数量的增长还难以反映乡村法律人才的真实情况，乡村司法人才体系仍存在着人员配备不到位、结构不合理的问题。

（2）诉讼成本过高导致农民"不愿诉讼"

诉讼是解决矛盾纠纷和利益冲突的重要手段，但是在我国乡村，诉讼手段的应用率较低，大部分村民认为诉讼"高高在上"，并不贴合农村实际社会需求。这是因为村民的诉讼意识薄弱，对于诉讼普遍感觉陌生，更重要的因素是诉讼成本偏高，诉讼过程烦琐复杂，对诉讼缺乏信心，导致其不愿采取诉讼手段解决问题。以农民工讨薪问题为例，首先要由劳动仲裁委员会进行仲裁，时间为三个月，如果对于仲裁结果不服的，可以向法院申请诉讼，其中，一审加上二审，再加上执行，期限为一年半。如果是工伤，还有可能需要起诉劳动部门，一审加上二审，时间要再延长半年。也就是说，即便没有工伤纠纷，讨薪诉讼时间大致也需要 21 个月，如果是带工伤纠纷的讨薪诉讼，时间就会延长至 29 个月，如此耗费大量时间、精力和金钱的司法诉讼，不到万不得已，农民是不愿意选择的。

（3）乡村社会整体法律意识有待提高

近年来，虽然国家一直在大力推进普法工作，但是从乡村实际情况来看，法治教育收效不大。首先，乡村人口的流动性加大了普法的难度，农民外出打工频繁导致人员流动性增大，政府组织的集中式普法教育宣传活动难以真正落实；其次，法治意识薄弱致使乡村普遍不重视普法工作，普法活动很多时候只是流于形式。在乡村，只有在其他问题解决方式失效的情况下，农民才会采取司法手段。面对矛盾和利益纠纷，农民选择司法诉讼的比例比较低。即使采取司法诉讼，农民也没有足够的精力、能力和财力去保护自身的合法利益。加上国家对于乡村的司法援助力量弱，导致了农民对于司法诉讼产生"望而却步、敬而远之"的态度；最后，经济发展不平衡加大了乡村普法难度。虽然我国已经实行改革开放四十多年，城乡经济有了实质性的发展，人民生活水平有了明显提高，但是城乡发展差距仍然较大，部分乡村地区经济发展缓慢、交通和网络通信不够发达，甚至部分乡村地区仍然挣扎在温饱线上，农民忙于农业生产或打工挣钱，没有精力和意愿去学习了解法律知识，这使得普法教育无法普及每一个村民。

5. 乡村治理法治化主体单一

传统型一元主导的单一治理体系，难以适应乡土逻辑的转变。乡土社会出现多元化，即"地域多元化、群体多元化，乡村政治空间出现了权力多元化、利益多元化"。主客体多元化的出现，倒逼单一的乡村治理格局做出调整和改变，也进一步增加原有治理主体的压力，使乡村多元化治理主体之间的矛盾和问题进一步激化。

（1）部分乡村基层党组织认知不足

乡村基层党组织是中国特色社会主义事业和乡村基层工作的领导核心，在乡村治理发展中起着战斗堡垒的重大作用。全面依法治国的实现是广大劳动人民在乡村基层党组织的领导下，依靠法律对乡村经济文化社会事务进行治理，保障乡村各项工作平稳运行。但是，目前部分乡村基层党组织的法治认知不足，尚未有效发挥其领导核心作用，究其原因有三个，一是部分乡村基层党组织未能密切联系上级党组织，使乡村法律效力发挥不足。乡村基层党组织作为法治的引领者和带头人，在将社情民意对法律的需求向上级党组织传达的过程中，法治实践存在遗漏和不到位，这使得法治引领出现冷场，出现群众不热心参与和支持度低下的窘境。二是乡村基层党组织对法治权责不明晰，缺乏法治专业人才和队伍，导致未能发挥先锋模范作用。乡村基层党组织带领人民进行新时代乡村治理法治化建设，事情多、任务重，进一步造成了分工不明确，加之乡村法治专业化水平整体偏低，难以高效地发挥法治效力。三是在法治实践中，乡村基层党组织的法治落实和监督不足。在领导乡村治理时存在部分空喊法治口号、法治实践较少、监控不到位等现象，这就进一步制约了乡村的法治化建设。

（2）乡镇基层政府职能定位不准

新时代乡镇基层政府在乡村治理中扮演重要的执行者角色，对法律在乡村的应用有很大的发言权。近年来，乡镇基层政府的执法能力不断提升，执法效果显著增强。但也因其职能定位不准，存在一些制约法治执行效率的问题。

第一，部分乡镇政府由管理管控型向治理服务型职能转变滞后。时间较短、变化较大，在转型中容易引发各种矛盾和问题。乡镇政府以前向农民"要钱要粮"的职能消失，使部分乡镇执法人员无所适从，在执法过程中虽然服务为民，内心却不大认可，法治觉悟较低。

第二，乡村基层政府执法过程方式方法选取不当，忽视为人民服务的既定宗旨。执法过程中存在部分消极执法或者不作为执法等行为，这让民众对乡镇基层政府部门产生了极其不好的印象，甚至会激化政府与村民之间的关系，不利于村民对乡镇政府执法的理解和认可。

第三，乡村基层政府执法人员专业水平有限，尚未健全奖惩机制。乡村基层执法人员大多是年龄较大的本地人，知识更新较慢，对法律了解较少，造成了乡镇基层政府执法工作不力。乡镇基层政府由于经济资源等物质资源较为匮乏，在法治基础设施建设和权力问责等方面不健全，这也是造成执法效力下降的重要原因。

（3）村民委员会法治建设不够

村民委员会是乡村基层民众管理乡村社会事务的自治组织，但新时代乡村法治实践出现了新的问题，阻碍了村民委员会的法治水平和能力的提高。虽然"村民自治"实行多年，取得了许多有效成果，但在新时代也暴露出了一些问题。主要问题有三个：一是村委会组成人员懂法的较少。法治对于乡村发展来说至关重要，因而法治带头人的选取一定要谨而慎之。村民由于年龄不同，受教育水平参差不齐，接受能力也有强有弱，但是法治带头人出现法律意识不高，法治素养低下等情况，会进一步加深这一现状的程度。二是村委会法治设施落后，客观上制约了乡村法治建设的发展。村委会的建设费用在一定程度上来源于乡村税收，由于乡村农业税的取消，村民委员会资金来源不稳定，上级政府的拨款占资金来源的比重很大。乡村经济发展水平较低，直接阻碍了村委会法治实践的运用和发展。三是村民的首创精神和自治积极性没有得到较好发挥。乡村居民由于文化知识水平较低，对法律制度的接受和理解存在困难，在法治实践中忽视了人民群众是经济、政治、法律的主体创造者，将人民群众完全看成是法治实践的客体，向人民群众灌输法律制度，人民群众的主动性没有被激发，使村民委员会自治缺乏生机与活力，制约乡村治理法治化水平。

（4）乡村传统治理主体单一

乡村传统单一的治理主体产生的问题较多，容易激化乡村社会的矛盾，既难以满足新时代多元主体的需要，又严重阻碍了新时代多元共治局面的形成。通过分析乡村基层党组织、乡镇基层政府以及村委会之间存在的治理关系，得出传统乡村治理单一主体存在以下问题：首先，乡村基层党组织与乡镇政府之间沟通不及时。部分乡村基层党组织与乡镇基层政府工作不协调，也未能认真地与村委会进行沟通和交流，致使其在村民自治实践中法治领导核心作用发挥受挫，也容易激化与村委会之间的矛盾，形成乡村治理受阻的障碍。与此同时，乡村基层党组织和乡镇政府的沟通不畅，间接地造成了两者之间关系的疏远，制约乡村法治功能在新时代乡村治理中的发挥。其次，基层乡镇政府与村委会两者之间的尴尬。乡镇政府是国家权力的末端，是国家行政机构的基层执行机关，乡镇政府为了完成上级布置的任务，将各大指标和任务层层加码分派给村委会，村委会则为了执行乡镇政府的任务甚至不顾村民的意见和反对，这大大加深了村民与村委会之间的矛盾。最后，乡村基层党组织与村委会关系的错位。乡村基层党组织是乡村基层群众自治的领导核心，存在一些大包大揽的问题，使乡村基层党组织领导下的村委会自治能力大大减弱，甚至出现了部分领导的绝对权威，这严重制约了村委会治理主体主观能动性的发挥。

二、社会治理创新法治化存在的具体问题

（一）社会治理创新法治化理念滞后

改革开放至今，随着经济全球化的推动作用，以及我国自身社会的发展，社会各领域均发生了举世瞩目、翻天覆地的变化。从政治结构方面来说，多元化的社会治理主体围绕经济建设这一中心，为社会治理提供多方面的服务；从经济方面来说，我国社会主义市场经济体制加速完善；从社会自治力量方面来说，提供多样化、差异化服务的营利以及非营利性私人组织层出不穷；从社会身份方面来说，社会成员由"单位人"向"社会人"转化；从社会职业选择方面来说，经济的发展带来了就业机会的增加，职业选择也随之变宽；从社会关系方面来说，以诚信和契约为纽带的"陌生人"社会，逐渐取代传统的亲缘"熟人"社会。以前旧有的治理理念已无法与现在的社会发展实际相匹配，因此，我们亟须更新与社会现实发展相适应的治理理念，以指导治理的方式与方法革新，优化治理路径。现阶段，我国社会治理呈现出复杂化的特征。不能处理过于复杂的问题的原因，往往是目标和手段互相冲突。具体可以表现为以下三个方面。

第一，对社会治理的具体目标缺乏系统性思考。社会治理的主要目标或者目的是实现社会经济的健康发展，实现社会的长治久安。然而，各级政府在社会管理中，因为受以前的思维惯性等方面的影响，仍然以经济建设为最重要的目标。认为"经济发展就是一切"，却未能足够重视社会治理和提供优质公共服务的职能，并没有将社会治理和公共服务职能摆到足够重要的位置。相关领导者简单地将经济快速发展视为解决问题的"根本良方"，唯"经济建设"马首是瞻。所以，在这种"以经济建设为指挥棒"的状况下，相关领导者忽视社会治理领域的

问题，也没有兴趣对其进行研究。化解社会矛盾的主要手段就是依靠"临时抱佛脚"，而无法进行根本性的治理变革。

第二，对社会治理方面的内容缺乏系统性思考。作为领导者，个别政府部门的干部对社会治理缺乏足够充分的认识，在工作中简单地以"稳"字为先，甚至罔顾人民群众的合法利益，以强制性手段维护社会稳定。近年来的"上访"、环境污染等问题引起的群体性事件就是很好的例证。

第三，对社会治理的方式方法缺乏系统性思考。作为行政权力的掌控者，在社会治理方面，更多强调管制而忽视公众和其他主体参与的必要性。"家长式"的治理，对社会公共事务全面介入的做法，使行政权力的掌控者在面对各种社会矛盾时应接不暇，导致"越管越乱"的情况发生。这种过于介入社会公共事务的做法，使社会力量无法得到成长，并且会阻碍其他社会治理主体的发展，不利于社会力量自身的发展。

由于思想、观念等方面的原因，我国的社会治理在思想上缺乏足够正确的认识，在社会治理过程中问题频发，无法有效地发挥各治理主体的应有作用。

（二）社会组织参与存在困境

1. 社会组织的合法性问题

2013年我国未经注册的民间社会组织在全国有100多万家，大量民间社会组织由于没有业务主管单位，以企业形式存在的有20多万家，处于不具有合法地位的法律困境中。目前四大类社会组织（行业协会商会类、科技类、公益慈善类、城乡社区服务类）无须登记即可成立，大多数社会组织在业务主管部门指导下，受民政部门和业务主管部门的双重监督管理，这种高水准的准入门槛导致大量的社会组织无法满足登记条件而处于"非法状态"，进而增加了行政监督的难度。

"合法性"包括规范层面的合法性与社会层面的合法性。高丙中教授认为社会组织的合法性包括行政合法性和政治合法性。许多民间社会团体获得了广泛的社会认同，或者从很早以前就形成的一些组织，在传承的基础上还有大量社会投入与支持，这就有了较好的社会合法性。但是，在现实生活中，许多自发形成的民间社会组织很难具备"法律上的合法性"。2018年8月民政部公布了《社会组织登记管理条例（草案征求意见稿）》，公益社会类和行业协会类的社会非营利组织可以直接在对应民政部门登记成立。但是相当一部分来源于社区的居民自组的非营利组织只有在社区备案的资格条件，受到街道办事处以及居民委员会的控制。同时，社会组织还需要行政合法性，行政合法性是绝大多数社会组织合法的前提条件。除了四大类社会组织可免于登记，剩余的社团由它的主管单位审查同意后能够申请登记，这有利于社区的一些小型社会组织参与社区活动、获得相关奖项与行政合法性，并使其有机会同不同单位打交道，逐渐获得认可与支持。社会组织具有政治合法性才能更好地发展，基本上这一点也在各个社会组织的章程中有所体现。没有合法性，意味着社会组织的活动"名不正言不顺"，这样社会组织常会有忧患意识，总会有意无意地在活动中谋求合法性。

2. 社会组织参与社区治理缺乏法律法规保障

陈光教授用"政策围城"来形容社区治理法治化的现状：关于社区治理的公共政策数量很多，社区治理规范化或法治化中，政策功能存在理想与现实之间的差别与矛盾。首先，先行法律条文原则性规定较多，缺乏责任性规定和操作性规定。其次，社会组织立法层级不高，其中中央文件8个，部门文件17个，制定主体大多是政府及其部门，法律位阶不高，同时还有大量的非规范性文件涉及人才、评估、活动、信息公开等，这些非规范性文件多以通知、规定、意见、管理办法等形式发布。社会组织还需要出台一部统一的、高位阶的法律，帮助社会组织更好地参与社区治理活动，为参与治理提供可行路径。最后，法律法规不协调，条文中既要求强化基层政权还要求实现社区自治，而基层政权的强化会对社区自治权造成挤压。法治可以界定政府介入社区治理的边界及其责任范畴，在社会组织参与社区治理进程中，只有借助相应的法律法规，才能实现由政府管理向社区治理转变，只有借助法律解释方法，才能够更有效地拓展社会组织参与社区治理的空间。

目前，关于社会组织的相关法律分布于宪法、法律、行政法规、规章。例如，宪法规定了人民的结社权，是社会组织存在的合法前提，在《中华人民共和国民法典》中明确了社会组织作为民事主体的法律地位，现行的行政法规主要解决了社会组织的登记管理问题，但存在内容不全面和覆盖面不广的问题。目前，还未有专门的立法来规范和引导社会组织的发展和保障其合法权益，社会组织参与社区治理缺乏合法的身份，行政机关和社会组织都需要一个操作性强的关于社会组织的专门法律，以理顺彼此的关系，行政机关避免自己的不作为和乱作为两极分化，其行政行为于法有据，管理社会组织也能有底气；社会组织通过法律明确自身的法律地位、功能作用、职能职责、组织结构、资金来源和参与治理的方式及范围等不清楚不规范的问题，为其参与社区治理提供路径保障的同时解决自身合法性的"烦恼"。

3. 社会组织参与社区治理的能力不足

社会组织功能定位决定了其必须拥有较强的自我造血功能。目前，社会组织服务机构的自我造血功能不足，对政府部门的资助较为依赖，以财政拨款为单一来源的社会组织服务机构较多，面向企业"劝募"、自我经营筹资等方面案例相对较少，导致其缺少可运营的资金，向操作型社会组织提供支持和服务的能力也因此大打折扣。政府是社会组织经费的主要来源，政府以购买服务的形式将资金投入已登记注册的社会组织。社会捐赠包括单位资助和个人捐赠两个方面，近年来，社会组织接受的社会捐赠总量正不断减少。目前，经费结构不合理、活动经费不足是我国大多数社会组织所共同面临的问题，是社会组织开展活动和自治的一大瓶颈，有的社会组织资金甚至不足以维持组织运转。

（三）律师功能发挥存在缺陷

1. 服务范围有限

法律顾问是指具有法律专业知识，接受公民、法人或其他组织的聘请为其提供法律服务的人员以及法人或者其他组织内部设置的法律事务机构中的人员。2014 年 10 月党的十八届四中全会做出的《中共中央关于全面推进依法治国若干重大问题的决定》中强调"积极推行政府法律顾问制度"，2016 年 6 月中共中央办公厅、国务院办公厅印发了《关于推行法律顾问制度和公职律师公司律师制度的意见》（以下简称《意见》），要求所有的党政机关、人民团体、国有企事业单位分类推行法律顾问制度和公职律师、公司律师制度，同时社会团体可以建立法律顾问制度。自《意见》出台后，地方各级党政机关和村（居）委会聘请律师为法律顾问参与党政机关的社会治理和村（居）委会的社会自治，但是社会自治的主体是广泛的，特别是社会组织在社会自治中具有举足轻重的作用。而法治意识淡薄是不少社会组织普遍存在的问题，社会组织聘请法律顾问的寥寥无几。此外，律师在担任村（居）法律顾问实践中仅仅提供最基本的服务，无法满足村（居）民更高的法律需要，出现供需矛盾。例如，在有的城市，村（居）委会与派驻律师签订顾问服务协议时，明确服务内容为"四个一"，即每周至少与村（居）委会电话沟通一次，每月至少坐堂一天，每季度至少举办一次法律讲座，每年至少为村（居）委会人民调解员开展一次法律培训。正如司法局工作人员所说："村（居）民可能有更多的个性化需求，而律师按照合同只提供四项服务，提供合同之外的法律服务需要另外收费，这样就出现了需求与供应的不匹配。"

2. 服务事项以事后补救为主

当下社会民众的法律观念在不断增强，但是我国过去长期受封建思想和专制文化等因素的影响，无论是村（居）民还是企业公司负责人对律师的法律服务工作认识不足、重视不够、参与度和配合度较低。绝大多数企业在发展过程中，忽视法律知识的积累和普及，法律意识不强，领导层对于企业法律顾问人才的吸收不够重视。很多企业公司负责人预防法律风险意识不够，只是为了"打官司"聘请律师，只有在涉诉时才求助律师来"灭火"。有的村（居）干部对法律顾问的角色定位、职能作用缺乏必要的认识，认为法律顾问介入后，事事依法会被框死，觉得是"政府要我请"，积极性不高；有的村（居）干部重"救火"轻"防火"，出了问题才想到法律顾问，风险防范意识不强。

3. 服务流于形式且实质影响力有限

虽然我国民众的法律意识有所增强，但不少管理人员在工作中出现问题时，想到的不是靠制度和法律来解决，而是靠某种关系，"人治"思想严重，认为律师不过就是审核合同，或者是处理诉讼，实际作用不是很大。现有资料反映，有许多国家的公司，尤其是一些大型集团公司都建立了法律顾问机构，其在公司治理中发挥举足轻重的作用，参与制定工作计划，对公司政策发表声明（代言人角色）。

4. 社会效果未能凸显

律师通过担任村（居）委会法律顾问，在一定程度上增强了居民的法治意识、社会意识和国家意识，在减少和及时化解纠纷以及维护基层和谐稳定，促进基层依法治理等方面也有一定成效，但是由于法律服务资源匮乏，服务经费补贴偏低和自身的时间、精力有限，有些地区"人治"思想严重、法治化程度低，律师动机不纯、工作积极性不高，缺失村（居）法律顾问配套制度等，律师参与基层社会自治的效果大打折扣。在法治意识较高的基层地区，村（居）律师在一定程度上发挥了作为国家法制与基层生活之间媒介的功能，促进了基层依法自治，但在一些地区则任重道远。

公司律师作为公司内部的专门履行公司法务的人员，在防范风险、完善内控机制、减少企业损失等方面发挥作用，但是由于公司法务在日常工作中会面临方方面面的诉讼、非诉讼法律事务，公司律师很少能够对各个领域都做到面面俱到、处处精专。社会律师与公司律师相比，虽然在参与社会治理时有更多优势，例如，地位超然独立性、系统的知识结构、丰富的经验积累等，然而社会律师因缺乏企业经营知识和工作经验，无法把握企业日常经营和管理流程，再加上社会律师是社会服务工作者，服务对象广泛，要面对不同的客户，无法把精力全部集中在某一特定客户，所以不能完全满足企业的服务需要。

5. 在"软法之治"中缺位

国家法律不是万能的，社会生活的方方面面不能完全依靠国家法律解决。此外，当今社会处于急剧的变革和转型过程，在短时间内产生大量的新行为、新关系、新问题，而人的认识能力是有限的，国家立法有时跟时代发展的步伐不同，难免出现一定程度的立法空白，更多的要依赖软法。软法广泛存在于社会共同体形成的规则之中，例如，行业自治组织、职业自治组织、社区自治组织、企业公司等社会主体规范其自身的组织、活动及组织成员行为的章程、自律规约、纲领、原则。软法多在社会主体内部事务的处理、纠纷的解决、成员的管理等方面发挥着重要功能。软法虽然不依靠国家强制力保障实施，但也是法，它有约束力，会影响我们的生活，影响公民、法人和其他组织的权利和自由，因此它的制定和实施都需遵循法治原则。然而，现实生活中不少软法规范存在违背法律精神、不符合法治基本原则的情况。社会主体内部自制规范不完善，存在诸多弊端，会使社会主体的自治能力下降，而且会降低其公众信任度，甚至可能会使其社会权力滥用，滋生腐败，让其偏离最初的成立目的。

（四）信息技术应用水平落后

随着互联网时代的到来，"智能化""信息化"的浪潮也深刻影响着我国社会治理创新的方式方法。由于经济技术水平的推动，我国近年来网络技术获得了前所未有的进步，"AI""大数据"等技术名词屡见不鲜，并且我国信息及网络技术处于世界领先水平。经过多年的发展，已逐步形成规模庞大的"网络社会"。移动互联网网民人数不断攀升。

同时，伴随着互联网使用人数暴涨，网络对人们生活的影响也日益增加，且涉及人民群众生活的不同领域。与此同时，该技术的发展极大地影响着政府治理方式的改变。与其他领域的发展不同，信息的传播难以追踪，并更加难以控制，具有便捷、隐蔽及迅速性等特点。在"互联网＋"时代，数量巨大的信息，以及相应技术手段的变革，对创新社会治理产生了深远的影响。互联网对于信息的聚合及传播有放大作用，会使信息以想象不到的速度及传播方式传递至几乎全国的每个角落，如若对网上产生的热点或信息不够重视，就会最终因为互联网的放大效应而带来难以估量和承担的损失。所以，对于政府来说，网络是一把双刃剑，对某些事情的及时回应、对于人民群众的事情足够关心、信息披露足够透明，都会使政府获得良好口碑的同时，也履行了政府自身的职责，塑造了政府的正面形象。从现实状况来看，网络技术的进步对政府的工作方式转变产生了深远的影响。一方面，各级政府部门学会运用新的信息及网络技术手段提高自身工作效率，例如，网络化、移动化办公等，政务 App、政务微信公众号等新的工作方式不断被纳入政府管理领域，通过这些新的手段，政府甚至可以完成汇集民意的任务。另一方面，由于信息网络技术的发展，民众对于政府的工作方式、工作内容等方面有了更高的期待和要求，这给政府带来了巨大的压力。总而言之，现今由于了解网络所发挥的作用，我国各级政府都对这方面高度重视，许多政府部门甚至其高级领导都利用网络与群众沟通交流。可是，由于没有对网络技术产生的巨大影响有清晰深刻的认识，个别政府及其相关领导在网络问题酝酿发酵时，并没有做到及时公开透明，只是一味地以简单粗暴的方式进行干预应对，导致了工作行为的失范。

同时，"信息孤岛"现象严重制约着我国社会治理朝着"智能化"方向发展。具体而言，有如下一些原因导致"信息孤岛"现象。

第一，重硬件、轻软件现象较多。一些部门在信息化改革时，往往只重视电脑设备、服务器设备等硬件设备的购置，而忽视了与之相应的软件的匹配问题，重硬件、轻软件现象并不少见。

第二，部门信息共享意识不足。很多部门缺乏协调发展、整体发展意识，很少做到统筹兼顾、协调发展，只顾将自己部门的信息自己使用，因此不会考虑到系统间的兼容及数据共享等问题，导致信息难以在各部门间有效传递共享。

第三，各地信息化发展水平差异问题。由于不同地方的不同部门在信息化方面的投入不同，因此相应的信息化发展程度和发展水平也存在着客观差异。表现为信息化建设在我国不同区域发展程度上的不均衡，尤其在偏远落后地区，信息化水平落后，软硬件设施不足，甚至有些地方政府或机构没有信息化建设的能力，在客观上导致了"信息孤岛"现象的发生。

第四，信息安全原因。由于网络技术的发展，人们在享受便捷的信息化技术的同时，也面临着信息安全的风险。尤其对于政府部门来说，作为信息敏感部门，面临网络攻击、资料窃取等方面的威胁，因此出于安全考虑，很多部门不愿意冒险更新设备，这也是导致"信息孤岛"现象发生的原因之一。

　　在进行信息化建设过程中，由于各自情况并不相同，在信息系统及数据存储格式等方面标准不一，缺少统一规范标准体系，各部门间无法通过统一的标准进行数据共享。西方发达国家政府在进行信息化建设时，比较重视以法律法规规范政府信息系统标准化建设，比较有效地促进了其电子政务系统的发展，而就我国目前而言，缺少统一的法律法规或者规章制度以保障政府及相关部门信息化建设，这阻碍了我国社会治理向着智能化、信息化发展。

第四章　社会治理创新法治化的理论支撑
与实现原则

对社会治理创新法治化的相关理论进行研究，有利于推进我国社会治理创新法治化的进程。本章分为社会治理创新法治化的理论支撑、社会治理创新法治化的基本原则两部分，主要内容包括马克思国家治理思想、列宁社会治理思想、中国特色社会治理理论、中国共产党社会治理法治理论、坚持依法治国原则、坚持依法执政原则、坚持依法行政原则、坚持改革发展原则、坚持人民主体地位原则、坚持法律面前人人平等原则。

第一节　社会治理创新法治化的理论支撑

一、马克思国家治理思想

（一）马克思国家治理思想的概念界定

国家治理的概念包括国家统治、国家治理、社会管理、社会治理等内容，它是一个动态发展的、历史性的概念。在资本主义社会与社会主义社会，主要是从国家治理、社会管理以及社会治理角度而言；到了无国家状态的共产主义社会，则主要是从社会治理层面进行展望。传统意义上的国家观，主要是聚焦国家的阶级性，而容易忽视其社会性，因而对蕴含其中的国家治理思想不够重视。国家起源于阶级的出现，它从前资本主义社会中继承和发展了公共管理的职能，承担起社会管理与公共服务的角色。

马克思国家治理思想并非仅仅是概念，更是反映现实的理论。问题不在于从表面观察马克思是否使用"国家治理"这一名词概念，而在于以马克思主义方法及内涵剖析马克思对当时不同社会发展形态下国家的分析，即使没有明确表达"国家治理"一词，也能展示出马克思对国家治理问题的深入思考与探究。这种无法从表面看见的剖析在马克思的《法兰西内战》《历史学笔记》《德意志意识形态》《哥达纲领批判》等著作中表现得淋漓尽致，即马克思国家治理思想。虽然马克思未直接论述国家治理问题，但在其经典著作中分析了前资本主义社会的国家统治状况、批判了资本主义国家治理问题、展望了无产阶级专政下的国家治理，并展开了对未来无国家状态社会治理的描绘。马克思在探索国家问题时，就无产阶级专政国家夺取政权的方式、向无阶级社会过渡的形式以及无阶级社会的治理进行了描绘与展望。

（二）马克思国家治理思想的实践价值

马克思所构想出的无产阶级国家及其治理模式，对指导现实的社会主义国家建设具有重要作用。马克思曾指出，无产阶级专政作为过渡阶段的存在是为了镇压资产阶级的反抗，同时为早日实现共产主义扫清障碍。因而，在社会主义建设新时代，无产阶级专政的国家治理更加需要不断与时俱进。马克思国家治理思想的价值，不仅体现在理论上弥补了西方治理理论的不足，还体现在推进中国国家治理现代化的实践价值上。

1. 实现主体多元，形成协同联动

在马克思有关无产阶级国家治理的阐述中，治理主体并非单一的政府，而是由政府、市民社会、社会组织等构成的一种多元主体。国家治理主体的多元化，有别于西方的多党轮换制，这是基于中国具体国情而得出的适应社会主义现代化要求的治理方式。如何实现不同主体间的协同治理并提高治理实效成为至关重要的问题。就无产阶级专政的社会发展阶段而言，实现治理主体多元化需要在坚持党的领导核心作用的基础上，逐步转变政府职能，最终激活人民作为国家治理主体的力量，从而实现多元主体在具体的国家治理中找准自身定位、发挥各自优势、协同联动的目标。

首先，发挥党的领导核心作用。新时代，要发挥中国共产党在治国理政中的核心作用，就需要加强党的全面领导。这种领导是从具体层面而言的，它体现在党对政府、社会和市场等多个对象的领导上，即党要领导好政府与社会、市场与政府、市场与社会之间的关系朝着健康有序发展，为社会主义的建设与发展提供和平稳定的环境。同时，党的全面领导体现在体制机制的改革过程中，一方面，

完善党领导国家重大工作的机制，依据工作需要优化党的决策议事协调机构；另一方面，发挥其统筹、协调各方的作用，推进党和国家监察体制改革，实现对全体公职人员的监察。建立完善的制度体系、加大党的队伍建设力度、提高党的执政能力，这些举措可以让党在面临突发未知状况下，从容应对各种难题，在理论与实践的交互作用中推进国家治理体系不断完善。

其次，转变政府职能，强化政府主导。在国家治理中，政府会通过加强公共服务职能来发挥自身的重要主体力量。在国家治理过程中，有大量需要政府部门决策和调控的公共事务。因而，明确政府责任、强化其主导地位成为重大战略问题。这就要求政府按照法律规定的权责界限来进行治理，强调发挥其引领和引导的作用，而不是全权包揽。具体而言，可从三点展开：一是要处理好中央政府与各级地方政府的职能关系，做好上传下达、细化社会矛盾、量化行政审批，从而提高行政效能；二是切实转变政府职能，加快政府内外部机构的改革，政府要逐步地将更多的权力下放给人民，让人民拥有更多的自主权，政府则侧重于为人民提供更高质量的公共服务；三是强化政府主导价值引领，形成良好的社会风尚，增强公民的社会服务意识，以使其能够积极参与到力所能及的国家治理中来。

最后，要激活人民作为治理主体的力量。马克思指出，"不是国家制度创造人民，而是人民创造国家制度"，这充分表明了人民是国家治理向前发展的不竭动力。因而，在新时代国家治理中，我们要激活人民这一治理主体所蕴含的无限力量，广泛树立人民群众主人翁意识并充分调动其参与治理的积极性。具体而言，一方面，要加强对人民的思想引领，使其树立依法有序参与、共享共治的国家治理观念，提高自身的公共参与能力和素质。另一方面，"建立和完善人民参与国家治理的机制保障，畅通人民有效参与治理国家的渠道"，为人民搭建社情民意直达直通的平台，健全基层民主保障与配套制度。

2.优化治理结构，协调治理关系

国家治理从根本上来说是人的治理，而人在本质上是一切社会关系的总和。关系支配着国家，并对国家的演进发挥着决定性作用。在国家问题上，马克思曾指出："在研究国家状况时很容易走入歧途，即忽视各种关系的客观本性，而用当事人的意志来解释一切。但是存在着这样一些关系，这些关系既决定私人的行动，也决定个别行政当局的行动，而且就像呼吸的方式一样不以他们为转移。"因而，要优化国家治理结构，本质就是要协调好国家治理中的各对关系，其中主要包括"政府—市场""政府—社会""国家—社会"三对关系。

首先，要对政府和市场之间的关系进行适当的调节。政府是国家权力的代表，是特殊公共权力的组织载体，是一个国家生存的核心因素。要推动国家治理现代化，必须对政府和市场之间的关系进行科学的定位。具体而言，要将政府和市场的功能进行合理的划分，以实现两者之间的协调和分工。政府不仅要在职权范围内发挥作用，还要避免权力越界，尽量减少在微观的经济领域配置中对市场环境的影响。市场的作用在于优化资源的配置，使企业的运营秩序得到有效的规范。因此，市场应该发挥在资源配置上的决定性作用。只有理顺市场和政府之间的关系，让市场经济有足够的发展空间，最大限度地发挥二者的作用，才能为我国的社会主义现代化建设提供稳定的经济保障。政府和市场之间的良性互动，有助于促进它们在国家治理中的协同作用。

其次，重建政府和社会的关系。国家的治理是复杂而繁琐的，单靠政府来治理是远远不够的，这就需要社会参与、集思广益。其中社会主要以各类社会组织为载体，承担的是社会救助和公益性的服务职能。只有实现政府和社会的良性互动，才能充分发挥社会组织灵活高效、贴近民生的优势。其一，政府要制定精准的政策来平衡各个利益主体间的关系，培育和引导社会组织独立承担其领域的事项和工作的能力。实现政府主导、社会组织共同参与的良性互动的治理局面。其二，社会组织要充分利用自身的社会影响力和组织力，调动人民参与社会事务的积极性，增强人民的社会责任感，同时提高人民的自我管理能力和自我服务水平。社会组织作为政府与人民之间的桥梁，通过其协调互通可以使政府更好地了解人民和服务人民，而人民则可以借助社会组织更好地参与国家治理。在这一互动中，一方面增强了人民群众对政府的认同，另一方面也提高了人民群众的治理能力和水平。

最后，重构国家与社会的关系。马克思提出的国家消亡思想对于重构两者间的关系具有重要的启示意义。马克思认为，国家的消亡具有渐进性和自发性。所谓渐进性，是指国家是在很长的时间里才逐渐地消亡，这需要较长的时间，是个较长的过程。所谓自发性，是指国家的消亡是顺应事物自身发展规律的必然结果，而非人为干预产生的结果。当国家发挥完其作为统治阶级的职能后，它将自行消失，而原来由国家所掌握的公共权力将重新回归社会，公共权力与社会分离的状态将结束，国家将实现与社会的再结合，并发挥其社会管理与社会服务的作用。在此过程中，正确处理好两者之间的关系则至关重要。如今，在社会主义初级阶段，国家治理现代化不仅需要强大的国家，也需要有高效运转的社会。因而，在国家治理过程中，要逐步拓展社会组织的独立性和自主能力，不断调整社会与国家之间的关系。具体而言，一方面，国家要创新完善有关社会发展的政策机制，将改革引向有利于社会组织和人民群众参与国家治理的方向，最终将社会参与公共治理的经验上升为具有长期性和关键性特点的国家发展战略。另一方面，要实现在国家主导下整合社会发展的有效资源，增强社会组织的协调作用，从而建立起具有社会独立性、支持社会组织成长的新型发展模式，只有不断实现社会的自我发育，扩大其自我管理的范围、提高自我管理能力，才能在更高层次重新整合国家与社会的关系，实现国家治理不断向前发展。

3. 转变治理理念，创新治理方式

首先，要转变治理理念，推动社会整合。治理理念是治理实践的先导，治理理念从根本上决定着治理成效。传统的政府"一元管理"理念已经无法满足现代国家治理现实的发展。究其原因，是政府"一元管理"理念潜在地把除政府以外的人民大众列入了治理对象的范畴，导致治理权力与公共资源被集中配置于各级政府。这种"治理主体"与"治理对象"的错位，使得原本可以发挥积极作用的人民群众被动地成为治理过程中的消极因素，导致治理难度加大。因而，要实现国家治理现代化，就要从根本上转变治理理念，将除政府以外的社区、社会组织以及公众放在治理主体的地位，构建由各级政府主导，市场、非政府组织、个人等多元主体参与协同治理的国家治理体系。在此基础上进行因势利导，充分发挥多元主体应有的治理潜能，发挥全员治理的效应。国家治理现代化的实现，离不开治理理念的转变与治理实践的跟进两者之间的互动，因而要努力实现治理理念与治理实践的良性互动。一方面在治理实践中不断丰富治理理念，另一方面以新的治理理念引领治理实践，共同推动国家治理现代化向前发展。

其次，要不断推进治理现代化与法治化结合。马克思指出，资本主义社会的"法"是统治阶级意志的体现，是资产阶级剥削和压迫贫苦阶级的重要工具，这一统治现象使法律被异化成为少数人利益服务的工具，混淆了法律维护公平正义的真正意义。随着社会主义建设不断发展，法治日益成为衡量国家治理成效的指标，也日益成为实现国家治理迈向现代化的内在要求。在这一新的发展阶段，国家治理面临的问题越来越多样化、复杂化，因而法治将承载更多的治理使命。为此，需要不断提升法治能力，将社会主义法治优势转化为国家治理效能。一是要强化全民法治观念。大力加强法制宣传教育，深入宣传以宪法为核心的社会主义法律体系，广泛宣传与人民利益紧密相关的法律法规，使人民群众自觉遵法和守法。二是要加强法治工作队伍建设。深化法治工作队伍的教育、管理、引导，使其坚定正确政治方向，依法依规开展执法工作。三是要重点抓好各级领导干部带头遵法学法守法用法，自上而下带头力行法治，不断提高运用法治思维和法治方式的能力，推动国家治理现代化与法治化相结合。

最后，要以网络科技为支撑，助力治理科学化。网络信息时代的到来，使得人们越来越多地参与到国家与社会的治理活动中，为更好地实现国家治理现代化，就有必要为构筑各类国家治理协商参与平台提供完备的技术支撑，形成方便治理的工具性网络平台。具体而言，随着网络信息技术的不断发展，国家有必要建立和完善系统化、多元化的社会协调治理网络，将政府同人民群众、市场与社会组织等多元治理主体整合进一个数据库，利用互联网的即时性、互动性以及低成本实现各类治理主体的沟通与交流，从而打造出一个上下联动、主体覆盖广泛的协商治理新平台。同时，要不断优化基层治理平台。基层社区及街道是人民群众直接参与社会生活、解决各类社会问题的地方，因而要优化基层治理平台，从而最直接地集中民力、整合民智、改善民生，增进人民内心对于国家治理成效的认同。

二、列宁社会治理思想

（一）共产党领导社会治理

1921 年初，列宁针对苏维埃俄国取得社会主义革命胜利后转向如何进行社会主义建设，提出了共产党领导社会主义建设的思想。在社会主义革命胜利后进行社会主义建设的初期，苏维埃俄国各个领域的治理机构还不健全。此时，有坚实群众基础的工会，担负着监督工人的重要职责，几乎成了唯一的苏维埃政权组织和职能机构。与此同时，党内出现了工团主义和无政府主义倾向，提出应当由各个产业中的工会和中央机关来实施社会治理的职能，这实质上是企图撇开和取消共产党的领导和组织作用。面对这种情况，列宁提出广大人民群众只有在无产阶级先锋队共产党的领导下，才能获得最终的解放。

（二）计算和监督

"社会主义就是计算。"列宁认为，"计算"是对提高社会主义社会劳动生产率具有决定性意义的事情。列宁还指出，在苏维埃俄国进行社会主义建设的关键时期，要使工人监督整个国家，包括对"计算"的监督。如果没有无产阶级的有效监督，那社会主义社会还是没有完全实现。列宁强调"计算"和"监督"是苏维埃俄国社会主义探索初期，经济领域治理的新形式。列宁提出的关于新型社会主义国家集中领导经济、治理社会的具体形式，对苏维埃俄国社会主义社会初期建设起到了促进作用。

（三）民主监督

列宁认为，社会主义国家是一种过渡性的国家形态，是一种"半国家"。通过采取不同的办法，发动广大人民对国家政权机关的治理工作实行民主监督，建立无产阶级的有效监督。国家机构是在人民参与下建立的，所有社会成员都有权利参与到对公共事务的治理中来。所有国家权力都来自社会成员，所有社会成员也都有权利监督国家机构的运行。列宁在晚年还产生了要对苏维埃治理体制"实行一系列改变"的想法。通过选出人民代表来行使社会治理的权力并监督社会治理工作，加强对各级国家治理机构的监督，防止权力滥用。这在当时显得尤为必要，也给我们创新当前我国社会转型期的社会治理提供了有益的经验。

（四）加强学习

列宁通过分析苏维埃俄国的社会结构和社会建设的实际情况后，清楚地意识到"文化上的落后却限制了苏维埃政权的作用并使官僚制度复活"。列宁还指出，通过学习，不仅可以克服官僚主义，还可以掌握治理社会的本领，提高社会治理者的素质。布尔什维克党作为唯一的执政党，事关苏维埃政权的成败，为了提高党和领导干部的治理水平和文化水平，必须加强学习。列宁还提出，要向有先进治理经验的人学习，甚至向资产阶级学习。列宁提出的通过加强学习掌握如何治理社会的思想，至今仍然是我们在创新社会治理过程中值得借鉴的宝贵思想。

三、中国特色社会治理理论

"社会治理"在党的十八届三中全会被第一次提出，但是社会治理在中国历史发展中经历了艰辛探索的过程，既结合我国国情汲取了马克思主义经典著作的社会管理思想的精华部分，又传承了传统文化中优秀的治国理政思想。经过几代中国共产党人的总结、摸索和发展，形成了如今的中国特色社会治理理论，并且仍在不断丰富完善。

我国学者对这一概念的发展、内涵、实践探索等进行大量研究。对于社会治理和国家治理的关系，王浦劬认为，从广义上讲，由于社会主义国家的人民性，我国的社会治理几乎等同于国家治理。但从狭义上看，国家治理是针对整个国家事务的治理，而社会治理的对象只是"五位一体"中的社会建设领域，外延要远远小于国家治理。从这个角度而言，社会治理是国家治理的组成部分，由国家治理规定和引领，要始终遵循国家治理的要求。

中国特色社会治理理论坚持以人民为中心，紧紧抓住"人民"这一核心，围绕如何提高社会治理现代化、法治化基本问题，在社会治理创新的各个方面，形成了一套逻辑严密的科学体系，深刻体现了中国共产党对社会治理规律认识的不断深化。它既是当代中国社会治理创新的基本指导思想，也是促进社会治理能力和治理水平法治化的基本遵循。其主要内容可概括为以下四个"点"。

（一）出发点：坚持人民主体地位

中国特色社会治理理论的核心关键就是以人民为中心，坚持全心全意为人民服务，坚持社会治理的初衷和目的是人民的利益，治理方式上汲取人民群众的智慧，在社会治理过程中要把人民的愿望切实实现好、人民的权益实实在在维护好。提高防范化解社会矛盾的能力，妥善处理好不同诉求主体的关系，保障社会安定有序，增强人民群众的满意度。不断深化改革，加强经济建设，建立和完善更加公平的收入分配机制，增强改善民生的物质基础。

（二）关键点：推进依法治理

坚持推进依法治理是社会治理法治化的题中应有之义。坚定不移走中国特色社会主义法治道路，全面推进依法治国，坚持依法治国、依法执政、依法行政共同推进，坚持法治国家、法治政府、法治社会一体建设。促进三者合理布局，协调发展，充分调动治理主体的积极性，大力推进社会法治建设，弘扬社会法治精神，培育社会法治文化，使社会治理体系法治化、规范化、程序化。习近平总书记指出，要加快推进社会治理现代化，促进社会公平正义，保障人民安居乐业。因此，要推进社会治理现代化，就要健全社会公平正义法治保障制度，建立起社会公平保障体系。

（三）着力点：完善社会治理体系

当前各种社会矛盾和社会问题频发，社会形势发展变化迅速，社会治理难度加大，复杂程度加深，社会治理需要众多主体合作并共同推动。习近平总书记强调要开展多层次多领域依法治理活动，不断提高社会治理法治化水平。对此，习近平总书记诠释说："治理和管理，一字之差，体现的是系统治理、依法治理、源头治理、综合施策。"这充分体现出了习近平总书记在社会治理创新方面的依法善治思维，是我们党对中国特色社会治理理论的重大创新和发展。党的十九届四中全会进一步提出，社会治理是国家治理的重要方面。必须加强和创新社会治理，完善党委领导、政府负责、民主协商、社会协同、公众参与、法治保障、科技支撑的社会治理体系。由此，社会治理由党集中统一领导、政府主导统筹协调、社会组织和人民依规自治、政府与社会组织合作共治的治理格局进一步明晰。

（四）落脚点：创新社会治理体制

社会治理是一个系统性工程，内容繁多复杂，必须建立一个系统性的治理体制，才能够保障社会治理工作的有序进行。这要求适应经济社会发展的变化，与时俱进地创新社会治理体制。这不仅是对社会发展规律的能动认识，也是倡导多元主体、多方参与、合作共治、共建共享的新理念和新主张的现实表达，是推进社会治理现代化的理论、实践与时俱进的客观反映。通过创新完善"共建共治共享"的社会治理制度，可进一步巩固"社会治理共同体"，形成党委、政府和社会等多主体共同参与的良好格局，提升社会治理的整体治理、协同治理、有效治理。

四、中国共产党社会治理法治理论

中国共产党人继承并发展了马克思、恩格斯社会管理思想中的法治理论，结合特定历史阶段和中国具体实际，形成了具有中国特色的社会治理的法治理论。自古以来，管和治是分不开的，发展到今天，更是社会治理进程的重要基本点，二者协同发力才能发挥效力。

毛泽东对于社会管理中的法律高度重视。法的确立是时代特点的表征，毛泽东极其重视法的作用，并将其用在对社会的管理中。新中国成立后，毛泽东强调要用法的形式将人民民主提升到根本的高度，让人民群众有方向可遵循，他指出："用宪法这样一个根本大法的形式，把人民民主和社会主义原则固定下来。""五四宪法"的确立，将人民民主同社会主义作为基本点，用法的形式保障人的生存和发展，也从根本上抑制了不利于人民群众的非社会主义因素。全国人民在法制的基础上行事使得社会进一步实现有序治理。人民民主专政理论是毛泽东思想的主要组成部分，这是在探索保障人民群众权益的有效方式的实践中形成和发展起来的，将对人的保障确立为理论的形态。毛泽东指出："对人民内部的民主方面和对反动派的专政方面，互相结合起来，就是人民民主专政。"对反革命因素的抵制是保障人民民主的关键，更是实现社会稳定的前提。人民当家作主更是意味着人民要对国家进行有效管理，也直接关系到选举出能够代表人民利益的政府，这也是进一步保证社会稳定、防止社会动荡的关键。矛盾推动着社会的发展，人民内部出现矛盾是社会管理的环节中出现了问题，解决矛盾才能推动有效管理。毛泽东又进一步指出说服教育在处理矛盾问题过程中的重要作用。

邓小平认为要对社会进行有序管理，必须加强民主与法制的建设。1978 年邓小平对过去实践经验总结后强调，制度和法律所具有的法律效力绝不会随意变更，而且要在实践中使得民主的程度随着经济社会的发展更加制度化，他提出："必须使民主制度化、法律化。"没有法治的法制，会使法制遭到迫害，陷入停滞。没有法治的群众基础和文化经济基础，群众不能很好地参与到社会管理中。邓小平对民主法制建设的重要性进行了进一步强调，从人治迈向法治作为民主法制建设的前进方向，努力实现民主的制度化、法律化。并提出"有法可依、有法必依、执法必严、违法必究"作为社会主义法制的基本要求。邓小平的民主法治建设是社会管理的治本之策，为中国特色社会主义中的社会治理实践过程提出了具有创造性的理论成果。

江泽民立足于现实的社会条件，针对人民利益同内部矛盾之间的关系进一步强调社会安全的问题，并把安全问题同综合治理统一起来解决现实中出现的矛盾问题。在对矛盾问题的解决上，江泽民继承了前人的经验，强调解决矛盾同实现社会和谐的必然联系。因此，对于化解矛盾的根本要求，江泽民强调"民主法治"的关键作用。充分地表明了江泽民将法治放在治国理政以及社会管理中较高的位置，用法治来引领和保障社会管理的顺利进行。

胡锦涛在总结历史和经验的基础上，直面社会管理中所涌现出来的新问题和新矛盾，加强对社会管理中的法治保障进行探索。他强调在社会管理的过程中，坚持改善民生，要运用法治的手段来化解矛盾，从而使社会更加和谐稳定地发展。进一步指出人与人和谐关系的保证是要将"法治加以规范和维护"，要充分发挥法治在实现保障社会和谐方面的重要作用。这表明了法治在完善社会保障体系，提升社会管理水平，化解社会主要矛盾，构建和谐社会中的重要性。

习近平总书记关于农村社会治理法治化的重要论述是对历代中国共产党人所形成理论的坚持，在继承了社会管理理论和法治理论的前提下，又在不断总结实践经验后进行了理论的创新。党的十八大以来，我国的农业农村建设逐渐步入了依法治理的新阶段，农村社会治理法治化的地位日益突显。当前，城乡一体化作为我国现阶段发展的重要节点，面对农村社会中的利益冲突、矛盾纠纷，我们需将它们全部纳入法治的轨道之中。在农村社会中培育农民群众良好的法治意识以及法治信仰。构建较为完善的农村社会治理法律体系，提高法律的规范性，用法治的手段来维护农民的利益，从而使农村社会达到良法善治。习近平总书记在党的十八届四中全会中提出"全面推进依法治国，基础在基层，工作重心在基层"。这充分表明了要想建成法治国家，必须先推进农村社会治理法治化建设。十九大报告中首次提出"要完善党委领导、政府负责、社会协同、公众参与、法治保障的社会治理体制，提高社会治理社会化、法治化、智能化、专业化水平；加强农村基层基础工作，健全自治、法治、德治相结合的乡村治理体系"。这为农村社会治理法治化指明了方向并提供了政策依据。创新农村社会治理法治化建设，应坚持综合施策、多管齐下、汇集多方主体协同治理的智慧，将农村社会治理工作在法治的轨道中落实落细。与此同时要确立自治、法治、德治"三治"结合的治理法治化道路。要充分发挥法治的保障作用，从而增强农村社会治理助推力。法治是农村社会治理的重要保障，法律法规具有强制性和规范性，充分地利用法律法规的强制性对政府的公权力进行规范，并对农民的自治权加以依法保护。要充分发挥自治强基作用，从而激发农村社会自治的动力。自治使农民充分发挥在农村社会治理过程中的主体作用，积极参与到社会治理中，进行有效治理。要充分发挥道德对法治的支撑作用，从而激活农村社会的内生活力。道德对法治具有一定的支撑作用，良好的道德能够激发农民的情感，能够推动法治的发展。"三治"融合发展，从而加快农村社会治理法治化前进的步伐，完善农村社会治理的制度体系，科学合理地制定相关治理制度，使制度更加规范化、常态化、长效化，从而为完善的体系加以保障。农村社会治理只有在法治的轨道中，才能够稳步发展。与此同时，习近平总书记提出只有加快政社分离，明晰社会组织权责，才能使自治的成效得以发挥。对于矛盾激化的问题，需要加强农村社会有效预防，创新矛盾解决机制，切实保障农民群众的合法权益。

总之，社会治理法治化建设一直都是我们党重点关注的工作，现阶段以习近平同志为核心的党中央，更是立足于新的时代特点，着眼于法治化治理的实际问题，以乡村振兴为目标，对农村社会治理法治化提出了新要求，强调坚持农业农村优先发展，要给予社会治理充足的法治保障。

第二节　社会治理创新法治化的基本原则

一、坚持依法治国原则

所谓依法治国，就是"依照体现人民意志和社会发展规律的法律治理国家，而不是依照个人意志、主张治理国家；要求国家的政治、经济运作、社会各方面的活动通通依照法律进行，而不受任何个人意志的干预、阻碍或破坏"。在当代中国，依法治国就是广大人民群众在中国共产党领导下，依照宪法和法律治理国家、管理经济社会文化事务。这是中国共产党领导人民治国理政的基本方略，是发展社会主义市场经济的客观需要，是社会文明进步的显著标志，是国家长治久安的必要保障。实施依法治国方略，是实现人民主权，保证人民当家作主的根本保障。

二、坚持依法执政原则

所谓依法执政，就是指一个政党依照法律进入国家政权并在其中处于主导地位，且依照法律从事公共事务管理和社会治理活动。

依法执政，对于中国共产党而言，作为执政党要通过制定大政方针、提出立法建议、推荐重要干部等执政权力的行使，使党的主张经过法定程序变成国家意志，支持和保证人大、政府、司法机关依法履行职能，最终实现党的领导。

依法执政，要求中国共产党在领导人民治国理政的过程中，要紧紧抓住制度建设这个带有根本性、全局性、稳定性、长期性的重要环节，坚持依法治国，领导立法，带头守法，保证执法，不断推进国家经济、政治、文化、社会生活的法制化、规范化，从制度上、法律上保证党的路线方针政策的贯彻实施，使这些制度和法律不因领导人的改变而改变，不因领导人的看法和注意力的改变而改变。

三、坚持依法行政原则

所谓依法行政，就是要求政府严格按照宪法和法律的规定来履行自己应负的职责，合理地运用手中的自由裁量权。具体来说，就是要求政府的设立（包括职能的确定、组织设立、权力来源）、运行（尤其是行使抽象或者具体的行政权力）

都必须于法有据并严格遵守相应程序，一切行政行为都要接受法律的监督，违法行政应承担法定责任。

依法行政，作为政府治国理政的一个原则，是近代资产阶级革命的产物，由于国情的差异和对法治的理解不同，西方国家对依法行政内涵的表述也不尽相同。例如，英国称为依法行政，法国称为行政法治，日本称为法治行政等，但是政府行政必须严格遵循法律，在法律之下行政是共同要求。

在我国，"依法行政"是改革开放后随着经济体制、政治体制和行政管理体制改革的不断深入而提出的。从1984年彭真提出要从依靠政策办事逐步过渡到不仅依靠政策还要依法办事，到1993年党的十四届三中全会通过的《中共中央关于建立社会主义市场经济体制若干问题的决定》明确要求各级政府都要依法行政，再到1997年党的十五大进一步强调一切政府机关都必须依法行政，切实保障公民权利，直至1999年依法治国理论的提出，"依法行政"走过了一条不平常的道路。作为依法治国、建设社会主义法治国家的重要组成部分，依法行政不仅是现代政府管理方式的一次重大变革，更是现代政府管理模式的一场深刻改革。"依法行政"所要求的法律至上、权利本位、社会自治、程序法治等理念正是依法治国战略在行政领域内的题中应有之义。

四、坚持改革发展原则

中国国家治理法治化不是就法治而论法治，而是把法治放到中国特色社会主义事业的格局中、在推动发展和深化改革的宏观背景下进行谋划，坚持推动发展、深化改革和依法治国的有机统一。习近平总书记指出要"围绕中国特色社会主义事业总体布局，体现推进各领域改革发展对提高法治水平的要求，而不是就法治论法治"，特别是提出要"体现全面建成小康社会、全面深化改革、全面推进依法治国这'三个全面'的逻辑联系"，也就是要求把握"发展""改革""法治"的关系，实现三者的有机统一。发展与改革的关系不言自明，只有通过不断的改革，使生产关系不断适应生产力发展的要求，经济社会才能不断得到发展。发展与法治、改革与法治的关系较为复杂。从发展与法治的关系角度看，在全面建成小康社会的过程中，需要发挥法治的引领作用，保障发展的社会主义方向，把创新、协调、绿色、开放、共享的新发展理念落实到制度之中，并通过法治的方式把发展的成果确认和巩固起来。相对来说，改革与法治的关系较难把握，习近平总书记指出，"当前，我们要着力处理好改革和法治的关系。改革和法治相辅相成、相伴而生。……我国改革进入了攻坚期和深水区，改革和法治的关系需要破解一些新难题，也亟待纠正一些认识上的误区。一种观点认为，改革就是要冲破法律的禁区，现在法律的条条框框妨碍和迟滞了改革，改革要上路、法律要让路。另一种观点则认为，法律就是要保持稳定性、权威性、适当的滞后性，法律很难引领改革。这两种看法都是不全面的。在法治下推进改革，在改革中完善法治，这就是我们说的改革和法治是两个轮子的含义"。一方面改革不能突破法律的底线，改革要于法有据，在没有法律依据的情况下进行改革，应得到相应的授权。另一方面，在深化改革的过程中，通过对改革的规范和引领，法治本身也得到了发展和完善。

五、坚持人民主体地位原则

中国共产党领导国家治理的演变历程证明，人民是历史的创造者，是真正的英雄。坚持以人民为中心的治理原则是提高国家治理水平的重要途径，也是党领导国家治理的基本经验。

（一）在治理中始终依靠人民主体力量

在中国共产党领导国家治理的各个阶段中，始终坚持依靠人民群众的主体力量。主要体现在以下三个方面。

一是汲取人民主体的智慧力量，提高国家治理效能。历史证明，人民群众中所蕴含着的智慧是无穷的，例如，安徽凤阳小岗村包产到户的智慧，使得农民的积极性广泛提高，不但交了公粮，还有余粮。这是人民主体智慧的体现，党中央汲取这一智慧后，领导农村确立了农村家庭联产承包责任制，使得农业发展水平得到极大的提高。

二是依靠人民主体的总体力量，实现国家治理目标。国家治理目标的实现，离不开广大人民群众的参与，只有人民主体力量的真正投入，才能实现这一目标，否则得不到人民拥护的力量不仅不利于其目标实现，甚至造成相反的后果。因此，党在国家治理的过程中，坚持贯彻群众路线以汲取人民群众对实现国家治理目标的支持力量。

三是对标人民主体的评价力量，优化国家治理模式。习近平总书记强调："群众满意是我们党做好一切工作的价值取向和根本标准，群众意见是一把最好的尺子。"换句话来说，如果人民群众满意，就要继续保持，人民群众不满意就要加以改进。国家治理同样如此，当人们对某一阶段的国家治理模式的评价为弊大于利的时候，党中央必将领导人民群众进行改革，进而推进其治理模式的转型。

（二）在治理中始终维护人民群众利益

人民群众作为国家治理的主体和推动国家治理不断向前发展的主要推动力量，无论国家治理实践如何变化，其根本利益始终得到维护，这正是马克思主义政党领导国家治理取得成功的基本经验。

在社会主义改革和建设时期，人民群众的根本利益是安全利益和经济利益，于是党领导人民群众大力发展社会主义工业化以提高生产力来维护经济利益，进行抗美援朝、研发核弹氢弹等来维护人民群众的安全利益。

进入改革开放新时期，人民群众的根本利益是要满足物质文化需要，改变落后生产状况，于是党将工作重心转移到以经济建设为中心上来，推进公社制变为家庭联产承包责任制、计划经济变为市场经济等一系列改革，用实践证明"保障工人阶级和广大劳动群众的经济、政治、文化权益，是党和国家一切工作的基本点"。

新时代以来，人民的根本利益是获得美好生活，实现民主、法治、公平、正义、环境等方面的利益。对此，习近平总书记指出："人民对美好生活的向往，就是我们的奋斗目标"，于是将"民生福祉达到新水平"作为"十四五"时期的主要目标，将"人民生活更加美好，人的全面发展、全体人民共同富裕取得更为明显的实质性进展"作为到2035年基本实现社会主义现代化的重要目标，坚定地维护人民群众的根本利益。

（三）在治理中始终体现人民群众意志

中国共产党领导国家治理过程中，始终强调要体现人民群众的意志，这是以人民群众为中心的治理原则的重要体现，主要体现在以下三个方面。

一是在治理制度设计中体现人民群众意志。制度是党领导国家治理的重要载体，制度的设计反映着党对国家治理的统筹谋划，在治理制度的设计中体现人民群众意志，有利于制度的实行朝着维护人民群众利益与满足人民群众期待的方向前进。例如，党领导下确立的人民代表大会制度体现了人民政治参与、民主参与、真正做国家主人的意志。

二是在治理目标设置中体现人民群众意志。国家治理的目标不是随意选定的，而是在体现人民群众意志的基础上确立的，且国家治理目标的转换也是基于人民群众意志的变动而实时更新的，例如，发展型国家治理阶段，人民群众的意志是要富不要穷，因而党将治理目标设置为发展经济建设，而到了均衡型国家治理阶段，人民群众的意志就是在富的基础上要强大，对此，党领导人民群众转变治理目标，将重心转向了综合发展、全面发展与高质量发展上。

三是在治理主体参与中体现人民群众意志。随着治理主体的多元化发展，党在治理过程中也越发重视与多元主体协调合作，在协调各个治理主体参与国家治理的过程中，更多地集合各领域各方面的意见，更好地代表人民群众的利益，始终体现出人民群众的意志，推动实现为人民群众服务的国家治理。

六、坚持法律面前人人平等原则

《宪法》规定："中华人民共和国公民在法律面前一律平等。国家尊重和保障人权，任何公民享有宪法和法律规定的权利，同时必须履行宪法和法律规定的义务。"坚持法律面前人人平等是社会治理法治化的基本要求。只有坚持法律面前人人平等，才能保证任何组织或个人能在宪法和法律的范围内活动，才能杜绝以言代法、以权压法、徇私枉法。坚持法律面前人人平等，必须抓住领导干部这个"关键少数"。领导干部人数虽少，但其对社会治理法治化的影响重大。长期以来，一些领导干部存在人治思想和长官意识，把"国法"当"官法"、当"王法"，认为法律只不过是治理、约束百姓的工具。对自己而言，法律显得条条框框、束缚手脚。经常把自己凌驾于法律之上、突破法律规则、享受法外特权。这些现象充分暴露了个别领导干部法治意识和法治思维严重缺失。这不仅损害了相关当事人的合法权益，而且影响了人民群众对社会治理法治化的信心，严重阻碍了社会治理法治化的实现。

（一）保障公民的政治民主权利

马克思法律平等观认为，要实现人的全面发展首先要协调好权力与权利的关系，在我国自古就有官本位的思想，因此要保障公民的政治民主权利，就要实现对政治权力的有效制约，保障政治权力的依法行使，为人的全面发展提供政治保障。

人民民主政治权利的实现离不开法治的保障，法治将民主制度化、法律化，更有利于民主的实现。如果民主政治活动不依照宪法和法律的规定进行，民主就会和专制所产生的政治效果同样可怕，可能导致秩序混乱、破坏法治，人的全面发展也就无从实现。要实现公民民主政治权利的法治保障，首先就要保证公民政治权利平等，公民政治权利平等是实现民主法治的前提，是公民管理国家最基本的方式。应在基本法中明确规定政治权利一律平等的基本原则，并且在相应的法律条文中阐明各项政治权利的内容及在此基础上规定相应政治权利的实现方式。在赋予公民政治权利时，还要注意应保证权利实现的可能性和有效性，让每个公民切切实实地加入管理国家的队伍。要保障公民的民主政治权利，除了依靠法治的力量，还应树立公民的主体意识，使公民认识到自己才是社会主义民主政治的真正主人，要树立政治自尊和自信，认识到国家权力的行使离不开公民的参与，国家始终能在社会的控制和支配之下，增强公民的政治参与意识。在社会主义条件下，还要增强公民的政治监督意识，要让公民认识到，国家权力是受公民民主权利委托而建立起来的，公民有权利监督和约束国家的行为。因此，保障公民的民主政治权利是实现人的全面发展的前提，它能将权利与权力协调在一个相对平等的环境下，使人的全面发展不受侵扰、健康茁壮地成长。

（二）保证社会分配的相对公正

人的全面发展需要有坚实的物质基础，没有坚实的物质基础作为后盾，人的全面发展就无从谈起。在社会贫富差距逐渐拉大的今天，关键是要促进社会分配的公正，社会主义社会的公正分配就是在坚持以按劳分配为主体的前提下，实现社会分配的相对公正。

马克思指出，由于生产力发展水平的限制，在共产主义社会的第一阶段，即社会主义社会，实行按劳分配，有劳动能力的人，应尽自己的能力为社会劳动，领取相应的报酬。然而在现实中，由于人们先天或后天存在的差异和每个国家的国情不同，会导致社会分配的不公，贫富差距的拉大，挫伤了广大人民群众的劳动积极性，人们普遍心理不平衡，对政策不信任，产生逆反心理，使政府的形象和威信降低，进而增加了社会的不稳定因素，这不利于人的全面发展的实现。因此，必须树立正确的社会分配公正观，正确对待当前社会分配不公正的现象，通过法律制度推进税收、财政等制度改革，建立完善的保障社会分配公正的制度体系，以此，推进收入分配格局的重新调整。在这个过程中，要注重处理好效率和公平的关系，初次分配和再分配都要对这一关系加以平衡，再分配要更加注重公平，尽可能实现分配的相对公正。要让广大人民群众认识到，当前的社会分配不公正只是暂时的，在社会主义初级阶段发展过程中是不可避免的，是发展中产生的问题，并不是社会主义本质造成的，随着社会经济的不断发展，这种社会分配不公正现象是可以逐步消除、消灭的。

（三）保护弱势群体的特殊权利

社会弱势群体是一个相对概念，在社会不同的发展阶段，这个群体的范围也会发生变化。简单地说，弱势群体是指特定历史阶段社会中的弱者，即需要人们给予特殊关爱和援助的人群共同体，因此弱势群体的权利保护应根据每个国家的国情与经济发展状况来确定。根据我国特殊国情，老年人、农民工、残疾人等均属于弱势群体的范畴。

在现实生活中，弱势群体受自身方面条件的限制，不能凭借自身的力量保护自己的合法权利，有可能使自己的"应有权利"得不到保障，因此，根据各个弱势群体的特殊情况制定有针对性的法律保护规范，是实现对弱势群体有效保护的主要方式和途径。虽然在实践中我国已经出台了如《老年人权益保障法》等专门保护弱势群体的法律，但是对于我国数量庞大的弱势群体来说，这还不够。例如，我国数量最多的弱势群体农民工，缺乏专门的法律针对其合法权益进行保护。我们应该构建具有中国特色的、多层级的弱势群体法律保护体系。宪法中需要明确规定保护弱势群体的基本原则，并以此作为最高准则和依据来制定保护弱势群体权利的基本法律，还应针对不同弱势群体制定不同的特别法，并根据相应群体的特点规定他们应享受的基本权益、特殊权益以及救济等。完善弱势群体法律保护制度，保护他们的合法权益，是马克思法律平等观的题中应有之意，是对人与人之间先天或后天的差别的一种有效修正。

第五章　社会治理创新法治化的重点问题

研究社会治理创新法治化，必须将之纳入法治现代化、国家治理体系和治理能力现代化的宏观背景中进行考量。通过对社会治理创新法治化的重点问题进行学理分析、实践观察和经验总结，有利于助推新时代中国社会治理法治化的发展进程。本章分为国家公权力转型与社会治理、地方立法权扩容与社会治理、公民社会权保障与社会治理、社会组织参与社会治理四节，主要内容包括国家公权力概述、社会治理创新下推进国家公权力转型的策略。

第一节　国家公权力转型与社会治理

一、国家公权力概述

目前，公权力在我国法学界并没有一个确切的定义，它是一种与私权力相对的概念，广义上讲，它是"公共组织根据公共意志，组织、协调和控制社会与个人的力量"，或者说是"人类社会和群体组织有序运转的指挥、决策和管理能力"。这个公共组织往往为各级政府部门和一些准公共组织等。很显然，公权力是国家的主要象征，也是国家一切职能活动的根本前提。在某种程度上讲，国家公权力是人民赋予国家代表人民行使处理国家公共事务、维护公共秩序以增进人民公共利益的职能性的权力。

二、社会治理创新下推进国家公权力转型的策略

（一）明确国家公权力任务的变化

传统行政法以行政权的合法性为主题，以控制和规范公权力来最大化地保护

个人的自由权利，公权力的任务只局限在维持社会秩序、国防、外交方面。而随着市场与社会关系的变化和福利国家的兴起，公民对提供充分的个人生存条件和福利保障的目光远超对自由权利保护的关注，此后的公共事业是否大力发展、衡量政府作为的好与坏，很大程度上都从是否有效保障了民生福祉来加以判断，公权力的角色由过去的"守夜人"变为个人"从摇篮到坟墓"的生存照顾者。

政府的全面给付导致公权力职能急剧扩张，为实现及时高效的直接给付，政府便以公权力的集中来保障。公私合作在各界反思中进入公共行政领域，这一新模式在此时也开始发挥作用。在为政府缓解财政压力的同时更高效地完成提供公共服务产品的任务，同时在行政法领域孕育出了一种修正给付行政权力无限扩大的新模式——担保行政，它的侧重点不同于给付行政中对公民全面社会保障体系的建设，而是从公共事业的规制角度出发，以一个担保者的身份寻求公权力与私权力之间的多元治理。

担保行政关注的是公权力的强度问题，其本质是国家对社会、政府对市场、公权对私权的尊重与保障。不论是在公私合作模式已经成熟的西方国家，还是在积极探索阶段的中国，担保行政在修正公权力规制的有限性方面对复杂多元的公私合作关系有着不可多得的实践意义。为了有效推动社会治理现代化，应当重视担保行政的作用。

（二）构建国家公权力良好媒体形象

在新的社会条件下，大众传媒在现代信息社会中对塑造社会价值观念、强化社会公众意识、反映和引导社会舆论，发挥着越来越重要的积极作用。新闻媒体传播效果直接影响政府管理的能力和绩效，这些对政府公权力形象的树立产生直接影响，特别是在突发性公共危机事件当中，要应对各种十分复杂的矛盾，面对各种考验，政府媒体形象对国家公权力具有举足轻重的直接和间接影响。

因此，针对国家公权力的政府媒体形象构建要设立长期、系统的机制。前期建立政府与媒体的良性关系，在危机事件发生时设立媒体新闻发布机制以及在工作中不断完善新闻发布机制，健全危机事件报道应遵循的法律依据，积极推动新闻发言人的基本素质与能力培养。

第二节　地方立法权扩容与社会治理

一、地方立法权概述

地方立法权是地方人大常委会享有的制定规范性文件和综合性、权威性法律的权力。此权力的行使包含两个基本的前提条件，一是要结合本地具体情况和实际需要；二是不能够与宪法、法律、行政法规相抵触。

我国的地方立法权分为一般地方立法权和特殊地方立法权。享有特殊地方立法权的立法主体为民族自治地区、特别行政区和经济特区。在《中华人民共和国立法法》修改之前，享有一般地方立法权的主体包括省、自治区、直辖市和较大的市。2015 年颁布的新的《立法法》则将"较大的市"改为"设区的市"。一般认为，地方立法权存在于中央与地方实行分权的国家，其地位低于中央国家立法权。

二、社会治理创新下推进地方立法权扩容的策略

（一）放松"地方性事务"的解释口径

改革开放前期，我国统一的法律体系尚未建立，改革方向的把控是改革最终取得成功的关键，一定程度上做出对地方立法较为严格的限制具有一定的历史合理性。但是随着地方面临的治理任务越来越繁重，继续沿袭过去严格限制地方立法的政策不再符合现阶段的治理需要。

现阶段，为了解决社会治理需求与地方立法权限之间的矛盾，需要中央转变思路，给予地方更多的信任。这种转变还需要中央对地方的观念认识做出转变。过去地方政府和市场之间的关系确实存在错位，但是任何事情都是发展变化的，我们必须运用发展的眼光看待地方政府与市场的关系。经过四十多年的改革摸索，无论是中央还是地方对政府与市场的关系都有了进一步的认识，地方的市场意识、法治意识也在不断强化，地方已经不再是中央深化改革的潜在威胁者，而是实现国家治理现代化的参与者。当前政府的一些短视行为依然存在，这些也将影响中央对地方客观、全面的判断。当然有一点需要明确的是地方立法权与地方

行政权的性质截然不同，虽然同属地方层级，但其权力来源、行使主体、程序、监督机制都不同，两者之间不能简单地画等号。

就立法现状来看，全国人大及其常委会在对《立法法》的实施做出解释时应当适当放松解释口径，对地方立法权限模糊的地带要改变过去一味对地方限制的解释态度，为地方立法提供更多的创新空间。

（二）细化法律保留范围

要走出国家立法与地方立法之间收放反复的怪圈就要从法律上明确各自的立法权限，使各自在法定的活动范围之内有序推进。过去我们从思想上陷入了一个误区，就是在规定法律保留事项时，更多的是以地方立法设限为目的，因此，对于属于专属立法事项，仅仅约束地方立法，而不划定国家立法范围。实际上，地方立法权来源于国家授予，国家立法机关对全国事务均享有立法权。但是，正是这种国家立法绝对权威在一定程度上造成了我国立法权配置不明晰、地方立法质量不高的问题。

从立法列举的十项法律保留事项来看，在划定国家专属立法事项上，基本上采取的是以事项的重要性为标准。将事关全国的重要事项交由最高层级的立法机关，相比于地方立法机关来说，更能保证立法质量，也有助于减少权力被滥用的可能。相关学者认为在实践中不能完全否定以重要性为标准划定国家专属立法范围的合理性，但是这并不意味着这一范围可以随意扩大，完全成为地方立法的禁区。

目前，在法律保留事项上之所以表现出较强的随意性，从立法技术上来说，是因为立法虽然采取了正面列举的立法模式对法律保留事项进行了列举，但是列举得太过粗疏、概括，从而造成实际操作上理解和把握的不一致。因此，对于法律保留事项，立法应当在列举上进一步细化，对于类似于"制度""基本制度"等用语也应当规范化。虽然法律保留事项在重要程度上强于其他事项，但是这并不能构成地方立法完全不能涉足的理由。对于一些地方有实施性规定的需要，可以由国家立法做出一个最高或者最低的限制性规定，地方立法可以在法定的范围依据治理需要做出具体规定。

第三节 公民社会权保障与社会治理

一、公民社会权概述

社会权的本质是为了保障一个国家全体公民能够有尊严地生活而产生的一系列权利，因此应当从社会权的哲学基础、社会连带理论、义务主体和实现权利方式四个方面出发对社会权的概念加以界定。

总的来讲，社会权是指源于人的固有尊严，其目的是给全体公民提供公正的、机会平等和社会平衡的有尊严的生活，主要由国家和非国家行为主体承担尊重、保护、促进和实现义务的一系列权利的总称。

二、社会治理创新下推进公民社会权保障的策略

（一）坚持具体的政治意识形态

意识形态是一种哲学范畴，是一种观念的集合，与一定时期的经济、政治观念紧密联系，主要包括政治思想、法律思想、经济思想、教育思想、社会思想等，同时也包括艺术、伦理、道德、宗教和哲学等多个范畴。现代国家意识形态对社会权的影响主要呈现在其对福利国家的态度之中，又可称为福利的意识形态。一般认为，福利意识形态在当前社会主要表现为六种基本类型：新右派、中间道路、民主社会主义、马克思主义、女性主义和绿色主义。

一般认为，为了影响选举结果，社会福利政策以及国家退休金政策的支出都可能被提高，而民主国家会倾向于较早去实行社会政策。此外，民主化本身也深受意识形态的影响，呈现出一定的文化底色。因此，意识形态对社会福利建设和社会权保障的影响相当深刻。

面对意识形态对社会权保障的深刻影响，政党和国家在社会福利层面逐渐达成了部分共识，形成了一系列保障社会福利的制度和规范，这些共识也消除了部分意识形态的对立。正因为此，我们应坚持客观的立场：坚定地走社会主义道路，坚持马克思主义关于社会福利的科学论断，因为只有社会主义国家才能彻底地运用手里掌握的财政资源，摆脱利益集团的干涉，从根本上维护人民的权利，

提高社会权保障程度。但是根据实践经验不难发现，资本主义国家经过长期发展，拥有足够的实力参与社会福利的提供，同时也正因为其经过长时间的发展，所以形成了相关的较为成熟的制度、经验。因此，在保障社会权的过程中既要坚持我国具体的发展国情和意识形态，同时在相关制度和技术层面也可以批判地对国外经验进行介绍、借鉴，从而为提高我国社会权保障程度提供域外资源，进而优化社会治理水平。

（二）发挥宪法中社会权客观功能

1. 发挥劳动权的客观功能

（1）劳动权的宪法规范保障的国家义务

劳动权是我国公民社会权利的首要权利，在整个社会权体系中占有重要的地位。劳动权规范表达了权利完整的存在依据和实施条件：《宪法》第 42 条第 1 款"中华人民共和国公民有劳动的权利和义务"表达出劳动权的请求结构：①"公民"与"国家"对应，公民享有劳动权，那么国家就负有保障公民劳动权实现的义务；②公民享有劳动权的权利本质是服务于劳动从而给公民所带来的各种利益（这些利益对公民的重要性程度足以影响到公民的生存以及发展自我的需求）；③公民在劳动权受到侵害时具备畅通的救济途径加以保护。

结合我国宪法总纲中的相关规定，劳动权体现了公民对国家的请求权：①中华人民共和国公民相对于国家拥有劳动的权利，国家不能禁止；②中华人民共和国公民相对于国家拥有劳动权，国家应防止来自第三方的违法侵害，这体现出国家对劳动权的双重义务：第一种是消极尊重义务，第二种则是积极保护义务。因此仅就劳动权的规范表述就产生了请求权的地位，进而延伸出国家义务的类型化履行。

从劳动权的基本属性来看，自然属性下的劳动显然不需要基本法进行规范，即自然劳动是不需要法律进行帮助就可以实现的，但是如果劳动是社会性的，而且这种劳动关乎从事劳动者的利益（比如生存和发展），公共权力才有义务通过各种途径进行保障。宪法中的社会权条款对公民权利保障具有特殊的意义，所以宪法社会权条款的客观功能也会有所不同。

（2）确立劳动权的基本权利价值优先地位

劳动权的基本权利地位首先要求国家尊重每一位公民的劳动权，首先，要求公民劳动权立法不得侵害劳动权的核心内容，不得违反《经济、社会和文化权利国际公约》中第 6 条第 1 款规定："人人应有机会凭本人自由选择或接受之工作谋生之权利并将采取适当步骤保障之。"国家应尊重劳动者自主选择职业，自由选择劳动时间、地点、形式等自由。

其次，针对公民就业和劳动保障方面的不合理差别对待，劳动立法应践行劳动权的平等保障原则，各类企业为公民提供劳动机会和工作岗位时禁止因为户籍、居住期限、社保缴纳期限、受教育程度等理由进行不合理的差别对待，在职业发展以及职位晋升方面不得进行户籍或者地域方面的限制。

最后，针对城市从事劳动岗位的特殊性——以非正规就业岗位为主的现状，公民劳动权立法应该扩大宪法中"劳动"所涵盖的范围，将各种非正规就业（临时工、小时工等）都归属到劳动的范畴，对其劳动权进行保障。

2. 发挥受教育权的客观功能

（1）宪法受教育权条款表达的国家义务

我国《宪法》第46条和第19条分别以公民权利和对应国家义务的方式规范了我国公民的受教育权利，是公民及其子女受教育权制度保障的基本依据。特别是第19条关于国家义务的表述可以直接作为制度构建的依据。

首先，从条款看国家对于公民平等受教育权负有保障的义务，只要是中华人民共和国的公民都平等享有受教育的机会并公平分享教育资源，例如，2018年新修订的《中华人民共和国义务教育法》第4条"凡具有中华人民共和国国籍的适龄儿童、少年，不分性别、民族、种族、家庭财产状况、宗教信仰等，依法享有平等接受义务教育的权利，并履行接受义务教育的义务"。

其次，对于公民不同阶段、不同类型的受教育机会和形式，国家都有保障义务，从义务教育、中等教育到职业教育和高等教育；从学校教育到各种类型的培训形式等都属于受教育权保障的国家义务范围。

再次，国家发展的各种教育设施并制定的各种教育质量标准都在致力于缩小城乡或者地区之间的教育差距，例如，2021年修订的《中华人民共和国教育法》第18条"国家制定学前教育标准，加快普及学前教育，构建覆盖城乡，特别是农村的学前教育公共服务体系。各级人民政府应当采取措施，为适龄儿童接受学前教育提供条件和支持"。

最后，上述所列与《宪法》总纲中的"国家保障公民受教育"条款同样具有法律约束力，能够产生对公民平等受教育权保障制度的"形塑"作用。

（2）受教育权客观功能发挥层面

高速推进的城市化建设对教育资源的分配提出了更高的要求，公民的受教育权与地方政府权力容易产生紧张关系，因此在公民受教育权法律规则的制定中，国家应从宪法受教育权内涵出发，将不同公民子女的平等受教育权体现在专门立法中的教育制度中，并以受教育权的基本权利优先于国家的立法、行政、司法机关的权力，促使其履行国家义务。

受教育权的客观价值要求国家通过建立特别的制度、程序或设立特别组织等一切可能的手段保障公民受教育权的实现。这种功能要求所有的立法、行政、司法机关都必须以宪法中受教育权的内涵及价值为依据和准则。所有国家机关、社会团体或个人都应当依据宪法的原则来作为或不作为，不得超越宪法的规定。国家有义务建立各种保障组织、保障程序与保障机制，建构教育法律制度。

概言之，在城市化建设过程中有诸多需要关注和平衡的利益，如城市化推进的速度、城市设施建设效率、城市安全与秩序都带有"公共利益"的色彩，都有价值。但是公民的基本权利作为一种价值是要高于其他价值和利益的，正如劳动权的价值要高于雇主的经营自主权，受教育权的价值要高于学校的升学率等。

第四节　社会组织参与社会治理

一、社会组织参与社会治理的基本理论

（一）社会组织参与社会治理的内涵

通俗意义上讲，社会组织参与社会治理，是指多个利益主体为实现共同利益目标，协同参与社会公共事务管理的过程，即政府、企业、民众、社会团体等多主体参与社会管理的过程。但关于社会组织参与社会治理的概念界定，学界尚未统一。一般情况下所说的社会组织参与社会治理，是指狭义的社会组织参与社会治理，即指具有非营利性、非政府性、志愿性、公益性、民间性和自治性等特性的社会团体、民办非企业单位和基金会，为实现社会公共利益最大化，满足社会多元主体社会需求，而积极主动参与社会公共事务管理的过程。其二者关系相辅相成、相互牵引，既是社会治理的题中应有之义，也是社会组织的必然要求。

（二）社会组织参与社会治理的功能

近年来，伴随着我国改革开放的不断深入、经济的不断发展，我国社会公共事务日益繁杂，社会矛盾也日益突出和多样化，政府与市场由于其自身的局限

性，无法有效满足公众多样化的社会需求。为弥补政府与市场的不足，满足民众多样化的社会需求，需要充分发挥多元主体协同治理作用，尤其应当充分发挥社会组织动员社会资源、提供公共服务、承接政府职能、培育公民意识和维护社会和谐稳定等的积极作用。具体来讲，社会组织参与社会治理的功能如下。

1. 弥补公共服务供给不足

随着经济的飞速发展，我国公共服务水平虽有飞跃式的提升，但公共服务不均等问题依然严峻，尤其在我国经济欠发达的中西部地区。政府作为公共服务的主要提供者，为社会提供的公共服务涉及领域广、内容多，长期处于公共服务供给的垄断地位，具有一定的统一性，但是缺乏针对性、有效性、深度性和高效性，再加之政府受自身体制机制的限制和职能有限性的影响，政府公共服务提供不足的问题较为明显。为此，无论是政府提供公共服务的数量还是质量，都难以有效满足当前民众的社会服务需求，特别是我国经济欠发达地区的公共服务需求。

社会组织作为多元社会治理主体之一，在提供公共服务方面具有与生俱来的优势，社会组织的成员大多来自民间，与社会群众有着广泛而密切的联系，能够通过多渠道、多领域，及时、准确、迅速地捕捉社会群众的意愿和利益诉求，为他们提供更具有便利性、针对性、多样性、专业性的公共服务。同时，社会组织作为非营利性组织，服务动机单纯，其提供的服务更容易被社会民众接受，可以在社会救助、扶贫、环保、教育、医疗、社会福利等领域发挥自身优势，弥补政府公共服务的不足。

2. 维护社会和谐稳定

社会的和谐与稳定，需要合理高效地处理好社会公共事务。我国作为多民族国家，社会公共事务管理常常受到社会环境、宗教信仰、民族文化和民族利益的影响，具有特殊性和复杂性。单纯依靠政府大而全的管理模式，已经无法满足当前我国社会经济发展的需要，更无法有效管理我国社会公共事务，甚至还会引发不必要的民事纠纷，影响社会的和谐与稳定。因此，充分发挥社会组织的功能和优势，是维护我国社会和谐稳定的关键。

社会组织作为民间组织，其成员来自不同阶层、不同行业、不同民族，具有一定的民间性、民族性、灵活性和代表性，因此，社会组织在参与社会治理时，所采用的方式方法会因民族文化、宗教信仰的不同而适时改变，能够灵活且有针对性地发挥功能和优势，协调基层政府和民众之间的关系。

具体包括三个方面：一是充分发挥桥梁纽带作用，能够在民众面前为政府树立良好的形象，以推动社会治理制度的顺利执行，缓解基层政府与民众间的矛盾；二是弥补政府部分功能的不足，为民众提供便利的公共服务，满足民众的精神文化生活和日常生活的需求；三是积极组织、引领不同利益需求的民众进入政治生活，收集民意，反映民声，最终达到缓和社会矛盾、化解民间纠纷、协调各方利益群体关系、维护社会和谐稳定的目标。

3. 推动经济发展

贫困问题一直都是世界性的难题之一，也是世界各国经济发展的重大阻碍。为此，我国政府针对扶贫开发做了大量的脱贫工作，截至目前，我国已有 7.7 亿多人摆脱贫困，他们大多来自广大的农村。虽然我国脱贫攻坚战已取得全面胜利、脱贫工作取得举世瞩目的成绩，但我国要持续推动，巩固拓展脱贫攻坚成果，尤其是在少数民族地区、革命老区和边疆地区，这些地方贫困程度深、扶贫难度大、脱贫成本高，需要不断推动这些地区的经济发展。而经济的高速平稳发展同时也需要多元社会主体协同参与，充分发挥各个主体的功能和优势，共同为巩固脱贫攻坚战成果发力。

社会组织作为公共服务供给不足的弥补者，在推动经济发展方面也具有特殊的优势，应结合其特性充分发挥优势。具体包括两个方面：一是要积极发挥社会组织在动员社会资源方面的优势。社会组织的非营利性、公益性、志愿性等特性，能够极大限度地动员社会各界资源参与经济发展。具体措施如培育公民意识、筹集社会资金，开展助学、扶贫等爱心公益活动。二是要充分发挥新农村合作社、行业协会和商会等经济类社会组织的积极作用，加强农民和市场之间的交流联系，促进资源共享、市场信息互通有无，以推动区域经济良性发展。同时，行业协会和商会结合各地区的实际情况，对外进行招商引资，发展地区特色产业，拓宽销售渠道，扩大生产规模，形成农业生产销售一体化。在推动经济发展的同时，也能吸引和留住当地青年人才，为各地区社会经济的繁荣发展贡献力量。

（三）社会组织参与社会治理的模式

根据资源依赖理论的观点，以政社关系以及双方资源相互依赖程度作为评定标准，社会组织参与社会治理的模式可分为：政府主导治理模式、社会组织自主治理模式和政社合作治理模式。

1. 政府主导治理模式

政府主导治理模式是指社会组织完全依赖政府的各项资源支持，依靠政府的认可拥有合法地位，依靠政府的财政资金支持获得参与社会治理活动的必要资金，依靠政府购买公共服务或转移职能而获得相关社会治理项目和服务对象，在紧紧依附于政府的前提下，以政府的治理决策和意图为目标，依靠政府提供的资金和项目等协助政府为社会公众提供公共物品和服务，满足公众多种需求的治理模式。

在政府主导治理模式中，政府不管是在物质资源上还是权力资源上都占据着绝对主导地位，由于政府提供的资源是社会组织较为稀缺的资源，因此社会组织更多的是服从政府的领导指挥、组织协调，执行具体任务。这种治理模式的特征是政府统领、单向互动。

第一，政府统领。以该模式参与社会治理时，社会组织要服从政府的指挥和安排。政府统领规划、决策、组织、协调、监督等各个环节，为社会组织提供所需的资金和项目等资源。社会组织要在政府领导下开展活动，主要是协助政府提高治理效率。在参与治理时，社会组织并无机会参与治理规划和决策等环节，主要负责执行具体的工作内容，借助政府的资源开展服务。

第二，单向协同。由于在政府主导治理模式中，社会组织与政府存在不对等的治理主体地位关系、不对称的资源依赖关系，加之政府未对社会组织授权、赋权。因此，合作中更多的是政府在前期做好规划和安排，社会组织根据政府制定的标准和要求负责后期具体执行，实现既定的任务目标。双方之间是一种自上而下的单向协同，即使合作中出现了目标不一致等情况，社会组织为了能够获得稳定的资金和项目等资源，也会选择服从政府指挥，优先满足政府的需求。

社会组织通过政府主导模式参与社会治理虽然能够有效避免资源短缺现象的发生，为自身参与治理提供坚实的保障，但是由于社会组织在合作中对政府的资源形成了过度依赖，造成紧紧依附于政府，丧失了独立性，社会组织一旦脱离政府，就难以生存，这种模式不利于社会组织长期、稳定、可持续地参与社会治理。

2. 社会组织自主治理模式

社会组织自主治理模式是指社会组织在不完全依附于政府的前提下，凭借自身的专业能力和较强的筹资能力多渠道筹集参与社会治理所需的各类资源，自主设计项目方案和计划、确定服务对象群体并为其提供专业化服务的治理模式。

在此模式下，社会组织虽然仍需要借助外部资源的支持参与社会治理，但由于拥有丰富的资源筹集渠道和方式，能够保持较好的独立自主性。这种治理模式具有灵活自主、多方协同的特点。

第一，灵活自主。在社会组织自主治理模式下，社会组织可以根据自身资源需求的变化调整意向合作对象，不必局限于某一主体，这样就避免形成对单一主体的资源过度依赖。社会组织通过多种渠道与爱心企业、社会爱心人士、公益慈善基金会等主体建立合作关系，可以从多方面筹集参与社会治理所需的资源。同时，社会组织又能保持较为独立自主的组织状态，不受其他主体的限制和约束，根据服务对象的需求，灵活调整组织策略。

第二，多方协同。在这种模式下，社会组织与其他治理主体之间形成良性的互动机制，针对合作中遇到的问题和冲突可以及时交换意见，共同探讨解决方案。此外，由于各个主体在合作中拥有较为平等的地位，各方就可以有效发挥出自身的优势并借助其他组织提供的资源弥补自身的不足，实现优势互补，提高社会治理效率和专业化程度。

社会组织通过自主治理模式参与社会治理，虽然在一定程度上保证了独立性，拓宽了资源获取渠道，实现了多方良性互动，但是，由于社会组织缺少与政府的联系，无法从政府方面获得培育和更多的资源支持，在参与社会治理时容易疲于资源筹集的工作。从更加长远的角度来看，这并不利于社会组织有效发挥自身的特色优势。

3. 政社合作治理模式

政社合作治理模式主要是指，在坚持政府、社会组织双方治理主体地位平等独立的前提条件下，合作双方的功能定位明晰、权责划分合理，以满足人民群众真实需求和切实增进公共利益为合作目标，以互动协商的方式促进资源良性互动，为民众提供公共产品和服务的一种模式。不同于政府主导治理模式和社会组织自主治理模式，政社合作治理模式具有平等互信、权责明晰、优势互补的特征。

第一，平等互信。不同于传统社会治理模式下社会组织完全依附于政府，成为政府"工具人"的情况，政社合作治理模式下的政社双方具有相对平等的地位。因为具有了平等的地位，社会组织可以积极参与公共事务的决策制定环节并发表自身的观点和看法。双方合作在遇到分歧时，社会组织也不必一味迎合政府的需要，可以与政府就面临的问题深入交换意见。此外，社会组织在为承接的政府购买公共服务项目开展具体项目活动时，也可以广泛收集群众的需求和建议并做反馈，为有关部门完善政策提供依据。

传统社会治理模式下，政社双方缺乏互信，政府更多地把社会组织当作一种威胁，社会组织也因为缺少政府的信任而无法开展活动，其专业能力的发挥受到严格限制。而在政社合作治理模式中，政社双方基于平等地位增加了互动和交流，也增进了互信。政府从不信任社会组织向信任社会组织转变的同时，更加愿意通过授权、赋权等方式将自身的一些行政权给予社会组织，避免社会组织在参与社会治理过程中出现权责不一致、缺乏公信力的现象，也能够有效避免公共物品和公共服务供给发生重复的情况。双方建立起互信关系，一方面能够为政府减负，另一方面也能使社会组织发挥自身专业优势，提升治理效率。

第二，权责明晰。在传统的社会治理模式中，政社双方未形成相互衔接、环环相扣的权力与责任体系，权力资源更多地集中在政府，而责任更多地需要社会组织去承担，导致双方在参与社会治理面临问题时，容易出现权责不清进而导致"踢皮球"情况的发生。相比之下，在政社合作治理模式下，政府与社会组织有着明确且合理的分工，政府主要负责宏观的公共事务以及对社会组织的引导、规范和监督，将更适合社会组织去承担的事务交给它们并及时放权，明晰了双方在提供社会服务过程中的权力和责任边界，确保公共服务项目的稳步协调推进和公共服务的有效供给。

第三，优势互补。政社合作治理模式能够很好地将政府与社会组织各自的优势充分发挥出来，形成"1+1 > 2"的合作效果。在合作中，政府可以发挥政策引领、规划设计、市场培育、资金支持和基本公共服务等方面的优势，社会组织则可以发挥自身在专业服务、资源整合、公民意识培育、政策倡导以及创新示范等方面的专业能力。政府提供的服务和产品惠及各层次的社会群体，社会组织通过承接政府转移的职能、政府购买的公共服务项目等方式满足细分的人群对多元化、专业化、发展性服务的需求，双方通过合作、优势互补实现为社会提供多样化、多层次、全覆盖的公共产品和公共服务，同时形成行政调控和社会调节的有机结合与良性互动。

二、社会组织参与社会治理的优化策略

通过总结国内外社会组织参与社会治理的经验，分析社会组织在参与社会治理中所面临的困境，探究阻碍社会组织发展的原因，综合相关问题分析，可以从六个方面予以突破和改进。我们的政府、社会为社会组织的建设和发展营造良好的外部环境，从而促进各类社会组织在社会的各个领域和各个方面发挥更加积极的作用。社会组织也要从内部进行综合提升，加快转型，为有效参与社会治理创造条件。

(一) 转变合作理念

1. 政府革新合作理念

目前，政府虽然通过职能转移、购买服务等方式与社会组织开展合作，但是由于其在合作理念上仍存在保守之处，尤其是个别基层政府部门没有真正将社会组织视作一个具有平等地位的合作主体，而将其当作分担工作任务的"工具"，把很多本不应由社会组织承担的行政事务交由其承担，并对社会组织进行过多的行政干预，这些都不利于创造良好的政社合作关系，因此，政府要树立先进的合作理念来营造良好的合作氛围以促进政社合作治理模式向更高层次发展。

首先，政府要坚持平等互信，将社会组织视为完全独立平等的合作主体，与社会组织进行互动时更多地依靠互信而不是依靠强制性的行政权力，相信社会组织是良好的社会治理合作伙伴而不是潜在威胁或政府治理社会的"绊脚石"，只有在政府信任社会组织的前提条件下，社会组织才能在自己擅长的领域大显身手。

其次，政府要秉持开放包容的态度，在选择合作对象时不能局限于有政府背景的社会组织、经常合作的社会组织或是规模较大的社会组织，要给予民间社会组织更多参与的机会，有些组织虽然规模小、实力弱，但在参与社会治理时也有着自身独特的优势，政府也应根据实际情况以及社会需求的变化积极与更多类型的社会组织开展多种多样的合作。

再次，政府要加强资源共享，为社会组织提供政策、资金、信息等资源，且不附带其他限制条件，让社会组织没有后顾之忧。此外，政府还可以通过部分让渡等方式将自身的权力资源赋予社会组织，让社会组织能更加得心应手地处理一些具体的公共事务。

最后，双方要增进沟通，政社合作治理不是简简单单地追求处理事务的速度，更多的是促进双方磨合，实现优势互补，这就需要政社双方在合作中保持密切沟通。当双方出现分歧时，政府需要畅通沟通渠道，加强与社会组织的沟通，通过双方充分的交流沟通解决冲突，而不是依靠行政命令单方面地消除问题。

2. 社会组织转变合作理念

首先，社会组织要对自身的定位有清晰的认识，不能是政府的"附庸"，也不能是站在政府对立面的竞争对手或政府的替代者，而要成为政府在参与社会治理过程中的合作伙伴。社会组织在合作中可以利用自身的专业性弥补政府存在的不足，与政府在合作中相互学习、相互促进。

其次，社会组织不能为了过分追求独立自主性，而忽视与政府合作的重要性。我国是社会主义国家，社会组织参与社会治理不能缺少政府的培育、引导与监管。因此，社会组织要积极与政府建立联系，了解政府在参与社会治理过程中面临什么样的问题、需要什么样的合作伙伴，以此为契机与政府积极开展相关的合作。

最后，社会组织要强化能力提升意识，因为社会组织与政府能够开展合作凭借的就是自身所具有的专业能力，社会组织拥有的专业能力水平越高，在与政府合作时就越有底气去灵活运用政府的各项资源而不受制于政府的干预。社会组织需要明白，平等合作的地位是要靠自己争取来的，最根本的还是要做强自己，只有自己变得强大，才能在与政府的合作中争取到更多的话语权和主动权。

总之，要想使政社合作治理模式有效运转起来，不仅需要政府革新合作理念，积极为社会组织创造合作的有利条件，而且也需要社会组织转变合作理念，理解政府、亲近政府，抓住机遇提升自己的同时积极与政府开展合作。

（二）加大扶持力度

1.加快政府职能转变

首先，政府部门应当进一步转变治理理念，认识到社会组织对于应对"市场失灵"和"政府失灵"带来和衍生的社会问题能起到独特作用，更加注重社会组织在社会治理工作中的积极作用，尊重社会组织的社会主体地位，将其视为合作伙伴，尤其是在新兴领域鼓励引导社会组织发展壮大。

其次，要持续推进"放管服"改革，把该放的权放开放到位，给社会组织充足的发展空间，把该监管的部分管好管住，引导社会组织向正确方向发展，同时优化服务机制，在资金、人才、制度、培训等方面为社会组织的培育发展提供肥沃的土壤。

最后，加强顶层设计，结合机构改革工作，制定政府权力清单、服务事项清单和承接社区服务的社会组织指导目录，和社会组织互相协作，协同推进，真正做到合理分工。

2.建立利于社会组织发展的服务体系

第一，加大资金投入，给社会组织提供稳定的参与渠道和资金来源，对社会组织开展服务工作建立专项资金，制定合理的资金申请和审核发放制度，尤其是对初创型、草根型社会组织建立初创鼓励扶持资金，对运营成熟的社会组织建立项目制资金。

第二，提供培训指导，组织当地社会组织定期开展理论培训、外出学习，引导社会组织在思想层面建立现代化的社会组织管理理念，改变以往散乱化、自由化的小规模管理理念，通过带领社会组织管理人员到上海、成都、深圳等地参观学习，让他们开阔眼界，学习先进做法和经验，对比自我进行改进提升，尤其是在社会组织开展服务的广度和深度方面，学习如何拓展活动领域，增强活动实效，避免开展活动只是表面文章、流于形式。结合社工人才培养计划，对计划进入社工行业的人员提供公益课堂，鼓励其参加"社会工作者国家职业资格证书"和"社会工作者职业水平证书"考试，推动专业化社工人才队伍建设。

第三，加强部门指导，制定政府部门服务社会组织指导意见，各政府部门要对其主管的社会组织加大指导力度，在社会组织登记申报的初期进行跟踪服务，避免出现不闻不问或推脱责任的情况，参与社会组织开展的各项活动，提供政策指导和服务，鼓励社会组织丰富活动形式，扩大活动影响力，增强活动实效。

第四，培育"内生"社会组织品牌，学习先进社会组织的做法，通过各类社会组织服务平台，在支撑各类社会组织运作、规范社会组织管理的同时，积极培育自己的"内生"社会组织，打造自己的社区服务品牌。

（三）规范运营管理

1. 引入现代化管理体系

当前，社会组织大多处于"散、小、软"的状态，在这种背景下，要及时转变组织内部管理理念，引入现代化的管理体系。

一是建立科学的领导决策机制，处理好社会组织宗旨和决策的关系、宗旨和具体目标的关系、内部资源和外部资源的关系，提升领导决策管理效率。

二是进行科学化战略管理，明确社会组织的宗旨和目标，制定长期规划和短期规划，按照既定步骤稳步推进，并结合社会实际情况及时加以调整完善。

三是建立健全财务管理制度，进行成本分析、投资管理和财务分析，防止腐败发生，进而提高效率、提高公信力，实现组织的宗旨和履行社会的责任。

四是进行科学的项目管理，社会组织对其开展的服务活动制定项目计划、组织实施、控制和管理，提前进行可行性论证，制定应急预案，项目结束后要进行总结报告，避免出现以往开展项目计划性差、随意性强的问题。

2. 拓宽人才引进和培养机制

现阶段，社会组织的人才短板问题较为突出，从社会组织自身角度出发，具体可采取以下措施。

一是结合大学毕业季，社会组织以区域内的大学为主，参加校园招聘，提高薪资报酬和拓宽发展晋升渠道，吸引社会工作专业的学生加入社会组织。

二是开展合伙人计划，对接成都、上海等地优秀的社会组织，建立合作协议，引进有经验的优秀社会组织人才定期到社会组织开展工作。

三是建立专家咨询队伍，社会组织根据服务项目需求，对接周边高校、科研院所等，建立稳定的专家咨询队伍，发挥专家的作用。

四是对当前社会组织工作人员中的非社工专业工作者，加大培养力度，鼓励其参加社会工作者资格考试。

五是定期组织外出学习，参加政府部门、行业协会等组织的能力提升培训班，更新工作理念。

六是壮大志愿者队伍，对接市内、省内高校，建立假期社会实践常态化制度，吸引大学生参与到社会组织服务项目中，同时，在开展服务活动中招募志愿者，吸引群众参与社会组织活动，积极动员社区居民中的共产党员、国家公职人员、专业技术人员和有特长的人员加入社会组织，这样可以优化队伍结构、提高服务水平，使他们能够在社区活动中充分发挥自己的专业知识和技能。同时，面向社区招募义工队伍，对义工进行定期的培训、聚会，引领义工服务，实行义工招募、培训、服务、激励、表彰的科学管理工作机制。

（四）构建合作机制

1. 健全权责分配机制

若想使政府与社会组织建立的合作治理模式有效发挥作用，就要明确双方在合作中的权责边界并做出科学的界定。调查发现，目前政社合作中仍然存在权责不匹配的情况，社会组织有责任完成政府购买的服务项目，却没有相应的权力。

此外，由于政府与社会组织在参与社会治理过程中的考核评价标准不同，利益诉求有差别，也导致双方在合作中虽然有分工，但是权责界限模糊，容易出现"踢皮球""甩锅"等现象，产生治理空缺。

因此，需要政府与社会组织共同努力，健全权责分配机制。相比于有限的政府能力，群众的需求是无限的，所以政府可以通过制定权力清单、职责清单的方式确认自身的职责范围，做好自己分内的事，将其余权属交给"最佳人选"，将适合社会组织负责的事务交由其承担，并积极赋权。合理且清晰的权责边界不仅可以使双方明确自己需要承担的责任和拥有的权力，充分发挥各自的优势，还可以使双方密切配合、协同增效。

2. 健全监督评估机制

构建良好的政社合作治理模式需要健全的监督评估机制。

第一，对政社合作中资金、权力的使用进行有效监督，确保其用途正当。通过制定严格的资金、权力使用程序和使用范围，保证资金、权力的使用过程合规、公开、透明并且可追溯，同时落实政府与社会组织的监管责任，对专项资金和权力使用中存在的失职渎职以及挪用滥用等行为予以追责。

第二，加强合作中的评估体系建设，根据合作项目运作的实际情况设计制定科学合理的评估标准，并能够对合作进行持续跟进，使评估贯穿合作的全过程。此外，还可以从合作方中挑选人选与新闻媒体等第三方组建公开性的评估团队，增强评估的民主性、科学性。

3. 构建合作互动机制

根据协同治理理论，政府与社会组织在社会公共事务上都应当发挥积极作用，出于对成本的考虑，政府与社会组织要建立合作互动的关系，这样既可以保持较小规模的支出，又能圆满完成提供公共福利的任务。

根据当前存在的实际问题，应当着力构建合作互动的政社关系：一是建立平等的主体关系，政府尊重社会组织的社会主体地位，将其视为合作伙伴；二是建立常态化沟通机制，定期组织开展社会组织座谈会，邀请社会组织参与相关会议活动，鼓励社会组织对社会治理工作提出对策建议；三是加强合作，通过某些服务项目的卸载、外包、杠杆资助以及开放公共政策参与渠道来主动整合社会组织的资源和能力，提供更全面、更精致的公共服务满足公众需求；四是加强互动，政府在开展各类活动时适当邀请社会组织一并参加，同时，政府部门也要积极参加社会组织的服务活动，在共同开展活动的同时，加强交流，促进发展。

4. 完善政府购买服务机制

当前，政府向社会组织购买服务工作尚在探索阶段，发展不成熟，有的地区已经着手开展，但缺乏制度制约，有的地区则是尚未开展，因此应当进一步完善政府向社会组织购买服务的机制。

一是要全面梳理社会公共服务、民生事务服务、政府履职辅助服务和技术事务服务等多领域事项，建立政府购买服务清单和管理办法，明确操作规范和职责，加强监管；二是依照政社分开、政事分开的原则，构建政府主导、社会参与、市场运作的运行机制，鼓励条件成熟的领域和地区采取政府购买服务的方式开展为民服务活动，以点带面，逐步推进；三是建立优秀项目的扶持资金，以购买服务项目、软硬件扶持、项目补贴、以奖代补的形式，向优秀社会组织开展项目倾斜，形成品牌效应和带动作用；四是增加居民参与环节，将居民参与作为政府购买服务项目化运营过程中的重要策略，让服务对象根据实际困难，开出需求单子，通过项目化运作，由社会组织提供服务；五是健全评价制度，提升社会组织规范化建设水平和服务社会的能力。

（五）提高治理能力

1. 优化筹资能力

一是加强品牌建设。通过优质的服务能力和质量来提高品牌的社会知名度，以此赢得第三方的资金支持，为社会组织改革发展吸引更多的财力资源，促进和谐共赢环境的形成。

二是建立合作伙伴关系，通过提升自己的品牌形象，扩大自己的影响力，与其他社会力量，如营利性机构、媒体等社会力量相互合作、平等协商、共担责任，拓宽筹资渠道，吸引更多的资金流入。

2. 提升跨界合作能力

跨界合作可以使不同的社会角色充分发挥不同的作用，实现优势互补。

一是推动"政府＋社会组织"模式。主动与地方政府合作，积极参与承办社会工作的相关项目和活动，如协助民政部门开展帮扶工作、课题研究等。

二是推动"企业＋社会组织"模式。建立能够汇集各类企业、拥有不同需求、相对稳固的联络网络，让企业迅速获得相互需求的信息来互惠合作平台，让社会组织获取资源，也能让企业找到良好的合作伙伴。

三是推动"基层组织＋社会组织"模式。搭建社区基金平台，在不同类型的社会组织之间撬动资源的整合与引入，探索助力专业社会服务工作的开展，推动社会治理的创新发展。

3. 提高社会组织沟通协商能力

社会组织的参与为"共建共享、共商共治"的基层治理之路注入了新鲜"血液"与活力，其协商能力是面对复杂的基层事务和治理体系时协调各方关系、维护社会稳定、在何种程度上取得治理成效的保障。

从理论层面来看，社会组织应通过宣传、学习、培训等各种途径，积极学习协商知识与协商民主理论，培育自身的协商文化与协商意识，同时向社会传达参与、包容、公共责任、法律等意识，这也是社会组织协商能力建设的题中应有之义。需要注意的是，不同的社会组织因领域、协商对象不同，对协商能力的要求也不尽相同，因此应针对社会组织的自身定位进行有针对性的、完善的学习与培训。

在实践层面，通过相关理论与知识的学习，依据领域内的相关议题开展协商活动，不断探索协商模式，提升社会组织的话语表达能力，促进对话协商、组织协调等重要素质的养成，保证社会组织能充分表达诉求、完成谈判协商，促使其主体间价值偏好的转变，进而达到社会大众对社会组织的角色要求。

（六）优化社会环境

1.加强政府引导

为适应形势变化、提升社会治理水平，必须打造共建共治共享的社会治理格局，让更多的主体以更加多元的方式参与社会治理，让社会治理格局更加清晰、效能日益彰显。

从相关研究来看，构建服务联动桥梁势在必行。以社区为服务平台，以社会组织为服务载体，以社会工作为服务手段，通过政府购买服务形式，引入第三方机构开展"清单式服务联动活动"，通过发布社区服务需求清单、社会组织服务供给清单、项目资源对接清单的方式，参与社区日常管理与运营，着力解决社会组织与社区之间供需矛盾问题，力争创立共建共治共享的社会治理新格局。

基层社区制度建设是建立共同治理格局的前提和基础，地方政府需要高度重视基层社区制度建设。基层社区制度建设不仅包括明文规定的法律法规，也包括社会道德与风俗习惯。在市场经济的发展过程中，政府在一些公共事务中行使的权力变得有限，在这种情况下，基层社区可以根据实际制定社区的"公约民俗"，让社会多个群体共同参与到社会治理中，做到人人有责，人人尽责、不断强化共治观念。

政府要预防与解决社会矛盾。各个社会主体之间的利益矛盾不但会影响社会的和谐与稳定，也会影响社会治理的参与，因此，为了使社会各个主体树立社会参与的意识并予以强化，应尽量消除矛盾，协调各主体之间的利益，推进共同参与社会治理的进程。

2.培养公民意识

当前，在政治、经济、文化和社会的全面转型过程中，新的社会秩序和运行机制正在逐步形成，需要公民更加积极主动地参与到社会变革的全过程，因此，加强公民意识，公益精神的培养，建立有序的公民政治参与，不仅是社会转型的内在需要，而且也是社会组织发育的根基。

为此，应该着力培养公民意识和公益精神，通过开展公民意识教育，促进公民的全面发展。在实践中，可以借助群团组织的力量，在宣传工作中逐步培养公民意识和公益精神；可以借助社区工会平台，通过建立工会兴趣小组、学习小组等吸引工友的加入，培养工友各方面的兴趣，逐渐引导大家对社会工作进行思考理解，同时，在兴趣小组之间搭建交流平台，发展工友互助网络，共同探索社会治理创新有效途径，力图联动多方力量推动社会朝公正、包容、关爱的方向发展。

3. 增强多元性和参与性

从有限政府的理论看，首先，转变观念，政府鼓励相关部门在社会治理过程中由直接提供管护服务逐步向购买服务转变，采取适合当地发展的各种办法，有序引导社会力量参与管护，为社会组织参与治理提供平台，使社会组织可以更多地参与政府购买。

其次，增强参与社会治理的能力。社会组织在不断明确工作职责、壮大队伍力量的同时，还需进一步提高社会组织参与社会治理的能力与水平，比如，可以倡议设立公益性岗位或者监督岗位，以对社会组织加强建设和管理，不断激励社会力量投入到社会治理中。

最后，创造参与社会治理的平台。社会力量参与社会治理的前提是要有参与的机会，因此，让社会上的众多力量能够接触到更多的参与机会尤为重要。有了参与的平台，才能逐渐强化社会各种力量的社会责任意识与主人翁意识，进而更好地参与社会治理。举例来讲，备受政府及全社会共同关注的农民工等流动人口群体，为有效解决其在就业、教育、医疗和生活保障等方面的问题，政府需要鼓励社会力量参与，共同构建较为完善的医疗、教育和物资保障帮扶机制。一方面，政府可以扩大医疗、教育保险的覆盖范围，另一方面，建立和完善紧急救助等机制，鼓励社会力量参与，充分利用社区自主互助平台，建立社区紧急救助金，随时为需要帮助的农民工等流动人口提供援助。

4. 建立多方协作机制

要打造一个共享共治的环境，就需要多元主体，包括政府、企业、高校、社会组织多方协作，只有建立协作机制，才能够更好地完成共享共治的目标。因此，要做到以下两点。

一是创新运作方式。一方面，在社会组织内部进行完善，可以借鉴合作成功的先进经验，并且积极尝试，与不同领域展开合作，从而完善社会组织的内部组织架构与系统。另一方面，在完善社会组织运作方式时，可以引入第三方主体进行合作。由于有些社会组织依旧处于发展初期，发展得并不成熟。为了更好地促进社会组织之间的合作，应该积极引入第三方主体，主要引入政府部门来进行有效的引导与保障。通过政府部门发挥作用，能够有效促进社会组织之间的合作与发展，例如，社会科学界联合会就发挥出了强大的作用。

二是强化沟通交流。可以通过"社会组织交流会""经验碰头会"等多种形式定期或不定期进行交流，以促进社会组织间"信息互通、资源共享、相互学习、共同进步"。

第六章 社会治理创新法治化的实现路径

实现社会治理创新法治化，推进法治国家建设，需要从我国现实出发找准基础、把握主导、认清重点、落实保障、实现核心，从而以灵活广阔的视角探讨出层次丰富的实现路径，从多环节、宽领域、高层次实现法治在社会治理、国家建设中的作用。本章分为社会治理创新的对策、社会治理创新法治化的路径探讨两节，主要内容包括创新社会治理理念、坚定公民道德培养、夯实民生底线的战略、提升社会价值认同。

第一节 社会治理创新法治化的对策

一、创新社会治理理念

（一）高度重视民本思想

人民群众是治理社会的众多主体之一，也正是人民群众作为基础，赋予了政府相应的权力，同时政府也有了义务。当前社会中，政府都是以服务大众作为自己的价值取向，公众的需求就是政府的行政方向，这使得政府的行政工作极为开放，同传统的官僚机构形成了本质上的差异。在社会治理过程中，政府存在于人民群众的利益链之上，做好自身的工作就是对人民群众负责。政府、社会以及公众三者之间本身就是相互依存的存在。按此逻辑分析，地方政府必须摒弃"政府权力本位"等官僚本位思想，确立"公民本位"的民本思想以及与公众平等协商的基本理念，在政府工作开展过程中时刻牢记人民居首位、服务是根本、灵活处理社会事务的工作方法，将群众工作列入日常工作清单中，把群众意见作为自己的工作内容，树立"工作表现满意与否，全凭群众评价"的意识，由此才能更好地转变服务模式。

及时主动了解群众需求，在满足群众需要时必须以同等的服务条件服务好每一个人，让每一个人都能享受到同等的服务。而地域发展的不平衡使得群众需求各异，因此，党和政府在开展服务人民的活动中要有所区别，这种区别并不是指某些群众可以享有特权，而是指具体情况具体分析，在规范的制度体系内，坚定以人为本的服务原则。此外还要确保行政执法过程公开透明，让社会治理一直处于群众的眼皮之下、处于大众监督之下。

（二）树立公平正义的理念

"公平"指的是按照某种特定的社会标准、规范的秩序正确地待人处事，是制度、系统、大型活动的重要道德品质。公平包含公民参与经济、政治和社会其他生活的机会公平、过程公平和结果分配公平。"正义"包括社会正义、政治正义和法律正义等。总的来说，我国社会治理要树立以公平正义为导向的理念，使人们有能力、有意识、有渠道地追求公平正义。

我国社会治理创新法治化要坚守"公正"性。在利益增多、来自各方的压力增大情况下，作为社会治理的"领头羊"——党应秉承自身的公正，在面对多方利益主体时，应做到不偏不倚、公平公正，做到"执政为民"。

二、坚定公民道德培养

中华传统美德是我国道德建设的源泉和动力，是中华文化结晶，也是社会主义核心价值观的重要内容。《新时代公民道德建设实施纲要》指出要树立仁爱、诚信等理念，同时弘扬社会主义核心价值观中蕴含的新时代的爱国精神、职业道德、诚实守信等美好品德，让活在现代的人们在日常生活中仍然可以传承中华优秀文化基因，从中汲取精神力量和培养良好习惯，推进社会治理有序进行。这体现出了公民道德培养对于新时代社会治理有效推进的重要意义。

（一）弘扬爱国精神

公民道德培养的首要任务就是要激发公民的爱国意识，大力弘扬爱国精神，让公民自觉爱国。国是一个民族的根，同时也是我们每一个人安身立命的根本，由内而外的爱国精神会助力每一个炎黄子孙爱护自己的国家，构筑社会治理共同体。爱国精神是中华民族五千年上下求索流传下来的道德情感，虽久经考验，但历久弥新，新时代爱国精神仍是助推我国社会治理的强大精神力量，而爱国也正是坚持社会主义核心价值观的基本要求和基础。

弘扬爱国精神要从细微之处着手，从公民的言谈举止进行宣传。其一，要明确规章制度，鼓励大家自觉遵守纪律，树立规则意识，只有从一点一滴的小事做起，才能真正地将爱国精神践行到生活中；其二，要宣传社会正能量，鼓励大家自由有序地参与社会治理，并发表言论，敢于与不良的社会现象斗争，一个民族、一个国家要有正义的灵魂，需要有自己的国魂；其三，要宣传社会美德，其中包括环境保护、垃圾分类、交通秩序等，同时也要通过黑名单制度等倒逼群众在一言一行中维护公共秩序，彰显爱国情怀。与此同时，伴随着"互联网+"的浪潮，网民也与日俱增，"线上"爱国主义也应纳入其中，使网络上弘扬爱国精神成为重中之重。

由此，爱国主义教育要不断创新形式，搭乘互联网的快车，以大众喜闻乐见的形式，如漫画、小视频等落实爱国主义，强化与网民的交流，培养正确的价值观。还可以通过调查问卷等收集、采用群众的正确意见，不断地创新形式，并且源源不断地注入新内容新元素，优化爱国主义教育的资源。

（二）树立职业道德

职业道德的培养也是公民道德培养的重要内容，同时也是社会主义核心价值观的要求。职业道德可以表现出一个人对于工作的认可度，同时也是个人在工作岗位上必须遵守的道德行为规范。生活中，每个人的工作时间和工作经历都是相对较长的，这可能会占据一个人生活的绝大部分，所以职业道德的培养十分重要且十分必要。将社会主义核心价值观的教育融于职业道德当中，会对个人核心价值观的提升起到事半功倍的效果，从而进一步提升社会治理效能。而要养成良好的职业心理和行为习惯则要从学校开始着手，比如开展职业教育。具体来讲，应从以下三个方面促进职业道德的形成。

其一，公民要坚定职业信念。要建立个人对所从事职业的信心、自豪感以及信念，单位内部和基层社区可以通过定期开展交流讲座等，解答工作和生活中的困惑，鼓励每位公民从自身出发，积极工作，坚定岗位职责，自觉奉行社会主义核心价值观的要求。

其二，公民要有敬业美德。学校要广泛开展职业道德课程培训，同时也应该在企业内部建立良性的竞争机制，加强员工干事创业的事业心、责任心。

其三，要强化自身职业技能，通过组织各类职业技能比赛、培训，不断强化工作技能，提高工作水平以及岗位核心竞争力。只有每一个人都提高了职业道德，工作才会变得更加有序，整个社会也会更加规范，治理能力也会随之提升。

因而，推进社会治理现代化，就需要社会主义核心价值观中职业道德的目标真正落到实处，需要不同岗位的每一个"螺丝钉"发挥自己的光和热，兢兢业业地默默付出，同心协力。在平凡的岗位上履好职、尽好责，以奉献的精神投入工作，认真负责，钻研好学，精益求精，保持积极的工作热情和踏实肯干的精神，为行业的进步添砖加瓦、奉献力量，进而促进社会治理的进步。

（三）坚持诚实守信

"信"在社会主义建设中有着重要地位，是每一位公民都应遵守的基本准则。诚信是个人道德培养的重要内容之一，是现代社会建立良好秩序的重要基础，也是中华民族传统美德。古往今来，历史事件告诉我们要做一个诚实守信的人，言必信，行必果，不仅仅是道德上的要求，更是我们形成良好社会治理效能的一个必备因素。古代"立木为信"为商鞅赢得信任，成功推行商鞅变法；新时代，为了能够赢取世界各国信任，我们也应该建立诚信口碑，提升我国治理效能。

政府可以发挥自身领导与决策的职能，开展诚信教育并推行诚信体系建设制度，一方面，政府要加强信息公开，增强政策公开化、透明化，实事求是，加强诚信意识培养和诚信管理制度，这样会从形式和内容开始让群众感受到透明公开，起到良好示范作用；另一方面，政府要加强诚信建设，完善诚信黑名单制度，按照法律法规和行业行规处理不诚信的行为，使得整个社会意识到诚信的重要性，在法律允许的情况下做事。

除此之外，要鼓励各行各业加强诚信规范，构建诚信文化，形成诚信氛围，通过奖励诚信个人、单位，使其发挥模范带头作用，让大家自觉积极地参与诚信建设。长此以往，诚信终会变成一种人们普遍遵守的社会道德，从而更好地提升社会治理效能。

三、夯实民生底线战略

党的十九大报告中围绕改善民生提出了明确要求，要解决关系老百姓最切身的利益以及人民群众在医疗卫生、教育、养老、住房等方面的相关问题，采取多种方式解决民生问题。夯实民生底线的战略是社会治理创新的重要策略之一，不仅有助于促进社会的公平正义，而且充分体现了中国共产党以人民为中心的价值立场。

（一）坚持优先发展教育事业

教育是民生之基，关系到社会经济的发展乃至国家的复兴。由此可见，能否办好人民满意的教育，与社会的和谐稳定是密切相关的。我国一直以来高度重视教育，但由于区域发展不协调，出现了教育资源不足、分配不均、地区之间教育资源不均衡等问题。每人都享有受教育的机会成为我国民生改革的重要内容之一。坚持优先发展教育的战略，加快教育现代化能够为中国特色社会主义事业发展提供源源不断的高质量人才，提升我国在国际竞争环境中的内在潜力。优先发展教育事业是社会治理的重要举措，是实现中华民族伟大复兴的基础性工程。"教育要从娃娃抓起"，中国共产党始终把教育放在突出位置，大力发展基础教育，不断提升教育教学质量和水平，大幅度提升国民的文化素养。

第一，推动教育均衡发展，完善家庭经济困难学生资助体系，逐步缩小区域、城乡、学校之间的教育差异。鼓励社会力量兴办教育，优化教育结构，以可持续发展的理念引领教育发展新风尚，促进教育资源公开共享，让每位受教育者都能享受到更好的教育，进一步在教育中提升自己，发展自己，从而在社会中实现自身的价值。

第二，在教育均衡发展的基础之上，进一步提升国民思想文化素养，实现教育公平公正，大力推动城乡教育一体化，高度重视农村义务教育，特别是贫困地区和偏远山区义务教育，积极办好学前教育、网络教育、特殊教育、继续教育等，大力发展高等教育，不断完善职业教育和职业能力培训体系。

第三，深入落实立德树人的根本任务，发展素质教育，培养德智体美劳全面发展的社会主义建设者和接班人。深入开展爱国主义教育、理想信念教育，促进学生将其内化为精神追求、外化为行动自觉，把握好素质教育时代特征，全面关心关注青少年成长成才，塑造青少年健全的人格。

（二）努力提高就业质量和人民收入水平

就业是最大的民生，提高就业质量和人民收入水平在社会治理过程中就显得更加重要。中国共产党始终高度重视就业问题，坚持就业优先战略和积极的就业政策，努力解决结构性失业、劳动力总量过剩、人口老龄化的矛盾以及结构性就业矛盾导致的各地区各行业之间社会发展的不均衡问题。实现劳动者就业，尤其是高质量就业一直是我国经济发展过程中所要坚持的目标。

习近平总书记强调"就业是社会稳定的重要保障"。如果当前社会失业人数过多,社会稳定就会面临很大风险。完善就业机制,实现高质量就业对于经济建设各项事业的发展具有促进作用。实施积极就业政策,多措并举、积极应对。一方面,统筹人力资源市场,打破城乡、地区、行业之间的束缚以及身份、性别的歧视,切实保障劳动者平等就业的权利;另一方面,要加强对于灵活就业、新就业形式的扶持,积极响应"大众创业、万众创新"的号召,积极推动劳动者多渠道多方式就业。在促进高校毕业生就业创业时,深刻认识到当前大学生就业创业遇到的各种问题,积极支持和帮助大学生创业,努力解决创业中遇到的各种问题,以创业带动就业,为就业增加机会。同时逐步完善创业服务机制和创业扶持机制,为就业创业提供服务。引导劳动者树立正确的就业观念,鼓励多渠道、多形式参与就业。针对退伍军人、城镇贫困人口等特殊人员也做好就业部署,进一步完善我国就业服务体系,确保高质量就业。

收入分配是民生之源,在收入分配方面要坚持共享理念。党的十九届四中全会将按劳分配为主体、多种分配方式并存的收入分配制度作为我国三大基本经济制度之一,充分说明党对改革开放四十多年来一直遵循的收入分配原则的肯定,同时也凸显收入分配制度对于促进收入分配更加合理、更加有序的重大作用。按劳分配为主体、多种分配方式并存的收入分配制度是实现共同富裕目标的基础制度依据。党的十八大以来,党中央始终把"人民性"放在中心位置,坚持以人民为中心的发展理念,实现居民收入与经济同步增长,提高劳动报酬,鼓励勤劳守法致富。扩大中等收入群体,增加低收入者收入,通过超额累进税收制度调节过高收入,取缔非法收入,不断提高人民收入水平。同时,结合再分配调节职能,大力推进公共服务均等化,努力缩小收入差距,逐步实现共同富裕。

(三) 积极实施健康中国战略

人民健康是民族昌盛、国家兴旺、民族振兴的重要标志,也是全国各族人民共同的愿望。习近平总书记在党的十九大报告中提出"实施健康中国战略",这体现了中国共产党对人民健康重要价值和作用的认识达到了新高度。采取针对性强、涉及面大、效果更显著的举措。通过完善国民健康政策,为人民健康提供全面的保障与服务。通过继续深化国家医疗卫生体制改革,在全国全面建立基本的医疗卫生制度、医疗保障制度体系,完善我国各层次医疗卫生服务体系,提升我国卫生服务能力和水平。通过完善社会化医疗体系,强化社会参与,提升社会组织在医疗卫生产业的参与力度,构建全面多层次的医疗卫生管理体系。通过健康产业研究，积极发展健康产业，构建基础扎实、政策完善、产业齐全的健康产业发展体系。

围绕医药卫生重点领域和关键环节，加强五项制度建设，做好"医疗、医保、医药"改革。首先，建立分级诊疗制度。坚持居民自愿，以家庭医生签约为突破口，签约服务老年人、慢性病人等重点人群和特殊人群，做细做实签约服务。其次，建立现代化医院管理制度。推动医院管理模式和运营方式转变，完善公立医院补偿机制，动态调整医疗服务价格，提高医院管理的科学化、精细化、信息化水平，规范医疗行为。再次，健全全民医疗保障体系。加快整合基本医保管理机构，推进基本医疗保障全国互联网和异地就医结合。最后，实施药品保障制度。加强监测预警，解决好低价药、"救命药""孤儿药"等药品供应问题，健全综合监管制度，发挥行业自律、社会监督、舆论监督的积极作用。以强基层为重点，促进医疗卫生工作的重心下移、资源下沉，多举措把人才、技术引向基层，财力、物力投向基层，优惠政策偏向基层，真正夯实基层医疗服务体系的分流功能，实现"小病不出县"，为人民群众提供综合、协同的基本医疗卫生服务。坚持预防为主，完善健康促进政策，广泛开展全民健身运动，塑造自主自律的健康行为。深入开展爱国卫生运动，综合整治城乡环境卫生，建设有利于健康的生态环境，坚持防治结合、因病施策，深入实施健康扶贫工程，在实现社会主义现代化的路上不让一个人因健康问题掉队。

传承中医药事业。中医药是中华民族的瑰宝，也是打开中华文明宝库的钥匙，要与时俱进，提高中医药服务能力，大力推进中医非药物疗法，发挥其独特作用，加快养生保健服务发展，推动中医药走向世界。

通过简政放权、放管结合、优化服务，鼓励社会力量提供卫生服务保障，积极促进健康与养老、互联网、健身休闲、食品等的深度融合，催生健康新产业、新模式，加强健康医疗大数据应用体系建设，推进医疗健康大数据开放共享。完善人口政策体系，充分发挥政策效应，强化人口发展战略研究，进一步提高人口素质，强化人力资本优势，实施健康老龄化工程，大力支持社会力量兴办医养结合机构，健全健康养老服务。

四、提升社会价值认同

社会治理的主体虽是多元的，但在载体上是由公益性的社会组织、企事业单位和基层组织等协同作业的。社会组织作为社会治理主体中重要的一部分，是社会中各主体参加社会活动有效的载体。多元主体的利益在社会治理中，既有共同的，也有不同的；既要履行社会责任，也要发挥公共精神。为了能够让多元主体积极主动地供给公共产品或公共服务，要进一步激发其内在动力和积极性，从思想深处引发共鸣，提供更多的精神力量，更好地满足群众的精神需求。

（一）完善志愿服务

正如习近平总书记在第十八届中共中央政治局第十三次集体学习时所讲："要利用各种时机和场合，形成有利于培育和弘扬社会主义核心价值观的生活情景和社会氛围，使核心价值观的影响像空气一样无所不在、无时不有。"在社会治理过程中，政府应大力提倡社会各群体、各成员的加入，不断调动各社会组织的主动性和积极性，发挥它们的独特作用。新时代下，伴随着我国志愿服务组织群体数量的不断壮大，在推进社会现代化治理的过程中，可以通过建立志愿组织公约来加强各社会组织对于成员价值观的主导和引领，通过潜移默化的方式影响组织成员，使其可以在日常生活的小事中强化自身的社会责任感。此外，利用组织自身优势有针对性地参与志愿活动、社会公益活动和群众文化活动，宣传社会主义核心价值观的同时帮助更多需要帮助的人。

其一，组织开展形式多样且富有社会主义核心价值观教育寓意的志愿服务活动，积极搭建志愿服务活动系列展示平台。要创新志愿服务活动的形式与内容，针对不同年龄与学习背景的群体，打造富有特色的志愿服务项目，确保社会主义核心价值观的精神能通过活动进行宣传教育。

其二，完善志愿组织的社会化运行模式。一方面，志愿组织要坚持社会化的工作方式，在招募成员、资金筹措、整合利用资源以及保障公益法律的工作中，要坚持社会化原则；另一方面，以合作和帮扶支持的方式，鼓励志愿组织逐渐趋于成熟、常态化、专业性，并且可以将服务项目常态化、对象明晰化，促进行动长效化，真正地增强社会组织对于社会主义核心价值观的认同。

（二）加强党建引领

根据《中国社会组织报告（2021）》数据显示：截至2020年底，我国社会组织总量为89.4162万个。这个数据十分惊人，表明社会组织已经越发重要，成为联系党、政府、社会的重要纽带。社会组织的数量随着时代的发展与日俱增，需要加强党的领导，已经成为新时代的重要任务，有序开展社会组织中的党建工作，不断扩大党在社会组织中的影响力，是发挥社会主义核心价值观引领作用的重要体现。要建立针对社会组织的党建工作制度，将社会主义核心价值观的理念融入党建工作当中，制度上不断加强党的领导，思想和制度上实现同时发力、同向发力。各社会组织也应构建民主和监督工作机制，建立管理工作方式，发挥基本职能。

社会组织党内领导主要发挥两种功能，一是政治功能，二是服务功能。党组织是两种功能的有机结合体，也是思想上和工作中的虚实结合的有机体，政治功能侧重于思想作用，服务功能则强调工作中的实际效果。各级党组织可以通过发挥服务功能的实际作用不断地实现党建引领，具体而言有两个方面：其一，加强服务意识。党组织要强化服务全方位民生的意识，如改革发展、民生保障、群众党员等多方事务与群体，获得社会各群体的支持与认同，更好地发挥党建引领作用。其二，强化服务功能。要从实际出发，针对社会中出现的难点痛点，根据中央下发的各类文件要求，围绕社会具体事务，尤其是要围绕着组织中的中心工作、业务工作具体展开，以党建促进业务工作、带动发展。

（三）创新基层环境

党的工作重心在基层，群众是我们直面工作的第一线，社会主义核心价值观在社会层面倡导"自由、平等、公正、法治"，体现了社会主义核心价值观对于民众的关怀。而让基层群众能够真正地践行社会主义核心价值观、感受到实惠的重要环节则是创新基层环境，这是社会主义核心价值观不仅注重思想，而且注重实践的体现。在习近平总书记看来，基层工作非常重要，不仅需要承上启下，作为交接点，同时也是处理问题、落实工作的基础和重点。

社区是直接与居民生活接触的第一线，对于人们的价值观的形成具有重要的意义。目前，我国社区的服务功能越来越全面，在处理群众困难、争取群众利益、协调群众矛盾、化解群众金融风险等多个方面有着至关重要的作用。因此，在社会治理现代化的过程中，要将社区深入群众、联系群众的优势充分发挥出来，加大对社区及各基层组织的投入，与此同时，还要通过公平公开的选拔机制，让一群有责任、有能力的干部下沉到基层，在日常服务中加强社区活动的宣传，让群众在潜移默化中对社会主义核心价值观入脑入心入行动。此外，还要进一步增强群众的自治意识，鼓励群众通过自我管理的方式，共同协商解决生活中的问题和矛盾，提升群众主人翁意识，把社区的建设、社会的建设当作自己分内的事情，真正建设自己的家。

在工作方式、宣传渠道上可以将各类有益、有趣的信息在平台上发布，如社区政务微信、宣传栏和广播站等，利用社区的便民性，提供与群众互动的有效途径，推动基层环境创新和谐。而对基层群众的教育和培养方式也要多样化、具体化，如不同年龄段、不同职业、不同习惯偏好，可以采用调查问卷的方式因人而异。还要注重家庭家教家风建设，通过"最美家庭"等评比活动，将社会主义核心价值观融入日常生活，凝聚社会治理共治的共识。

五、促进社会治理重点突破

贫困、网络治理、公共安全问题一直是全世界各国社会治理关注的难点，我国在社会治理方面也面临这些重难点。党的十八大以来，我国通过探索和创新社会治理实践，在贫困问题、网络治理问题、公共安全问题方面取得了不错的成绩。

（一）巩固脱贫攻坚战成果

巩固拓展脱贫攻坚成果是全面推进乡村振兴的底线任务。党的二十大报告提出："巩固拓展脱贫攻坚成果，增强脱贫地区和脱贫群众内生发展动力。"这既是新征程上我们党全力以赴巩固拓展脱贫攻坚成果的庄严承诺，更是推动巩固拓展脱贫攻坚成果与乡村振兴有效衔接的关键所在，为我们加快推进农业农村现代化、奋力在乡村振兴上开新局指明了方向、提供了遵循。我们要按照党中央部署要求，认真学习领会，紧密结合实际，不折不扣抓好贯彻落实。

不断巩固拓展脱贫攻坚成果，要抓紧抓实防止返贫这个底线，做到"衔接实"。乡村振兴的前提是巩固拓展脱贫攻坚成果，要持续抓紧抓好，让脱贫群众生活更上一层楼。要持续推动巩固拓展脱贫攻坚成果同乡村振兴战略有机衔接，确保不发生规模性返贫，切实维护和巩固脱贫攻坚战的伟大成就。弘扬脱贫攻坚精神，确保工作、政策、机构队伍等有序衔接、平稳过渡，把来之不易的成果巩固住、拓展好。坚决克服松懈思想，采取有效措施开展好脱贫成果"回头看"，及时发现问题、解决问题，让脱贫成果更加稳固、成效更可持续，决不让多年的努力付之东流。健全完善防止返贫的监测和帮扶机制，严格落实"四个不摘"要求，实施好防止返贫监测和分类管理模式，立足一个"早"字，早发现、早干预、早帮扶，及时采取有针对性的帮扶措施，坚决防止发生规模性返贫。用足用好过渡期政策，抓住机遇，让政策红利最大程度得到释放。加强扶贫资产管理，做好扶贫资金所形成的资产后续使用和收益分配工作，完善收益分配和监督处置机制，确保资产收益主要用于防止脱贫人口返贫。对造成扶贫资产流失的，必须严肃问责、绝不姑息。

（二）加强网络综合治理

党的十八大以来，我国积极提出"积极利用、科学发展、依法管理、确保安全"的方针，实施网络强国战略，形成了从技术到内容、从日常管理到打击违法犯罪的互联网管理合力。确保了我国网络信息安全，达到了促进互联网和经济社会融合发展的目的。党的十九届四中全会提出要建立健全网络综合治理体系，要提高网络治理能力，致力于形成多主体参与的网络综合治理格局。网络空间作为人类共同的活动空间，网络和信息安全牵涉国家安全和社会稳定。由于互联网具有开放性和虚拟性的特征，网络治理面临着前所未有的挑战。加强网络治理是保障我国信息安全、建设网络强国的必然要求。

在互联网技术飞速发展的时代，网络安全是至关重要的，进一步加强网络综合治理，坚持自力更生、自主创新，加速推动信息领域核心技术的研发和突破，做好关键信息基础设施的安全防范，增强网络安全防御能力和威慑力，加大网络安全预警监测力度，切实保障国家网络空间主权安全。研发具有自主知识产权的核心技术，保障重大工程和技术的安全。建立灵活的人才激励机制，充分调动科技人员的积极性、主动性、创造性，为网络综合治理发展提供有力支撑。同时，全球化趋势下的互联网安全，需要各国之间联动与合作，加强国际交流，促进互联网信息共享、技术共享、资源共享，共同构建开放共享的网络空间。

（三）保障公共安全

公共安全是一个世界性治理难题，中国把建设平安中国放在更加突出的位置来谋划，确保人民安居乐业、社会长治久安。建设平安中国是加强和创新社会治理的首要目标，是全面建设现代化强国的基础性工程，更是全国各族人民的期盼。

国泰才能民安，党的十八大以来，我国围绕"深入推进平安建设、健全公共安全"，对食品药品、安全生产、社会治安防控等领域的机制体制做出了重大改革。将整体防范与专项打击相结合，积极预防、严厉打击各类违法犯罪行为；将重点整治和完善机制相结合，最大限度地消除各类安全隐患和安全盲点；将保障安全和服务民生相结合，全面增强公共安全管理服务效能。

完善社会稳定风险评估机制。通过上诉、心理介入、矛盾调解和权利保护机制的灵活、有序运用，反映大众问题，解决矛盾，确保权利和利益不受侵害。改革、完善行政复议制度，纠正违法行政行为。建立解决争端的行政和司法制度的综合机制。加强社会治安综合治理，创新立体化社会治安防控体系，健全社会治安防控网，提升社会治安防控体系建设水平，依法防范各类违法犯罪行为，提高社会治安防控活动能力，化解社会矛盾，加强和创新群众工作。完善统一、权威的食品药品安全监管机构，建立覆盖全过程的最严格的监管体系，加强市场监管。建立食品来源可追溯系统和质量标签制度，确保食品和药品安全。深化安全生产管理体制改革，建立安全风险调查和安全防范管理体系，防范重大安全事故，改善防灾、减灾和救灾系统。加强公安全面管理，创新公安预防和管理三维体系，依法严格防范和处罚各类违法和犯罪行为。推进公共安全工作精细化，实现公共安全事务共同治理，并通过法律规范、道德教化、心理疏导等方式方法，提升维护公共安全的实效。

六、加强民主和法治建设

如果把中国的社会治理进程比作一辆高速行驶的列车，那么民主就是基石，法治就是轨道，因为只有稳固的基石和坚实的轨道才能确保列车安全平稳的运行，同时也为列车的不断提速提供了必要的信心支撑。改革开放以来，中国的社会治理得以健康有序的发展，就是在根本上坚持了民主和法治，我们当前的重要工作必须始终坚持民主和法治的重要保障作用，具体来说就是要一方面加强基层民主建设，另一方面加快社会治理法治化建设。

（一）加强基层民主建设

发展基层民主是惠及千百万人民的事业，有了最广大基层人民的民主，才能真正推进社会治理创新发展。在这一思想指导下，我们必须做好以下三项任务。第一，要搭建基层民主平台，让民意的表达畅通无阻，尊重每位公民的权利，确保民主的集体决定得到实施；第二，要创新基层民主形式。基层自治是公民行使民主权利、参与社会公共事务的重要方式，应该对扩大选举范围、工作人员的聘用等进行思想革新，使基层组织更好地发挥服务群众的作用；第三，要加强民主意识并普及教育。群众的民主意识是先天的，但也是不健全的，政府和相关主管部门有义务提供全民的基层民主实践教育，积极进行推动和引导，这样才能充分激发人民群众的民主意识，实现广泛参与和有效参与相结合，进而推动社会治理创新。

（二）加快社会治理法治化建设

成为一个法治化国家的必要条件是党和政府始终要坚持用法律途径解决社

会事务，群众自觉形成法治思维，任何事情的处理都能在法律上找到凭据。合法化便是社会治理法治化的基本前提，同时也是对国家治理总体目标的初步战略回应，要想建设好社会治理的法治化格局，基层民众法治素养的提升是一大重点。社会治理的多元主体之间也必须通过法治建立信任机制，这样的关系才更牢固，更有保障。由此培养人民对法律的信仰，对于实现治理目标起到了一定的辅助作用。

一方面，积极向公众传播法律知识。人民和整个社会的法律素养不是天然形成的，而是依靠宣传和教育来促进形成的。为了进一步提高全民法治素养，通过广泛、长期地深入宣传和教育，提高向人民传达法律信息的宣传和教育水平，有效地提高人们对法治的认识，使学习法律成为一种生活方式。在当今信息充沛、公众关注度无法持久的时代，法律教育必须以公众希望了解它是有效的方式进行。可以使用文学作品来推广法律，将法治文化融入优秀的文学作品中，还可以利用新媒体来激发人民的潜力并培养人民自主的法律意识。另一方面，多在群众喜爱的社交平台上创建法律分析模板，将群众高度关注的热点事件用最专业的法律知识进行分析，让人们在遇到一样的事情时能够有一个清晰的法律认知。在这样一个大数据时代，媒体的作用显而易见，充分运用好新媒体平台向公众普及法律常识，帮助人们认识和运用法律，让人们学会使用法律手段保护自己，区分道德评估和法律判断，并尊重他人的合法权益。公共事件、紧急事件和社会热点都是宣传法治文化的最好载体，同时也是利用舆论指导人们思考法治的重要机会，以此来促进法治文化的建立。

同时，进一步加强基层法治思维的转变，提升社会治理中的法治化水平。除了在基层社会治理中提升基层管理人员的法治意识之外，还需要提高基层管理人员理解并运用法治的能力。要积极发挥管理人员的榜样和领导作用，依法指导基层工作，依法办好各项基层工作，依法解决基层问题。为此，有必要对基层管理人员进行法治教育，在长期教育中培养法治思维，在日常工作中树立法治观念，坚持法治，规范法治。基层管理人员作为党和国家主要政策的具体执行者，真正善于利用法治来解决复杂情况下的问题，这是一种必须培养和训练的能力。基层管理人员必须不断加强学习，与时俱进，发掘工作中需要学习的理论知识，并反映工作中的不足。同时，要求工作部门进行业务培训，推广优秀经验，总结经典案例，不断提高通过法治解决矛盾、解决争端的能力。

七、完善社会保障体系

根据我国社会治理实践经验可知，社会保障体系的建立和完善对于社会治理创新同样发挥着重要作用，为此，可以采取以下策略推动社会治理发展与创新。

（一）推进养老保障制度

养老是当代社会面临的一个重大问题，关系着千千万万的家庭幸福和社会稳定和谐。中国自古以来就有尊老爱幼的传统美德，百善孝为先，要把孝老、爱老、敬老作为个人立身处世的基本道德规范。当前，随着我国老龄化问题的日益突出，中国逐步开始实施全面参保计划，完善城镇职工基本养老保险和城乡居民养老保险制度，积极推进社区养老、医养结合，不断提升养老保障水平。人人享受基本养老保障是全面建成小康社会的重要内容，我国基本养老保障覆盖面逐渐扩大，参保人数逐年上升，养老保障的待遇水平也不断得到提升，养老保障管理体制进一步完善，这对应对人口老龄化、维护社会稳定和谐发挥了重要的作用。

推进养老保障制度，既要坚持共享发展的理念，大力夯实养老保险制度平台，逐步建立共享的养老保障体系，消除地域差距，使公共养老资源得到更加公平公正的分配，让制度平台发挥协同分配的重要作用。要支持和吸引各方主体有效参与养老，确保人民群众的利益共享，有助于统筹各区域养老资源不平衡不充分的矛盾。还要加快完善社区居家养老保障服务短板，完善养老保障体系，形成以居家养老为基础、社区服务为依托、机构养老为支撑的养老模式，积极吸引社会力量加入社区养老，构建公益慈善对养老服务的可持续供给，夯实社区养老服务基础，加快完善社区养老服务的不足。

同时，一方面优化养老金管理制度，提升管理效益，真正使养老保障基金发挥整合使用的效率，保证养老保障基金不被挪用或占用，切实发挥养老保障金的作用；另一方面，制定延迟退休政策，较大程度缓解养老资金短缺问题。可选择的退休政策是我国综合考虑不同劳动群体的实际情况，以劳动群体的工作时间为基础，实行的差异化、有弹性的，可供各个行业、不同职业选择的政策。可选择的退休政策可以避免不稳定因素的产生，有助于社会的和谐稳定。

总之，我国推进养老保障制度，在坚持共享发展的基础之上，通过精细化的养老保障政策实施，既体现了多层次养老保障体系的科学性，也体现了我国对社会弱势群体的必要保障和人文关怀，也使得参保人感受到了养老保障的"温暖"，享受到了社会发展的成果，进而促进了我国社会的长期稳定和经济的可持续发展。

（二）加强社会救助体系建设

社会救助制度作为社会保障体系的重要组成部分，在维护社会稳定、建设和谐社会等方面发挥了重要价值。党的十八大以来，我国注重社会救助体系建设，使得社会救助工作进入发展快车道，出台了多项政策措施，社会救助制度体系日益完善，工作机制不断健全，逐步提升了社会救助水平。统筹城乡社会救助体系，完善最低生活保障制度，满足低收入的困难群众个人生存需求。同时，对重点群体进行重点救助，充分保障妇女儿童合法权益，努力建立健全农村留守儿童和妇女、老年人关心关爱服务体系，积极发展残疾人事业，不断完善社会救助相关制度与具体措施，让社会救助最大范围覆盖到最需要的人群。

在我国社会救助体系建设过程中，社会救助工作主要通过以下三种方式统筹协调：第一，逐步健全城乡社会救助制度，包括完善城市居民和农村居民的最低生活保障制度，在城市居民当中推行"分类施保"，在农村落实五保供养制度，健全医疗救助、教育救助、住房救助制度，规范和完善自然灾害应急救援和灾民生活救济制度、流浪乞讨人员救助制度以及就业援助和法律援助制度，规范城乡社会救助政策，进行分类救助。第二，整合城乡社会救助资源，建立协调、和谐的工作机制，贯彻落实，统一政策，集中办理。统筹城乡社会救助协调发展，建立提高社会救助工作水平的机制，确保社会救助政策得到落实。第三，强化管理，建立一支专业化的社会救助工作队伍，提高对社会救助管理的服务水平，进一步完善城乡救助制度的制定。

社会救助体系是国家社会保障体系的重要组成部分，也是人民群众对美好生活的向往。党的十九大报告中，明确提出要统筹城乡社会救助体系，完善最低生活保障制度。我国在社会救助体系过程中逐渐明晰权责、合理划分事权、量化支出责任、厘清救助边界。加强了社会保障制度之间的衔接，推动社会救助与民间慈善对接，促进社会救助与扶贫开发统筹整合。根据不同贫困地区的不同层次进行社会救助，救助方式各异，对于绝对贫困者，主要进行生活救助，以现金为主、服务为辅；对于相对贫困者，主要以专项救助为主；对于遭受自然灾害或者陷入其他一些临时困难的保障对象，主要以应急救助为主。逐渐实现社会救助政策与贫困类型匹配，避免出现因为不可控因素陷入贫困无助现象，切实完善社会救助体系，保障人民群众的基本生活需求。

除此之外，要统筹社会救助管理平台，提高救助的效率。加快建立健全社会救助综合服务机构，推动跨部门社会救助业务的协同，保障救助信息共享。在此基础之上，健全救助信息系统，开通社会救助热线，设置独立的受理窗口，充分确立资源共享、信息互通、项目统筹模式、有效降低交叉、重复救助，切实提高社会救助的效益。

（三）加强保障性住房建设和管理

住房问题关系我国千家万户的切身利益，是广大人民群众的一项基本生活保障需求，是最基础的民生问题，也是关系经济健康发展、社会稳定的社会问题。当前随着我国经济社会的快速发展，房价较高，人民的生活压力较大，房子越来越成为城乡居民的"心病"，如何满足居民的住房需求，成了当前社会治理需要关注的一个重要问题。

居住需要是人类最低层次的需要，也是保障人民正常生存的一个必要因素。随着城市化进程的加快，住房问题对于很多家庭来说已经十分迫切，甚至对于部分家庭来说，可能会因为住房问题而返贫。据统计，我国住房主要以私有产权为主，而私有产权的住房，绝大多数要通过商品交易才能获得，对于一般的上班族或者刚刚走出学校的毕业生来说，很难购买一套属于自己的商品房。党中央通过着力加强保障性住房的建设和管理，建立多主体供给、多途径保障、租购并举的住房保障制度，努力实现让人民群众住有所居。

我国着力加强保障性住房的建设与管理可从五方面着手。第一，从确保公共租赁住房的建设用地、交通条件、生活条件等方面考虑保障性住房的建设，确保低收入家庭基本住房要求能够得到真正的保障。第二，建立健全保障性住房运营和管理机构，充分发挥街道或社区的作用，对低收入家庭的保障性住房进行管理，充分保障低收入家庭的住房需求。第三，构建以政府主导、市场运行、共同管理的模式，充分发挥政府和社会的力量，真正使保障性住房建设得到保障。第四，进一步加强和完善保障性住房准入退出机制。构建全面的保障性住房信息系统，建立相应的管理制度，充分保证信息的准确性、及时性、全面性，及时掌握了解，对不符合规定的申请者进行合理的处理，使住房困难的家庭能够真正得到保障。同时，合理规划保障性住房的配建比例，避免保障性住房集中在一个地区，制定合理的管理收费政策，促进低收入家庭融入社会，确保低收入家庭的各项权益，从而促进社会的和谐稳定。第五，从长远来看，进一步优化保障性住房的结构，积极发展公共租赁住房，既有助于解决低收入和中等收入家庭的住房困难，使他们的住房条件在近几年内能得到明显的提升，又有助于实现社会公平公正，缓解社会矛盾，稳定社会秩序。

八、推进智慧社会治理模式转型

随着智慧化信息技术和现代经济社会治理的深入融合，以及智慧化信息技术和数字社会治理智慧化的深度集成，智慧化社会治理不仅在理论意义上是改善我国社会经济和管理现代化的客观要求，而且也是促进社会治理转型的基本治理方法之一。智慧社会的治理功能升级和重建是基于社会组织之间的相互关系，通过大数据、云计算、物联网等现代信息手段和技术，在社会组织网络空间的广泛应用基础上，以多种方式提高智慧社会治理的层次和治理水平，使治理过程更优化、更科学、更智慧。

智慧社会建设和治理的智慧特征主要体现在建设和治理主体的智慧性、协调性、全局性和社会整体成员的参与性。现代社会的智慧化社会治理对治理的能力发展提出了新的认识和要求，并亟待实现智慧社会的治理模式转型，即智慧社会的社会治理体系转型、智慧社会的社会治理结构转型以及智慧社会的社会治理能力转型。

（一）推进智慧社会治理体系转型

社会转型加快带来社会利益分化，其最明显的表现就是经济社会与国家利益的分化。随着经济社会转型的推进和加快，形成了一个多元化的经济社会利益分配关系格局。在这个多元化的社会利益分配关系格局中，如果出现利益的分配不平衡，就容易引发社会主体的利益矛盾和利益冲突。社会利益分配关系是直接影响人类的行为和选择的主要驱动力，是人类经济社会生存和发展的动力和基础。为了有效避免由于国家占有的社会经济资源的分配和人民占有的社会利益不平等而直接引起的社会利益冲突和社会矛盾，必须研究如何保持多元化的国家社会与人民利益的平衡。因此，建立完善的社会主体利益维护和表达体系，是研究如何保障经济社会的政策公平与公民社会的利益公平相协调的一个基本前提，也是对智慧社会的社会治理体系的重要转型。

首先，社会主体对利益的维护和表达体系主要是指社会公民和其他社会个人或者组织为了维护和实现自身的利益而对政府和社会的维护和表达。我国社会主体利益维护和表达体系的完善直接关系到社会的和谐稳定。由于我国完善了社会主体利益表达的体系，社会群体都可以通过合法的机制和合规的渠道，顺达和理性地表达他们对利益的诉求。对所有社会群体的需求和利益进行考虑，满足多数社会个人的利益需要和愿望，避免了复杂的社会矛盾导致的利益不平衡，减少社会成员的不满。当前我国几乎所有的社会矛盾都直接涉及社会利益的关系和诉求，这与目前我国社会主体利益维护和表达体系的不平等现状和不完善程度有关。当前，我国的社会主体利益表达体系的主要缺陷就是利益表达的机会不平等和表达渠道不畅通。

其次，在社会分化的过程中，形成了不同的社会利益集团。由于社会资源的占用、自我意识和表达价值意识的不同，不同的利益关系和社会群体对国家社会和政策的直接影响也不同，导致不同社会群体之间的利益表达机制存在明显差异，特别是强弱社会群体之间。强势社会群体控制着国家主要的、大部分的政治、经济、文化、社会资源，可以根据自身利益影响社会政策的制定和执行。不同于一些西方发达国家直接表达公民个人和集体利益的组织和诉讼集团，在中国，利益表达制度主要表现为权力的替换表达，同时代表强者的利益和弱者的利益。此外，强势社会群体的组织程度高于弱势社会群体。强势社会群体往往认识到个体利益与群体利益的关系，而弱势社会群体只看到个体利益，对群体利益的理解相对模糊，无法用组织权力表达群体的利益。

而且，社会公民利益的管理和表达工作是政府和公民的一项基本义务和根本权利。健全的社会公民利益管理和表达体系，有利于保障政府和公民的基本利益诉求，有利于加强党和政府与人民群众的密切联系，有利于及时地了解群众民意和舆论，有利于快速有效地解决社会矛盾。因此，有必要进一步探索和研究如何建立一种促进社会公民利益表达的新体系和新渠道，创新社会公民的利益和表达体系，以更好地适应我国社会经济发展对社会公民利益管理的要求。

此外，随着社会的发展，社会组织在社会治理中的参与已成为一种趋势，社会组织在社会治理中发挥着越来越重要的作用。由于社会矛盾的增加和社会矛盾的复杂性，现代政府正在从以前的"管理型政府"转变为"服务型政府"。政府正在退出社会治理的某些领域，将社会治理的一些职能转移给社会自身，实现社会治理领域的多方共同治理。这需要发展和培育社会公民、改善社会参与的环境以及规范社会组织参与社会治理的条件。长期以来，政府和社会是两个相对的力量，在解决社会冲突和社会矛盾时，政府很容易被视为矛盾的对立面，进而产生新的冲突和矛盾。社会组织作为社会形成的力量，有利于解决矛盾和冲突，特别是有利于解决社会矛盾和冲突积累过程中的突发性群体性事件。社会组织、社会基层和人民的感知和判断，使潜在的矛盾和冲突以及导致矛盾的因素更加直接和准确。社会组织可以作为一个"压力释放阀"来及时引导不良情绪，也可以成为意外事件的"预警装置"，预先控制社会矛盾和冲突以及处理紧急事件。特别是在互联网发展迅速的今天，每个个体都可以成为"自媒体"，社会热点新闻的爆发毫无征兆，公众的舆情对政府和社会成员都至关重要。因此，要重视社会组织，特别是基层社会组织在应急工作中的突出作用。总之，社会组织在对社会的治理中一直发挥着相互协同的作用，有利于保护公民的建议权和诉求权、加强党和政府与人民的联系，及时了解舆情和舆论，快速有效地解决社会矛盾。

（二）推进智慧社会治理结构转型

智慧社会治理结构体现在针对智慧社会公民的集体智慧和新技术赋能应用所带来的各种自动化和人工智能化。典型的协同效应表现和例子就是人工智能城市系统。它集成了大量人工智能、数据挖掘、机器人深度学习等先进的技术来自动模仿和学习现代人类的各种思维表达方式和信息计算处理方式，增强了人类的知识自主创新能力。这种协同效应广泛体现在城市政府的各个横向和其他纵向职能部门、不同工作小组、公营和私营部门之间的合作，通过政府内部和外部力量的整合，以提供更优质和更有效率的公共服务。现代社会公众或公共服务使用者的参与对社会的发展非常重要。很多政府部门在设计政府网站或政府应用程序时，都应当充分考虑提供用户参与的渠道。随着科学技术的发展和管理理念的进步，世界各国和地区都在不断尝试新的社会治理结构。因此，从治理的层级出发，可以自上而下地设置以下四种层级：智慧政府、智慧城市、智慧社区和智慧家庭。其中智慧政府是顶层设计，智慧城市是核心组成，智慧社区是底层基础，智慧家庭是基本单元。这是对智慧社会治理结构的重要转型。

1. 智慧政府

智慧政府经历了三个阶段的演进建设，即数字政府、智能政府、智慧政府。数字政府基于电子政务，在数字技术的支持下提供数字一体化服务。智能政府基于智能管理决策系统提供智能、个性化的服务。智慧政府基于综合智慧形态，以智慧、动态为特点提供创新型智慧服务。演变后的智慧政府与数字政府、智能政府的区别在于，前者更侧重于对治理模式进行全方位智慧化的革新，坚持以人为本、以用户为中心，致力于创造一个由数据、算力和机器构成的透明、高效、负责的服务型政府。

加强智慧政府建设具有重要意义，具体表现在以下三个方面。

第一，有利于提升政府治理水平。将云计算、大数据等新兴技术与政府治理相结合，整合各类信息数据资源，解决"数据孤岛""信息壁垒"问题，实现政府部门间信息数据互联互通，推进办公一体化云端平台的建设，有效提升智慧政府治理水平。

第二，有助于提高政府服务效率。通过大数据网络平台，科学采集、精准定位、多维度分析公众需求，形成个性化、专业化、弱势群体均等化的高效政务服务体系，让数据多跑腿、群众少跑腿，有效提高政府服务效率。

第三，有助于提升公民满意度。智慧政府是以为人民服务为中心、以满足群众个性化需求为导向的政府，基于互联网思维对交通、医疗、社保等与人民生活息息相关的方面实行智慧管理，以便民、惠民为政府职能转型方向，使政府建设更加符合人民期待。

2. 智慧城市

2008年，IBM（国际商业机器公司）首次提出了"智慧城市"的核心概念。它的智慧城市核心内容被明确地概括为"智慧""连通"和"感知"。"智慧城市"的概念是一个集城市管理感知、信息管理资源共享、主动管理服务于一体的综合型城市建设和管理信息系统。它采用先进的城市管理信息和数据交换处理技术、自动化的网络管理资源配置，将各行各业的上层管理资源的分配直接连接各个城市的网络管理终端。它极大地降低了管理成本和架构的级别，将大型的中央城市管理系统直接分解为一个可独立完成管理的综合型智慧城市管理节点。它通过将集中管理与分布式的处理技术相结合，使得城市建设和城市治理更加智慧化，为实现城市的和谐发展、满足市民安居乐业的需求提供了智慧技术支持。来自美国的学者安德里亚和其他国家的学者一致认为，智慧城市通过参与式治理，合理地将配置资源投资于人力资本、社会经济资本和其他现代的通信技术和基础设施，促进了城市可持续的经济发展和稳定增长，并全面提高居民的生活质量。

3. 智慧社区

随着现代科学信息技术的快速进步和现代社会经济管理模式的日益复杂，圣地亚哥大学在20世纪90年代提出了"智慧社区"的基本概念。其主要目标之一就是通过社区信息的传输、网络共享和开发各种智慧产品，提高现代人类在特定时间和领域的整体工作效率和生活满意度。智慧是社区经济发展的一个核心驱动力和要素，是一种创新的思维和强大的创造力，而这些实际上都是以信息技术的进步和创新为基础的。

在当今世界，智慧社区主要指的是物联网和先进的信息感知技术，通过物化和信息的互联将所有的人、物和网络连接了起来，形成一种新的社区现代网络和社区信息管理形式。智慧社区，包括智慧建筑、智慧家庭、智慧公共交通、智慧医院、智慧生活、智慧商业和智慧生活。在此基础上，社会服务和建设管理领域的专家学者表明，智慧社区的主要目标之一就是提升服务管理水平，提高社区管理和服务能力，充分利用互联网和信息技术，正确应对社区居民的实际生活需求及其发展趋势和完善社区信息管理的内容，促进社区管理和服务发展。通过管理实时信息收集、传递、处理和数据分析等综合管理应用，建立并发起了一套现代化的社区服务和公共管理环境精细化的服务体系，形成了新型现代社区公共服务、资源整合、环境管理服务形式，其效益明显，环境管理条件十分清洁适宜。

4.智慧家庭

从治理结构出发，智慧社区的下一个层级就是智慧家庭。智慧家庭即全屋智能，是智能家居技术发展的高级阶段。智慧家庭依托于智能家居技术，并非某一单一的智能化产品，而是一个广泛的系统性产品概念。智慧家庭以物联网、云计算、人工智能为核心基础，以住宅为载体，通过传感器对环境进行持续监测，平台层负责信息管理和信息交换，最终实现对智能硬件的自动化控制，提供具有便携舒适、安全节能的居家环境。其便捷性在于，可以突破物理空间以及时间等因素限制，通过智能终端或机器学习实现人为远程操控或自动控制，减少人工操作。其舒适性在于，所有智能硬件均可以通过平台层进行联动控制，且智能联动场景丰富，无须手动调节和控制。其安全性在于，能够对家庭住宅进行远程监控，基于生物特征（指纹、面部、瞳孔）进行身份识别，智能高清摄像机对住宅进行实时监控，能极大提高家庭安防等级。其节能在于，运用传感器对家电、门窗、水电气进行统筹，依据监测到的数据对各类资源使用进行合理安排。

智慧社区是由若干个智慧家庭组成的多跳网络，这些家庭按照无线通信标准（如 Wi-Fi 和移动电话），通过无线频率互联。它可以被视为一个网络物理系统，在这个系统中，家庭实际上是具有个人需求的多功能传感器，不断从各个方面监测社区环境；必要时，输入自动或人为控制的物理反馈，可以提高社区安全、家庭安全、医疗质量以及应急能力。

（三）推进智慧社会治理能力转型

实现互联网背景下智慧政府的治理能力提升，主要利用互联网技术创新作为主要手段，将进一步完善政府治理转型作为重要目标。在进一步建设互联网和智慧政府转型的过程中，政府和公民处于重要的主导地位，应同时强调智慧政府与社会公民的良好关系和互动关系，这种关系既是建设和谐社会的重要基础，也是进一步衡量智慧政府与和谐社会的重要指标。在基于互联网和智慧政府的政府治理转型中，政府和社会公民应当把治理注意力集中在互联网等新一代通信网络技术上，例如，物联网、云计算、大数据分析、移动互联网设备等信息处理技术。通过用户创新和大规模技术创新实现互联网等新一代信息技术的创新，具体表现为开放式创新和联合创新。因此，提升智慧社会的治理能力，需要以政府结构为平台，在此基础上确立政府、市场和社会公民的公共价值，最终实现政府治理、公民治理的有质量的社会公共服务。具体来讲，可以从五个主要方面提升中国智慧政府的治理能力，这也是对智慧社会治理能力的重要转型。

第一，学习落实贯彻党和国家在移动互联网和现代信息技术产业协调发展方面的重大战略决策部署等重要思想和政策指导。党的十八大以来，中共中央国务院多次提出我国加快推进建设"网络强国"的重大发展战略目标。习近平总书记曾多次明确强调"没有信息化，就没有现代化"，并具体指导了国家大型数据中心和区域大型数据中心的建设。国家针对政府信息化的发展思路和战略的发展轮廓还明确指出，有必要提高政府信息化水平，提高部门之间的信息交流机制，建立一个全国性的数据管理中心，加强经济运行数据交换，分析监控过程和预警，并改善宏观调控能力和决策支持。通过基础业务信息交流有效支持户籍制度和业务制度改革，推进政府信息公开，加强政府信息和数据服务平台建设。互联网和"方便的信息服务平台"建设可以为公众提供更优质和更快捷有效的网上政府信息服务。建设智慧政府，必须由各级党委、政府在党中央的统一部署和指导下进行，其应该成为新时期信息化建设的标杆和典范，促进智慧社会的建设。

第二，明确智慧政府发展方向和重点。有专家指出，政府规划和行动的效率是城市发展的基本保证。在构建智慧政府的过程中，应明确规划责任和社会环境中的公众参与，建立多主体互动模型。要提供全方位、多角度的服务，努力把企业、集团的生产经营和问题处理好。政府应根据各自地区、行业特点，提供智慧管理系统、智慧办公系统、智慧检测系统、智慧执法系统等交互平台，提高企业、组织和个人的满意度和幸福感。

第三，智慧时代的政府发展促进了政府职能的全新转变。政务的智慧化是政府运用互联网等现代的信息手段和技术进一步提高政务的智慧化和管理水平的重要途径。智慧化的政府可以充分利用信息科技的手段对各类政府的信息资源进行有效的整理、收集、总结、挖掘和分析，从而大大提高政府的工作效率，节约工作的成本。同时，也因为它可以有效地使政府的事务公开、公平、透明，充分满足人民公众的利益和知情权。目前的智慧化政务的主要技术特点和先进之处在于，它能够有效地利用大数据分析和互联网技术，充分满足政府了解的需求和满足人民群众的需求，并针对群众做出具体回应。智慧政府还可以通过分析大数据和政策执行情况来分析和评估政策，对用于政策评估的相关信息的整体效果进行动态分析，如相关实时数据、整体对象、实施过程、实施效果、既定目标、社会期望、意见反馈等，并提出整改建议。此外，依靠互联网的快速发展，我们可以从更新相关数据的过程中实时了解政府工作程序，这样我们基于完整的和及时的客观数据，可以分析、判断、计划、调整和优化整个业务，甚至在重大问题上做出明智的决策。专家指出，智慧政府可以为公民和政府之间的良好互动提供空间，作为一个民主社会的基础，它应该包括四个特征：透明度、反应能力、对公民必要的关注以及鼓励公民参与公共决策的能力。公共部门、企业、社会公益组织、社区团体成员在政府决策执行过程中的互动、交流和沟通，体现了社会对政府的决策去中心化的趋势，政府与社会公民之间的利益联系更加真实和平等。

第四，利用大数据实现管理现代化以及智慧治理。大数据是一种数据集，它在数据收集、存储、管理和数据分析等各个方面都远远超出了我们传统的数据库管理软件和工具的应用范围。它还具有采集数据量大、数据流速快、数据类型不同、值采集密度低四个主要的特点。例如，在当前社会的城市治理实践中，经常存在一些政府部门不能有效地采集和整合有用的城市治理信息的可视化问题，阻碍了一些社会新型城市管理技术和服务的顺利投入实施。对于大数据和其他云计算治理领域技术的应用进行深入分析和研究，不仅可以有助于为大数据创造新的价值，也有助于提升城市治理相关领域和技术的城市治理可视化能力。众多的大数据专家提出，对大数据进行分析处理比大数据本身更有意义。通过将城市感知数据的可视化为城市标准数据格式，实现数据分析的可视化，城市的治理主体和社会公民可以对大数据的信息交互和应用产生新的可视化理解和创新见解。大数据的可视化和应用提高我国的城市治理能力，促进城市治理转型的主要应用包括依靠云端计算技术，实现大数据的采集、计算、分析和挖掘，利用城市管理的相关感知数据和其他信息资源，统一建立城市公共服务信息共享的平台，根据采集和分类的信息，提高可视化开放的程度。基于大数据理论建立的城市治理框架，反映智慧社会运行状况的大数据是智慧城市的核心，但一些敏感数据的安全性仍是一个需要解决的棘手问题。在数据集成的基础上，提高事件预测和灾害调查的准确性具有重要意义。利用现代大数据技术构建智慧城市的综合公共服务管理信息系统，实现智慧城市政府服务管理信息的纵向和横向的扩展，实现综合管理的信息可视化和服务智慧化。

第五，随着城市环境治理信息技术的发展，应当不断地增加对城市物理网络和基础信息设施的技术支持。城市智慧治理基础设施及其建设的延伸和应用的范围可以有效"加强和创新社会治理，促进社会治理的完善，建立全民共建的社会治理结构"。随着城市的发展和现代人们日常生活水平的提高，陈旧的、年久失修的城市基础信息设施已不能完全满足城市的发展和人们日常生活的基本需求。如何建设一个智慧的城市环境治理基础设施，既是智慧城市实现信息科技时代城市智慧的必要条件，也是必然选择。智慧基础设施的发展对改善治理和日常生活需求都极其重要。现代智慧城市基础设施和信息通信技术使社会主体更加紧密地联系在一起，使公民能够与企业和政府进行互动。这可以促进经济的可持续发展和创新思维，为城市经济社会政策的不断调整提供依据。

根据智慧城市现有的研究，智慧城市的智慧治理基础信息设施可以大致分为如下两类，即智慧城市的物理网络基础设施和智慧城市的信息网络基础设施。其中，智慧城市的物理网络基础设施是指满足人们对智慧城市日常生活的基本需要和符合智慧城市的可持续发展战略规划的一系列坚实的环境治理基础设施。例如，智慧的水、电、能源系统通过信息资源整合的方式促进公众便捷的缴费、使用和维修，智慧交通系统可以通过完善城市出行路线规划的方式解决交通拥堵的问题。智慧城市的信息网络基础设施实际上是城市的基础信息设施与网络信息技术的有机结合，帮助公众实现高效、准确、细致的城市社会环境治理服务目标。智慧城市的物理网络基础设施技术可以作为互联网治理技术创新的工具和基础，智慧城市的信息网络基础设施也可以作为互联网治理技术有效创新的工具。智慧城市的信息网络技术主要包括智慧无线网络、物联网、宽带和智慧虚拟网络。这些互联网和信息技术的广泛存在和发展使得现代社会中人与社会以及人与人之间的相互联系无处不在，为公众提供一种更加"移动"的生活方式。目前在交通、医疗、教育、政务等领域都已经开发应用了智慧系统，典型实例如下。

智慧交通系统（ITS）。从其定义上看，智慧交通系统主要是指通过先进的互联网信息技术、数据通信处理技术、传感器图像处理技术、电子商务自动控制系统技术和计算机技术在整个运输管理系统建设过程中的有效综合集成，由此建立起基本一体化的交通运输技术和管理体系，实现准确、高效、实时的运输管理一体化。我国智慧交通系统通过整合人、车、路等交通信息，提高了不同交通问题的信息协调解决的效率，提高了对交通疏通的能力，并有效减少了交通事故。目前，我国正在采用的各种智慧交通系统提供的用户服务，主要涉及交通管理、电子商务收费、交通信息服务、智慧驾驶及辅助安全、交通安全与管理、运营、综合管理、交通基础设施的管理、数据管理 9 个领域。

城市能源服务互联网系统（UEI）。城市能源服务互联网系统是一个集成、互联使用和共享并优化了城市内各种区域间的能源信息交换，包括城市电力、照明、天然气和其他综合利用能源的互联网平台。许多相关科学研究成果表明，互联网中心城市能源服务系统框架一般可以被划分为三个物理基础层次：城市能源物理基础层面，主要是指市的物理基础，即所有的能源供应都属于城市的物理基础层面，如城市风能、热能、废弃物的处理等；城市能源信息基础层面，主要是泛指属于城市互联网能源通信以及信息系统的各个领域，如在线能源监测平台、大数据等；城市能源服务水平层面，主要是指城市能源服务的管理、能源服务贸易或者其他多元化的服务、能源的供需关系和市场。通过城市能源服务互联网系统的规划建设和应用可以有效地实现城市能源在安全、经济、可靠和社会治理方面的灵活性应用。

智慧社会数据中心（IDC）。随着社会经济发展中需要储存的社会数据量越来越多，数据已经逐渐成了社会建设和治理的一种新的整合社会信息资源和社会治理的工具，甚至成为社会治理的重要内容。在现代化的智慧社会基础设施的建设中，除了需要先进的大数据技术来帮助实现社会治理的现代化，还需要积极推进现代化的智慧社会数据中心的建设，以进一步提高现代化社会建设的治理能力。在构建现代化的智慧社会数据中心的过程中，需要考虑以政府决策为主要因素，充分考虑数据中心建设和治理运行的社会治理内容，包括智慧数据中心建设和支持的系统应用环境的管理、使用与维护；智慧数据中心视频信息、语音视频信息、图像视频信息的生成、处理和传输使用，视频监控系统的管理和使用与维护；系统应用设备的物理安全、网络应用系统安全、信息安全。社会治理相关人员应当充分熟悉各类数据中心业务以及相应的应用设备系统的管理、使用与维护工作。

九、引导健康社会心理的形成

（一）构建社会心理服务体系

党的十九大报告提出要"加强社会心理服务体系建设"，培育自尊自信、积极向上的社会心态。社会心态是一段时间内整个社会的情绪基调、社会情调和社会价值，积累到一定程度会形成一定的社会效应或社会现象。因此，社会治理过程中，社会心态问题不容忽视。

　　心理健康是影响人们发展的重大社会问题。加大人文关怀力度，加强心理疏导，这对不断创新和提高社会治理能力具有重大的作用和意义。建设社会心理服务体系，重视在社会治理中融入心理学方法，既有助于解决社会治理中存在的心理健康方面的问题，也有利于促进社会善治。社会治理最核心的问题就是要解决人的问题，现在随着人们生活节奏的加快，狂躁症、多动症、抑郁症等心理疾病日益凸显，社会心理服务就显得更为重要了。社会治理的主体的治理能力、社会事务的参与度、社会心态问题等构成了社会心理服务，社会治理各个层面恰好也包含了心理方面的问题和心理学的相关问题。

　　党的十八大以来，我国社会治理更为重视人的全方位发展，更加尊重人心理的发展，为个体提供多样化的心理服务，帮助个体提升心理应对能力，学会用多样化的视角来看待问题，用合理的、成熟的方式与自己、他人、社会沟通。通过把心理学中关于社会群体心理状况、社会矛盾等应用到社会的治理中，引导社会公众平衡自己的社会心态，积极参与我国社会治理，推动社会的和谐发展。通过不断了解社会群众的心态动向，展开政策研究，提供政策导向，解决群众的社会需求，从而达到促进政府善治、社会参与的共建共治共享社会治理格局目的。

（二）加强心理疏导与人文关怀

　　社会治理，不能一味地求快求高，而要坚持治理的适度，根据经济发展确定社会治理水平，加强对人民群众的心理疏导与人文关怀。党的十八大以来，我国更加重视社会治理工作，在社会治理工作过程中更加重视人文关怀和心理疏导工作，培育人民群众积极向上、平和理性、自信自尊的良好社会心态，这是社会治理实践中的一项重大任务。科学发展观将以人为本视为核心价值，而以人为本也是社会治理必须贯穿的内在诉求。及时将心理干预纳入社会治理，整体部署。同时积极预防、减缓和控制因社会治理而造成的社会心理问题。

　　做好人文关怀，需要帮助不同群体免除后顾之忧，在社会治理过程中，工作人员工作压力和强度大，生理和心理负荷高，对此，要合理安排工作时间，让工作人员合理安排工作和休息，及时给予他们家庭相应的关怀和照顾，做好温暖人心工作，充分考量心理需求，努力解决实际困难，提供有力的支持和保障。同时要加强对健康理念知识的宣传，帮助广大人民群众加强心理引导，舒缓焦虑情绪，促进社会形成良好的舆论氛围和预期，进一步维护社会和谐稳定，提升人民群众的认可度、安全感和满意度。

（三）加强精神文化建设

党的十八大以来，相关部门对人民群众开展精神文明宣传，培育和践行社会主义核心价值观，引导全体公民树立社会主义核心价值观，使人民群众积极投入到精神文明创建活动中。鼓励和支持社会团体开展精神文明活动，带动社会公众开展精神文明活动，充分发挥各类社会组织的价值，形成全社会共同营造的精神文明建设格局。

随着我国生产水平显著提高，我国广大人民群众的精神文化需求进一步彰显个性化，人民群众更乐于在精神文化生活中张扬个性，表现自我，实现价值。作为社会和精神存在物，人的精神文明多样化需求凸显，既享受自我的学习提高、内在修为过程，也享受集体的文娱活动以及外展风采。进入新时代，我国广大人民群众精神文化需求，层次性也进一步凸显，既需要"居庙堂之高"也需要"处江湖之远"，注重陶冶情操、精神升华，更好地满足人民日益增长的美好精神文化需求。从人类社会发展的视角来看，既满足了人的全面发展的内在要求，也符合了社会主义发展的本质要求。加强精神文明建设，坚持和贯穿了以人民为中心的思想，深刻揭示了中国共产党推动经济社会发展的目的和动力，也体现了我们党社会治理的目的性和规律性的统一，文化发展为了人民，依靠人民，成果由人民共享，推动社会主义文艺事业的繁荣兴盛。

第二节　社会治理创新法治化的路径

一、党的领导：党的领导地位始终不动摇

党的十九大报告中提到在建设中国特色社会主义的各项工作中都要坚持党的领导，党政军民学，东西南北中，党是领导一切的。中国共产党是中国特色社会主义事业的领导核心，唯有在中国共产党的领导下，我国的发展才能凝聚力量，沿着正确的方向前行，始终站在人民的立场上，维护广大人民的利益。同时中国共产党也是践行依法治国方略的领导核心，党引领全国人民共同步入现代化强国，始终是我国社会治理工作的领导核心。

（一）中国共产党是国家治理现代化的领导核心

实践经验告诉我们，中国共产党和党领导下的各级政府是推动社会治理不断创新发展的重要力量。在现阶段，我国的社会组织发育还不完善，基层自治还存在很多问题，社会仅仅依靠自身的力量还难以实现有效的自我管理和自我服务，因此，当前的社会治理创新还需要充分发挥党和政府的核心领导作用，如此才能更好地实现多元互通的良好治理局面。

根据实践经验可知，只有将政党治理好了，一个国家的治理才能成为可能。齐卫平认为，国家治理与党的建设是相辅相成的，在建设现代化的国家的过程中，为确保一个政党的良好发展或运行也需要对国家进行治理。在中国特色社会主义制度下，执政党的良好治理直接关系到一个国家的治理与社会的发展。只有一个优秀的政党才能制定出定国安邦的良策，促进自身事业发展，维系国家命脉和民族的前途。所以要想将国家治理好、要想将社会治理好，对党的有效治理是首先要做的工作。对党的治理一定要严格，做到从严治党，只有一个现代化的政党才能引领国家走向现代化的道路。马国钧、裴国辉认为，作为当前和今后工作的重点，国家治理体系和治理能力的现代化是引领中华民族走向未来的强大引擎，共产党作为执政党要及时转变观念，提高自身能力，唯有如此才能肩负起这项伟大的历史使命，发挥主导力量。

（二）中国共产党是依法治国进程中的领导核心

在对近代中国的反思中，中国共产党总结出只有政党才能引领国家前进。在近代中国，中华大地上涌现出众多的思想潮流，经过不同尝试。资本主义行不通，其他的尝试也一样遭到了失败。问题就在于我们没有抓住问题的核心，没能解决封建帝制解体后如何对社会进行有效的管理，社会呈现一盘散沙，军阀的混战加剧了社会的动荡不安。最终只有中国共产党带领人民实现抗日战争的胜利，实现了国家的统一，使得中华民族得以屹立于世界民族之林。而中国共产党所倚靠的就是马克思列宁主义、毛泽东思想。共产党的胜利也就是马克思列宁主义、毛泽东思想的胜利，这些理论是被实践检验过的正确的理论。

同西方国家先建立成熟完备的制度后成立国家不同，我国是先有成熟的政党，然后才在此基础上建立起国家制度。它本质上是政党制度发展到一定程度的产物。这种发展轨迹决定了在现代化国家的建设及推进法治国家的构建中，中国共产党必将是坚定不移的领导核心。政党引领国家发展是中国的特色之处。因此，中国共产党的领导符合历史的逻辑脉络，依法治国作为国家制度构建中的主要维度，也应该由中国共产党进行领导。

作为无产阶级政党的中国共产党代表了广大人民的根本利益。马克思、恩格斯指出："无产阶级运动的初衷就是为大多数人谋利益的"，在无产阶级的发展过程中不存在与人民群众相悖的利益。正是由于这种内在本质的一致性，决定了群众的诉求也将会是党的主张，党的主张与人民的利益并不冲突。但在党领导国家的发展过程中，为了保持党同人民利益的一致，就需要借助恰当的方式将人民的利益诉求上升为国家的意志，所以我们采用法律法规的形式来达到这种契合，而这种上升的途径是被证明合理和有效的。因此，坚持党的领导将有助于在未来依法治国战略的实现中更有利于对群众利益诉求的满足与维护。

（三）中国共产党是社会治理法治化的领导核心

我国国土资源广阔，人口民族众多，社会问题复杂多样。多元复杂的社会环境决定了我国的社会治理不会自由自发地进行。放任的自由发展往往会造成社会治理体系难以构建、社会治理效率无法保障等问题，甚至会出现社会治理的异化。在社会治理发展过程中，利益集团凭借各种手段对社会资源与权能进行抢夺。这种内耗最终导致我国的社会治理工作混乱而没有实效。因此，社会治理不能无目的地自由发展与构建，而是应该有相关的领导机制对其发展进行制约、规范与引导。对于社会治理领导核心的构建是符合我国社会发展需求的。在中国，中国共产党成为我们社会治理过程中的天然领导核心。首先，中国共产党是全国人民利益的代表。中国共产党在社会治理当中拥有更加广阔的视野，能够对全国不同地区、民族之间的利益进行有效的协调。其次，中国共产党拥有推动社会治理的天然优势。中国共产党所拥有的强大的政治资源能够推动社会治理工作的快速发展。社会治理是一项全局性、系统性的工作，唯有中国共产党才有能力引领中国人民开展各项重大工作，保证我们的社会治理工作不偏离正轨，增加正向的社会能量。最后，社会治理工作应该在法治的框架下展开，依法治国的重要的一环就是依法治理社会。作为依法治国的领导核心，党领导下的社会治理具有合理性与合法性。

党的领导是推进社会治理法治化的关键因素，时代的发展、社会的进步、环境的变化、任务的艰巨使我们党也不得不随着形势的发展而与时俱进。而在这一过程中，我们要坚持依法领导，俗话说没有规矩、不成方圆。对于一个国家而言，如果没有法律，国家治理将出现混乱，又何谈国家和社会的稳定，何谈人民群众的利益保障。

二、多元参与：法治之下的携手推动

社会的变革与进步总是先有观念的革新，唯有观念的革新力量才能推动社会持续发展。在当前的社会治理当中，政府应该在主导社会治理转型中首先树立起法治理念，同时社会组织也应该尽快地成长成熟，成为社会治理中的中坚力量。社会公众也应该以更加积极的姿态参与社会变革，成为社会治理不可或缺的一部分。

（一）政府树立依法行政理念，更好地引领社会治理

政府在社会治理法治化中起着重要作用，是法律制度的主要执行者，行政法治是实现社会治理法治化的重要环节。基于法治的基本要求，社会治理法治化进程中，作为重要主体的政府要树立依法行政的理念，推进法治政府的构建，在法律的规制下行使治理国家的权力，在法定的范围内履行职责，切实做到依法行政。这是转型期社会治理方式创新的客观要求；也是政府职能转变，建立公共服务型政府的现实需求。因此，除了以完备的法律体系为特征的形式法治，以公平正义、人文关怀为核心的实质法治外，以依法行政为内容的行政法治也是社会治理法治化的重要内容，并且这一环节直接决定着法治的效果。

行政法治是依法治国的主要支柱，要求行政主体依法行政，在行政过程中要依照依法行政、权力制约和权利本位、正当程序、责任行政等理念去认识问题，分析问题、解决问题。依法行政就是要形成法高于权的价值取向，要有法制统一和法律监督的意识，要依法行政，而非依个人意志行政。在行动方案的选择上，行政主体要将合法性放在第一位，在合法性缺位的情形下，即使方案在政治层面、经济层面、道德层面是有益的、有利的、良善的，也必须将这一方案摒弃，排除出选择范围。政府的权力是有限的，要将维护公民权利作为行政的本位，在行政过程中摆正二者的关系，明确公民权才是行政权的来源，将行政权限定在法定的范围内，为行政活动划定不能超过的边界。

行政法治要求行政主体秉持边界思维，在行政过程中，将公民权利看作是本源，在法律的范围内行使公民授予的权力，为民创造方便、为民提供服务、为民谋取福利。正当程序是衡量行政行为合法性的首要标准。它是依法行政的具体要

求，为行政主体如何行政划定了具体要求，通过步骤时效等程序性要求，克服了行政的随意性与不确定性，明确了依法行政的标准，避免了行政权对公民权利的随意挤压和侵犯。行为与责任是密切相关的，有行为就要考虑到行为的后果，有后果就要考虑后果的承担，这是法律的基本思维，也是法治的基本要求。有权力的行使就要规定违法行使权力的后果，要将法律责任作为违法行权的成本，从而为违权行为戴上枷锁，为依法行政提供保障。

世界各国对行政法治多有探索，提出了众多实现路径，提供了有益的借鉴和启示。法国主要从行政法的调整范围入手，并以此为理论基础，在实践中构筑了独具特色的行政法治。通过类别划分，法国将行政法划入公法体系，与私法体系相区别，在诉讼上区别于私法的诉讼由行政法院受理。英国则是着眼于权力的控制，从防止、控制的角度对行政法治进行了构建。美国也从防止权力滥用这个角度入手，注重权力的限制。日本当代行政法融合了英美理论中的合理成分并有所阐发，认为构成行政法理论的因素主要有三个：一是内在层面上强调依法行政；二是外在层面上严格过程；三是在二者的调和中注重法的一般原理。

我国行政法基础理论于20世纪80年代开始被讨论，在90年代初，"平衡论"提出后达到高潮，形成了诸多观点，大致来看主要是从行政法的目标、功能角度提出，影响较大的有：控权论、平衡论。控权论主张控制政府公权力，保护公民私权利，杜绝行政权对公民权益可能造成的损害。平衡论认为"行政机关与相对方在行政过程中相应的权利义务在总体上要平衡，如双方信息要均衡就要给予相对方以知悉权，而行政主体要履行告知义务。"

行政法治作为社会治理法治化进程中的重要环节，意义重大，是实现社会治理法治化的重点。行政法治是应对转型期新局面、解决转型期新问题的有力手段，行政法治提高了政府化解社会矛盾的能力、加强了政府抵抗社会风险的能力，是法治政府建设的重要内容。

一是有助于转变行政方式。社会转型使社会治理呈现开放性特点，当代行政管理更多了几分公共治理的意思，而法治为公共治理提供了制度前提和基础。社会治理的公开性要求行政公开透明、要求公众有效参与，这些要求与行政法治不谋而合。行政法治通过行政体系的法治化完善社会治理的手段，转变了行政方式，有效应对了转型期的社会新情况。行政法治转变了行政方式，体现了民主与法治要求，保障了行政权力依法运行，保障了公众参与，使行政方式呈现出民主性、科学性和合理性，是对社会治理法治化重点问题的有效回应。

二是有利于提高行政能力。转型期社会利益呈现出多元化的博弈与冲击，这使得社会风险日益高发，使行政管理面临的问题日益复杂，如果不提高行政能力，就难以应对新问题、化解新矛盾、降低新风险。行政法治在思维与手段上为行政主体提供了新视角、新方法，使行政主体在应对新情况、新问题时，以合法性为判断基准、以严格的程序为路径、以为人民服务为目标，做到合法、科学、民主行政，提高了行政的专业化水平，从而合理协调和分配利益化解社会矛盾。

三是促进法治政府的建设。法治政府要求行政主体树立法治思维，按照法治的要求行使职权，使行政活动符合合法、合理的要求。合法要求行政活动要以法律要求为行为依据，依法行政；合理要求行政活动要明确边界，在有限的范围内行使。合法、合理行政是实现法治政府建设目标的保证。

社会治理的基本方式就是行政管理，行政法治是实现社会治理法治化的重点。行政法治要求行政行为以法律为依据，找到权力行使的边界，在法律的框架内行事，通过专业民主的方式应对社会风险、解决社会问题，保证公民权利的实现。行政法治的构建过程中要注重权力的监督与公众的参与，公众的有效参与是现代法治政府的重要内容。加强权力的监督，就要明确职权，落实责任，为权力划定边界，保证权力在可控的轨道上行使，防止权力滥用对法治秩序带来威胁；完善公众参与要求通过制度构建为公众参与发掘渠道、提供平台，实现公众参与制度化、规范化。如完善公众利益表达渠道，凡是涉及公众利益的事情，都要采取多种手段、开辟多种渠道、充分听取公众的意见。落实依法行政理念，严格行政程序，做好行政法治这一重点，推动社会治理法治化的实现。

(二) 社会组织积极独立协助社会治理

社会组织承载着社会权力，社会组织的发展始终影响着社会权力的发展。而社会组织之所以能够发展是因为有着社会权力的强力推动，同时，社会权力之所以能够发挥作用，也在于各式各样社会组织的存在。社会组织的发展历程也从侧面展现出社会权力的发展脉络。我国社会组织的不断发展壮大也在一定程度上昭示着我国社会权力也在逐渐壮大。但是我们也要谨慎对待社会权力，因为同其他任何权力一样，社会权力在发展过程中也可能会产生异化。这就要求社会权力在发展过程中，要对其进行约束与规制。

在社会治理中，社会组织的发展大多数时候是自治性的发展。社会发展的内部压力推动社会组织的成长与发展。在我国，政府与民间组织是一个不断博弈的过程，而博弈的核心就是权力的分配问题。民间力量的聚合往往会增强民间的力量，使得力量发生裂变。而民间力量的这种联合使政府时常做出让步与妥协，民间组织借此获得更多的权力。

社会治理的转变在很大程度上也有社会组织发挥作用，社会组织的发展推进社会治理的进步，由于对于权力的获得性使得治理更加趋向于多主体化，更多的社会力量参与到治理工作中来。社会组织的自治形式与我国法治建设的方向基本一致。社会组织的发展也从根本上影响着我国法治的发展及其相关体系的构建。在这种相互的影响之下，法治的构建同时也为社会组织的发展创造了良好的环境。

从目前的发展形势看，我国社会组织的发展整体上形成了良好的态势，由于整个社会的逐渐成熟，法治逐渐完备，社会组织在未来将会有更大的发展前景，但是社会组织的法治之路依然漫长。社会组织既要在与政府的博弈中努力生长，又要自律。国家在为社会组织提供良好的法治环境的基础上也要加大对其的管理与约束。

（三）社会公众广泛参与，共同促进社会治理

在推进我国社会治理创新的工作过程中，需要人民群众的广泛参与。人民群众的参与将有效地推动社会治理工作的开展。广大人民群众是我国社会主义市场经济发展的强大动力，同时人民群众在我国社会事业的发展中也有着举足轻重的地位。改革开放以来所取得的成绩与人民群众的参与是分不开的。

十八届三中全会提出了创新社会治理体制的宏伟目标，人民是国家的主体，同时也是社会的主体，对于这项宏伟目标的实现需要广大人民群众的积极参与。我国的"五位一体"建设，无论哪个领域都需要群众的参与。我们发展的动力、改革的推动力都来源于群众。想要实现社会治理创新，就需要群众的高效参与。在公众参与社会治理的过程中，参与能力、参与意愿以及参与的形式都将影响着公民参与的程度。所以对于公民参与能力的培养、丰富公民参与形式、激发公民的参与意愿都将成为我们今后工作的重心。

公民的意愿有时候并不能被完全展现出来，在当下的社会治理工作中，公众更加愿意参与协商，公民的这种意愿并不能够被专业的研究结果所显示。政党的政治活动和利益集团的活动同样都不能吸纳更多的民意，民众的意愿也往往被排除在这些活动之外，而没有进入主流的政治话语环境中。

在日常的生活中，公众可能并不频繁地参与到任何形式的活动当中。但是，人们积极主动地参与到与切身利益相关的一系列公共事务当中，这种参与同时也

弥补了选举活动的不足所引起的参与受限。譬如，浙江温岭就开创了公众参与的先河，公众更加热心地参与到公共事务的任何一次决策当中，在这些活动中，公众对于相关的问题提出自己的意见，并进行讨论。政府部门正是通过这些活动来获知公众的意愿，在决策过程中参考民众的意见，做出科学合理的决策。

三、实践导向：追求社会治理的全面法治化

社会治理的法治化不是某些主体、某些领域的法治化，法治化是在一个社会各个阶层全面推广的伟大事业，在推动社会治理法治化的过程中，我们要首先完善覆盖全社会的制度体系。同时也要继承我国传统文化中优秀的法治资源，完善社会治理的程序。社会治理的有机体要在法律的轨道上运行。

（一）在实践基础上不断完善社会治理制度体系

法治要重点关注的就是法律制度的构建，这些形式性的要求是实现社会治理法治化的基础。形式法治以工具性意义为出发点，在社会治理目标上保持价值中立，着重强调依法而治、法的形式性要件以及法律秩序的有效实现。戴雪对形式法治进行了开创性研究，认为法律主治包括三个分明而又联系的概念：一是人民只受法律治理，除了法律，任何他物都不能给予人民人身或财产方面的不利处罚。二是法律的平等适用性，即一国境内的每一个人均在法律普通效力的约束下。三是法律不是权利的源头，相反它是法律适用的结果。如英国宪法所规定的内容是法院活动与个人行使的结果，而不是人的权利来源。这三条规训从形式意义上解读了法治在产生时的要求及在运行中的体现。

形式法治就是通过规则的建立、适用，使人的行为得到有效调节；而社会治理目标是不是理想的，规则体系是不是良善的则不是其关注的问题。形式法治与实质法治是相容性分立的关系。一方面，形式法治虽说只强调形式性，但其形式要求本身就是形式化了的合理性；另一方面，实质法治的实现需要借助于形式法治。实践中，实质法治往往难以把握，倘若冲突发生需要抉择，一般情况下要保全形式法治，也就是说形式法治在具体操作中优于实质法治。

形式法治从法治的制度性要素入手，强调法治的外在形式性，注重法治的外部要素的完善。形式法治是社会治理法治化的基础，意义重大，具体表现如下。

一是为权力行使提供了合法性。形式性要素不仅表现为一个完整的、确定的、一般性的形式性表达，而且还具有方便行为人自我规划、减少冲突、解决纠纷等作用，从而实现法律面前的统一和平等。

当统治者通过适用提前制定的、具有形式合理化的法律来实现治理目标的时候，他的统治具有了形式合法性。立法的普遍性通过形式法治得以体现，执法的一致性也得益于形式法治，按照统一的、一般性的规定将权力行使的人格化特征予以袪除。可以说形式法治承载了法律规范的普适性、自主性、中立性和可预见性，使合法性具有了令人信服的外核，为权力的形式提供了合法性依据。

二是通过类型化思维协调了个别化与一般化的冲突。"一般与个别"的冲突是法理学重要的主题之一，在立法活动中，这种紧张关系尤为突出。柏拉图（Plato）曾在"理想国"当中假设，贤人治理是法律治理的完美替代。这种假设是建立在这一基础上的：哲学王能有能力掌握每个具体方案的全部信息，进而对这些信息做出妥善处理，并及时提出解决方案。然而这种个别化处理案件、规范行为需要巨额的决策成本，也就是说这一基础是不可能实现的，这就使得假设并不能实现。因而，实践中的立法者并不对形态各异的社会行为一一加以规定，而是采用"类型化"思维对具体行为进行抽象概括，找出行为的外在一般性与普遍性特征加以规范。可以说"类型化"思维就是将个别用全称判断来加以替代，这种全称替代给执法者提供可以统一操作的司法依据，给守法者提供了可以进行普遍预测行为的结构准绳。这使得法律的效果有了触感，通过对各种各样的行为进行抽象与概括，人们在一般性与普遍性层面上就可以了解行为归属及性质、预判法律效果。"行为这一对象，适应了法律对社会进行普遍调整的需要。法律所要使用的社会生活中的个体形态各异，假使法律须针对每个人的行为并安排与之相适应的调整方式，这显然是不可能的。但是，行为是可以归纳与比较的，法律只需以抽象的视角对行为加以正确分类就可以将隐藏于行为之后的各式各样的人纳入调整范围。"

"类型化"思维是指通过归纳与概括不仅将正义的要求实现于个案，而且将这种要求转化为一般化的法律规则，为正义的运行提供了切切实实的依据。形式合理性就是要将形态各异的特点转变为风格一致的标准。它的构成需要符号体系的形式化、逻辑体系的一致性、结果的准确性和可重复性。也就是说形式法治就是要通过"类型化"的操作将所要调整事物的特殊性予以剔除，进而归纳概括出其共同性要素。符号的普遍适用性使其成为最契合系统化操作的要素。将"个别化与一般化"的紧张关系化为思维符号，将其作为法律规则判断的基础性要素，并由逻辑关系联系为系统，形式化使法律的表达清晰准确，而且运作简洁高效。由此，形式正义就体现为经过形式化处理的、具体的、实在的成文法规则；形式正义也体现为对案件的处理、行为的规范，要以类型化的方式进行。

形式性要素是社会治理法治化的基础，也是其赖以进行的前提。有章可循是进行一项工作的前提条件，同样社会治理法治化的基础是有可供操作的规则。有了规则，有了制度，才能依规办事、依章行事，形式法治作为基础是推进法治化的首要工作。转型期伴随着经济社会的变革与飞速发展，新的社会问题不断涌现，使原有法律体系在应对新问题时表现出滞后性，出现法律规范内在逻辑缺失，法律体系不协调，系统性不强等问题。社会治理的法律体系的建立应不断完善，通过相应法律体系的确立从而为社会治理法治化提供工具，进而持续有效地推进社会治理法治化的进程。形式法治需要构建起一整套的法律制度，从而为社会治理法治化提供操作标准。

一是要及时对社会生活中的各种行为进行类型化概括，及时吸纳新类型的行为。及时跟进时代发展，回应新的需求，适时更新、及时立法，填补法律真空，增强制度体系的针对性、有效性。稳定性诚然是法律要具有的内涵品质，但这并不是要求法律一成不变、渐渐僵化滞后。因此，稳定性与动态性这两项要求需要协调，这两种彼此相互冲突的要求为法律体系的构建提出了难题。倘若社会比较稳定，这时稳定性的要求便超越了动态性的要求，法律的规定应当力求探寻稳定的规则体系，从而来对行动进行彻底的规制，进而形成秩序，以保障社会利益的获取。但在更多的情况下，社会是不断变化的，这种情况下，法律的动态性要求就超越了稳定性要求。动态性要求需要法律根据社会情况的变化不断进行调整，以缓解新形势下的社会压力和社会危机，从而维护社会的安定秩序以保障社会利益的获取。由以上分析可以看出，法律秩序必须兼具灵活与稳定，使法律调整既灵活又稳定。

二是要对法律体系中的类型化要素进行逻辑规范，使之体系协调。法律之间如果相互冲突，会给社会带来矛盾的信息和冲突的价值，使法律的出台只会引起社会局面的混乱。协调性要求有内外两方面。协调性的内部方面，不仅要求要素之间协调，而且还要求部分之间成体系。要素间的内部协调具体指内部构成要素的协调，它要求法律概念前后一致，不能出现前后矛盾或者前后不同的情形；要求法定技术性规定之间不存在疏漏和重复，不能出现逻辑混乱的规定。部分间的体系性要求构成法的各模块如标题、正文以及附则之间经由逻辑的编排构成一个自洽性系统。对于法律文件的外部协调即法律的位阶性规定，这种协调需要在照顾到位阶的情形下，对法律文件做出合理的体系性安排，位阶的照顾既包括不同位阶也包括相同位阶。位阶不同又可称作是上位法与下位法，一般从内部入手，来保障两者不存在相互抵触的情形。如果上位法已对某一行为做出了规定，那么下位法就应当与该规定保持一致，否则下位法便无效。对于相同位阶的法律之间的矛盾冲突，要求按照有关立法监督程序交于有权机关以一定方式如撤销、改定予以解决以达到协调。

（二）在马克思法治理论基础上继承传统法治资源

中华文化博大精深、源远流长。在几千年的发展历程中创造了众多的法治思想与法律经验，这些传统资源的传承都将有利于我国当代的社会治理与法治的发展，对于传统经验的借鉴将启发我们更好地进行社会治理创新。这些启发主要集中在两个方面：其一，中国古代成熟完备的成文法典、简明畅达的法律语言、灵活的调解机制、重视诚信的传统中所凝结的思想价值都对当代的社会治理法治化有积极的影响。这属于中国传统法律的经验范畴。其二，中国法律的思维上不同于西方国家，西方国家主要从权利的维度上考虑法律与人的关系，这种发展模式更加有利于形成比较系统严谨的法律思想。

相较之下，我国传统法律实践缺乏这样的成果，虽没有发展出系统的法学思想，但我们依然会有相关的法律思考。中国社会重视社会或整个人际和谐关系的建构，最终的目标是天下太平，人际和谐。中国古代的民间道德在社会管理中的作用非常关键，这类法律在调解人际关系中起着至关重要的作用，使得我国古代社会能够保持长久的和谐。

这种民间规范体系本质上并不属于严格的法律，但是它的存在确实对古代的社会管理产生了主要的作用，它在很多领域都发挥着调节社会关系的作用。如传统社会的经济纠纷往往采用私了的处理方式。遇到交通事故，事故责任双方经常也是采取私了的方式，按照责任的大小承担相应的责任，很多时候大多数人觉得采用法律途径是既耗时又耗力的事情。

人们惯于用习惯解决问题。这种普适性的习惯拥有了等同于法律的作用，在社会中被广泛使用。由于习惯的作用使然，人们一直沿袭这种方法来解决生活中的矛盾纠纷。这也是我们当下社会治理法治化进程中可以借鉴的地方，这种习惯之所以运用得如此广泛，就是因为其有一定作用。

（三）以程序法治为保证，严格社会治理的程序

程序体现于案件的各个环节，有着专门的法律含义，它主要体现为方式、时序等完成行为所要遵循的一系列相互关联的要求。法律程序规定了做出行为时的法定要件，是权利实现和义务履行必须要采取的方式，否则行为将有可能被认定

为无效。程序必须为参与其中的各方参与者所知悉，这样在决定做出时，参与人就不会觉得讶异，相反他们会由于程序得到遵守而对结果理解并认可。

程序是得出结果的一种过程，虽然不能给予参与方以实体上的权利和义务，但其对权利义务的实现、纠纷的解决、结果的认可有不可忽略的作用。实体上的法律的实现需要依靠程序的运作，倘若缺乏严格的程序，权利义务的公平分配将难以实现、社会纠纷的有效解决将难以成真、法治理念将难以得到真正的认可，即使情况出现了短暂的好转，这种好转也必将不会持久。程序法治为社会治理法治化的实现提供了保证、搭建了桥梁，对程序进行理性的构建、完善相关制度、严格执行程序要求才能使法治理念落地生根、使社会治理法治化真正实现。

程序法治特征如下：一是程序法治的实现首先要有程序法律制度，它是前提。这是立法层面的表现，完善的程序法律制度为程序桥梁作用的发挥提供了可能。程序连接了应然与实然两种状态，程序要发挥作用首先就要有法律应然状态的规定，因此程序法律制度的存在是程序法治的前提。二是合乎正义是程序法治的核心。合乎正义也可以称作程序的正当性，这种正当性体现为过程性要求，过程透明，正义的实现可以被看到。这种看得见的方式给予程序与结果公正、相同的价值。程序正义作为独立的价值，不仅是出于维护人的尊严的需要，更为法所追求的公平正义的实现提供了坚强的保证。

"程序先于权利"是程序法治的一项重要原则，程序存在于权利之前，程序如果早已存在，那么权利就会随之产生且在程序运行中得到实现。程序公正的实现具有十分重要的意义，相较于实体法的危害，由于程序的不公正而造成的危害要远远高于前者。这种情况要引起我们的重视，因为我国具有"轻程序"的传统，司法与行政权力合二为一，从而没有对程序的专门规定。直至清末才注重有关程序的法律规则的制定，对西方的一系列程序性制度进行引进，开始注重程序的构建。辛亥革命后，孙中山先生吸收了西方的程序理念，修改了中国传统法律制度，注意到宪法对程序法治建设的重要意义及宪政程序对程序法治的基础性作用。新中国成立后的一段时间内，在实践中只重视行为的结果而忽视了对程序的构建，程序法治建设严重滞后。新时期，我国对程序的建设日益重视，并不断朝着专业化、精细化方向努力发展，形成了民事程序、刑事程序、行政程序等诸多专门性的程序类型。

程序法治对于实现公平正义，促进我国顺利转型实现现代化建设有不可或缺的作用，对推进转型期我国治理方式法治化具有重大意义，具体表现在以下三个方面。

一是对权力恣意行使的抑制。没有程序性规定权力很容易导致权力被滥用，程序法治就是要对权力行使的程序进行规制，给权力打造一个紧箍咒。可以说，程序法治在这方面的制约意义明显。"正当程序"为权力的行使设定了明显的范围，通过对权力行使环节、时间、顺序的指定，将权力限定在可控的范围内，从而有效地减少了权力随意行使的可能性，而且这种准确有效的规范为权力行使提供了标准化操作规范，减少了错误的发生。法定的程序势必会向社会公开，这不仅为公众的有效参与提供了机会，而且使权力按照人所共知的步骤以看得见的方式行使，从而使人对公权力的运行产生了信服，使权力行使主体更具有公信力。

二是促进社会的公平公正。实体法治通过对权利义务的分配，只是在相对意义上实现了公平正义，而程序法治通过机会均等、过程透明、过程公正等一系列程序设计不仅将实体公正以看得见的方式实现，而且在现实操作中对实体规则的不足予以补救。这种方式在一定程度上吸纳了社会的不满、实现了社会的人文关怀、增加了当事人对处理结果合法性的认可，从多方面实现了公平公正。

三是对权利保护的强化。"无救济则无权利"，权利自始就是与救济相关联的，权利在受到侵犯之后，只有可以获得有效的司法救济，其存在才能具有法律上意义。相较于"私力救济"，"公力救济"通过法律程序的设置构建了对权利的制度性保障，保障了冲突解决的公正性。

程序法治通过严格规范、合理安排环节要素，为社会治理法治化的实现提供了保证。

首先，程序要公开。程序公开不仅要求将行使过程进行完整的公开，还要求将相关内容进行完全地公开。权力行使主体应当公开行使权力的方式及进展情况，尽可能让权力行使的全过程都置于公众视线中，让公众由此了解权力是如何运作的。通过这种透明的方式让公众信服权力运作产生的最后结果，即使该结果不能完全符合平等的利益分配，透明的方式也会提升公众对结果的可接受度和认可性。

其次，程序要效率。程序效率是指程序要将成本考虑在内，在过程中尽可能地减少消耗，减少参与者的投入成本，将成本控制在他们可承受的范围内。尽管有些成本是可计算的，如金钱方面的投入，但是有些难以计算，这主要指人身方面的耗损。程序的经济性选择是必要的，应当尽可能地缩减成本，提高效率。法律程序的时效和期限制度就是为了保障程序的及时，杜绝拖延，从而保护当事人的权利。但对效率的追求是有条件的，不能以牺牲公平正义为代价，倘若只注重效率的提高，而置公平正义于不顾，这样的高效率是没有意义的。

程序效率的提高，不仅体现为期限的压缩，成本的缩减，更体现为结果要令人满意。在假设的可控环境里，上述目标很容易实现。但现实中，往往有不可控制因素，这些因素会使上述目标的实现存在难度。由此便产生了以效率提升为借口，随意更改破坏乃至违背程序，擅自扩大自由裁量权的做法。这种做法直接对程序的独立价值造成了严重的侵害，对公民合法享有的权利无情地践踏，因此，是不可取的。也就是说提高行政效率并不意味着可以忽视公平正义这一程序价值，而是要在实现效率的同时规范行为，保证公平正义的实现，进而在公平正义与效率之间寻找一个合适的平衡点，从而使程序效率本应具备的正面价值得以发挥。

最后，程序要正当。正当性是程序的核心，它与结果的正当性有相同的价值，如果程序欠缺正当性，那么可以认定由此产生的结果不具有正当性。公平正义是以权利为基础的价值目标，它要求每个人获得应得的利益。程序正当要求行为出于客观理性的过程，让法律的公信力植根于社会土壤之中，让"意识中的正当"转化为"看得见的正当"。程序正当由程序参与、程序中立、程序对等组成。程序参与是指结果是通过一个符合客观规律的过程而产生的，在这个过程中各方可以参与其中，对结果的产生所依据的事实做出客观分析与交流沟通。特别是该结果会对其产生不利影响时，那么就必须给予他表达、辩护的权利。程序的中立要求行为的最终决定者在处理事项上保持中立，没有任何利益牵扯。要保证决定者在该事项上处于中立，如果他与该行为的处理结果存在利益牵扯，在利益的驱使下，决定者必然会倾向于一方，那么中立便难以维持。程序对等是指要平衡参与主体的权利，给予各方以对等位置。在法律的运用过程中，法律关系主体间的地位很容易发生变化，或者主体间本来就有强势与弱势之分，也就是说这种不对等是常常存在的。所处地位的悬殊是一种不对等的状态，它打破了程序进行的平衡性，在程序的运行过程中，劣势地位的权利极易被忽视，而程序一旦在运行中侵害了一方的权利，那么其结果对公平正义的实现将大打折扣。程序对等要求对这种不平衡状态进行协调，通过给予参与程序的不同个体以平等对待，磨平他们在地位上的差距。也就是说，权力行使机关在面对参与程序的不同个体时，应当对他们予以无区别的对待，不应当考虑法律之外的因素。

（四）社会治理所有环节均在法律的轨道上进行

当下社会治理的核心在于社会治理的法治化。随着我国经济社会快速发展与转变，原有的社会治理模式已无法满足社会发展的需求，所以需要对现有的模式进行革新，唯有如此才能解决社会治理过程中出现的新问题。

健全相关的法律法规体系只是初步性的工作，而更重要的工作是对我们所制定出的法律的执行，只有完备的法律体系被得到良好的执行，我们的法律法规才能发挥效用。要想实现社会治理的法治化，执行环节也是重中之重，我们要强化执法，培育优秀的执法人员。只有在执行环节做到位了，我们所制定的法律才能最大限度地发挥效能，而且只有执法有力才能在全社会树立起法律的权威，扩大法律的影响力。

社会治理能否得到创新，除了出台相关的法律法规，执法环节也是工作的重心。社会治理的法治化要注重处理好政府与市场的关系，注重运用法治思维处理社会矛盾，化解纠纷，将用于社会事务的成本降到最低。社会治理法治化要求所有的工作都要严格按照法律的要求进行。在行政执法过程中注重对群众利益的保护，广集民意，了解群众诉求，在维护群众利益的基础上树立起法律的权威。

参 考 文 献

［1］ 骆毅 . 走向协同：互联网时代社会治理的抉择 [M]. 武汉：华中科技大学出版社，2017.

［2］ 阮云强 . 城市基层党建与社会治理创新研究 [M]. 上海：华东理工大学出版社，2018.

［3］ 曹胜亮 . 转型与建构：社会中间层组织与创新社会治理研究 [M]. 武汉：华中科技大学出版社，2018.

［4］ 李秉文 . 社会治理与城乡发展 [M]. 兰州：甘肃人民出版社，2018.

［5］ 高健 . 马克思社会治理理论与当代中国社会治理建设 [M]. 沈阳：辽宁人民出版社，2018.

［6］ 吴超 . 中国社会治理演变研究 [M]. 武汉：华中科技大学出版社，2019.

［7］ 马玉丽 . 社会组织与社会治理研究 [M]. 济南：山东大学出版社，2019.

［8］ 魏礼群 . 中国社会治理现代化：70 年回顾与前瞻 [M]. 北京：中国言实出版社，2019.

［9］ 辛全龙 . 市域社会治理现代化的理论与实践 [M]. 北京：中国人民公安大学出版社，2020.

［10］ 贺志明，夏红球，吴诚 . 市域社会治理法治化研究：以长沙市为例 [M]. 北京：中国书籍出版社，2020.

［11］ 李树文 . 共享发展理念下当代中国社会治理研究 [M]. 镇江：江苏大学出版社，2020.

［12］ 冉昊 . 国家治理与社会治理：历史比较、国际视野与现代化分析 [M]. 杭州：浙江大学出版社，2020.

［13］ 邹东升，陈思诗 . 新时代党建引领基层社会治理 [M]. 北京：中国民主法制出版社，2021.

［14］王延中，王德强，张继焦 . 社会治理：现代国家治理体系建设与民族地区经济社会发展 [M]. 北京：民族出版社，2021.

［15］彭希哲，范丽珠 . 社会发展与社会治理的新展望 [M]. 上海：上海人民出版社，2021.

［16］孙丽 . 社会治理理论与实践探索研究 [M]. 长春：吉林人民出版社，2021.

［17］智慧 . 数智时代的媒体融合与社会治理研究 [M]. 宁波：宁波出版社，2021.

［18］易伍林 . 社会治理的概念、内涵及其机制研究 [J]. 领导科学论坛，2021（12）：42-46.

［19］张婷婷，赵美玲 . 社会治理现代化视域下社会矛盾预防化解的多维路径 [J]. 理论导刊，2021（12）：70-76.

［20］曹胜亮，胡江华 . 新时代社会组织参与社会治理创新的理论困境和路径选择 [J]. 武汉理工大学学报（社会科学版），2021，34（5）：46-54.

［21］李琼琼 . 新时代公众参与社会治理的现实困境及建构维度 [J]. 河北青年管理干部学院学报，2021，33（6）：43-46.

［22］张成岗，王宇航 . 社会治理的技术逻辑：源流、特征及趋向 [J]. 江苏行政学院学报，2021（6）：61-66.

［23］门献敏，曹灿 . 新时代推进乡村社会治理创新的四重进路 [J]. 领导科学，2021（22）：111-114.

［24］蔡宝刚 . 聚焦社会：社会主体参与社会治理的法治观照 [J]. 求是学刊，2021，48（6）：101-111.

［25］万瑂 . 法治思维下的共建共治共享社会治理路径研究 [J]. 产业与科技论坛，2021，20（22）：10-11.

［26］何阳，娄成武 . 市域社会治理现代化的理论蕴涵及建构路径 [J]. 求实，2021（6）：71.

［27］王晓真，吴建华 . 新时代下我国社会治理新要求与新挑战 [J]. 经济师，2021（11）：57-58.